Fredl Fesl
Ohne Gaudi is ois nix

Fredl Fesl

Ohne Gaudi is ois nix

Volk Verlag München

Die Deutsche Bibliothek verzeichnet diese Publikation in der Deutschen Nationalbibliografie; detaillierte bibliografische Daten sind im Internet über https://portal.dnb.de/ abrufbar.

4. Auflage 2025

Neumarkter Straße 23, 81673 München
Tel. 089 / 420 79 69 80, Fax 089 / 420 79 69 86
info@volkverlag.de

Umschlagentwurf: Dionys Asenkerschbaumer, Kellberg
Umschlagfoto: Josef Lang, Passau
Druck: Pustet, Regensburg

ISBN 978-3-86222-514-9
www.volkverlag.de

Inhalt

Was Wegbegleiter wissen

Der kleine Zauberer

Vielleicht sollte ich ja doch zuerst das Wiederherzaubern von Gegenständen besser in den Griff kriegen, bevor ich mich an Sachen wie das Wegzaubern von Schlüsseln, Sonnenbrillen, Armbanduhren usw. heranwage. So – oder so ähnlich – mögen meine Gedanken als vier- oder fünfjähriger Bub gewesen sein. Es wäre zwar die falsche Reihenfolge, denn zuerst muss ich ja etwas gründlich verzaubern, bevor ich es anschließend wieder herzaubern kann. Das Wegzaubern geht übrigens meist sehr schnell und ist auch gar nicht so schwer: Hokuspokus, Fidibus, dreimal schwarzer Kater – und weg sind die Hausschlüssel oder sonst was Wichtiges.

Hausschlüssel zum Beispiel sind deshalb wichtig, weil ohne Schlüssel die Wohnung zugesperrt bleibt und eine riesige Spaziergängerhorde – nebst Kindern und einem Zauberer – dumm auf der Straße herumstehen. Die Erwachsenen reden auf den kleinen Zauberer ein. Mal vernünftig, so richtig von Mensch zu Mensch, dann wieder etwas lauter. Sie sagen, dass man auch anders könne und dass es gar nicht mehr lange dauern wird, bis der Geduldsfaden reißt.

Der kleine Zauberer will sich natürlich nicht blamieren und zugeben, dass er einfach nicht mehr weiß, wo die Hausschlüssel sind. „Verzaubert ist verzaubert", sagte er. „So ist das in dieser Zunft!" – Und wenn sie das nicht verstehen würden, könne er ihnen leider auch nicht helfen.

Da verlor mein Vater die Geduld. „Wart nur, ich werd' dir schon helfen", schrie er mich an, und im selben Augenblick bekam ich von ihm eine Watschn verpasst, die mir Tränen in die Augen zauberte. „So, und jetzt? Was sagst jetzt? Weißt jetzt, wo die Schlüssel sind oder soll ich dir noch mal eine Watschn geb'n, dass es dir wieder einfällt?"

In mir kochte die Wut, teils wegen der Watschn vor den Leuten und den andern Kindern, vor allem aber durch das öffentliche Lächerlichmachen der hohen Kunst des Zauberns. Ein richtiger Zauberer wenn ich schon wäre, dann würde ich ihn ganz klein machen, so dass er in den Hasenstall passt. Dann würde ich ganz lässig in meinen linken Schuh greifen, die Hausschlüssel in den Hasenkäfig werfen und zu ihm sagen: „Ich glaub', die Schlüssel g'hörn dir. In Zukunft besser drauf aufpassen!"

Was? Der langt einfach in den linken Schuh? Der Saubub hat die Schlüssel in seinem Schuh versteckt und lässt uns alle über eine Stunde auf der Straße warten!

Patsch – mein Vater war plötzlich wieder normal groß und auch nicht in seinem Hasenstall. Die Watschn, die er mir noch dazu verpasst hat, war auch echt.

Natürlich gab ich nicht zu, dass mir das mit dem Schuh erst eben wieder eingefallen war, und so stand ich da, der kleine Zauberer mit Tränen in den Augen und sagte laut und stolz: „Da lach' ich ja!"

Was will er denn werden, der Bub?

Ich hab schon gleich eine schlimme Ahnung gehabt, als ich die riesige Schultüte gesehen hab. Ja, wenn sie mit Schokolade, Pralinen und Südfrüchten gefüllt gewesen wäre, das wäre eine tolle Sache gewesen! Aber meine Schultüte war nur deshalb so groß, damit sie Platz hatte für so praktische Geschenke wie Wintersocken, Handschuhe, Wollmütze und all diese nützlichen, warmen Sachen, die so im Laufe des Jahres in Muttis Strickerei heranreiften.

Und so schleppte ich, der Kleinste der Klasse mit der größten Tüte, die gesamte Winterkollektion erst in die Schule, dann in die Kirche und dann wieder nach Hause. Bei uns im Bayerischen Wald stand immer der Winter vor der Tür, das ganze Jahr über, und da fühlte man sich schon sicher, wenn man stets auf seine Wintersachen zugreifen konnte. Zwischen den ganzen Stricksachen fand man schon auch eine Banane oder eine Mandarine in der Tüte oder Schokoeierchen in Silberpapier. Man sieht: es rächt sich, wenn an Ostern nicht alles gründlich aufgegessen wird.

Jedenfalls war ich nicht sehr angetan von meiner Riesenschultüte. Aber die neidischen Blicke meiner Schulkameraden machten das Ganze wieder wett. Dass man von der Größe der Schultüte auf die Fähigkeiten oder auf die Leistungen des Besitzers schließen kann, ist nicht nachzuweisen, also grober Unfug.

Man hatte mir gesagt, dass jetzt der Ernst des Lebens beginnt, dass ich mich anstrengen soll, damit ich später studieren kann. Auch sollte der Bub allmählich wissen, was er später einmal werden möchte. Meine Oma mütterlicherseits hätte gerne einen Pfarrer gehabt – oder wenn es gar nicht anders gehen würde, auch einen Lehrer. Mein Vater hat sich für mich eine Laufbahn als Berufsmusiker und damit auch gleichzeitig als Beamter vorgestellt.

Und ich? Ich wurde gar nicht gefragt, obwohl es doch um mein Leben ging. Pfarrer zu werden, das konnte ich mir überhaupt nicht vorstellen. Lehrer kannte ich erst einen einzigen, aber auch der schien mir nicht sehr glücklich zu sein. Da wäre dann noch der Berufsmusiker: im bayerischen Trachtengewand oder in Uniform und verbeamtet – ich wusste ja gar nicht, was das sein sollte.

Heute glaube ich, wenn man ein normaler Mensch ist, darf man Musik machen. Als Musikbeamter muss man Musik machen, muss man alle Noten spielen, die sie einem aufgeschrieben haben. Nichts dazu fügen und nichts weglassen. Und das dann ein Leben lang. Lebenslänglich!

Aber ich hab' einmal einem Baggerfahrer zugeschaut, das war richtig spannend. Der hat es sich in seiner Kanzel bequem gemacht. Mit seinen Füßen bediente er zwei Pedale, die ihn mal vor- und mal zurückfahren ließen. Aber auch das Links- und Rechtsfahren und das Sich-auf-der-Stelle-Drehen war ihm mit den zwei

Fußpedalen möglich. Mit den Händen rechts und links bediente er noch je einen Hebel mit jeweils fünf Möglichkeiten, die Baggerschaufel zentimetergenau dahin zu steuern, wo und wie er sie brauchte. Dass ein guter Baggerfahrer mit seiner Baggerschaufel eine Münze vom Boden aufheben kann, oder einen Baum hochklettern, das kann ich mir zwar nicht vorstellen, aber das wird ja auch nicht verlangt.

Auf jeden Fall wusste ich jetzt genau, was ich werden wollte: Baggerfahrer. Und vielleicht noch Zauberer ...

Die große Sehnsucht nach Freiheit

Die Schule war schlimmer, als ich es erwartet hatte. Und ich hatte sie mir wirklich schon sehr schlimm vorgestellt. Da war erst einmal der Schulweg, etwa eine halbe Stunde langweiliges Gehen. Und nichts war los unterwegs. Autos gabs damals noch sehr wenige, sonst hätte ich es vielleicht mit „per Anhalter fahr'n" probieren können. Ein Schulbus war unbekannt.

Was ich aber hatte und womit ich mich abmühte, war ein Schulranzen aus Ziegenleder. Wo meine Eltern den aufgetrieben hatten, weiß ich nicht. Aber sie waren sehr stolz darauf. So etwas kriegt man heutzutage gar nicht mehr. Moderne Schulranzen sind aus Neopren, superleicht und im Windkanal getestet, mit Rundumbeleuchtung und Innenlicht, sobald man die Schultasche öffnet. Standardmäßig sind noch Kopfhörer mit dabei, und dort, wo die Riemen in den Schultern einschneiden würden, hat man vorsorglich gepolstertes Material eingearbeitet. Diese Supertaschen hat es damals nicht gegeben. Darum hab' ich mich mit der Ziegenledernen abgeschleppt.

Gott sei Dank hatte ich im Klassenzimmer eine der hinteren Bänke erobert. Da saß man etwas weiter weg vom Lehrer und man konnte gleichzeitig ein Stück Straße einsehen, wo Leute unterwegs waren. Ja, die gingen vormittags spazieren und keiner hatte irgendeine Arbeit dabei. Es musste da also noch ein Leben neben der Schule oder nach der Schule geben, wo man frei war, tun und lassen konnte, wonach einem gerade der Sinn stand.

Leider gab's diese Freiheit für mich nicht, auch nicht nachmittags. Denn bis Mittag wurden wir unterrichtet, dann ging's auf dem schnellsten Weg nach Hause, denn sonst wäre das Essen kalt geworden. Anschließend ging es gleich an die Hausaufgaben. Mit etwas Glück war ich damit fertig, wenn es draußen noch hell war. Und wenn meine Mutti gut aufgelegt war, erlaubte sie mir, nach draußen zu gehen. „Der Bub braucht ja auch mal frische Luft!"

Ja, und meine Freiheit, was war mit meiner Freiheit? „Die kannst du dir bis zu den großen Ferien aufheben. Wirst sehen wie schnell …", sagte meine Mutti aufmunternd und ich fiel ihr ins Wort „… wie schnell doch die sechs Wochen Sommerferien um sind". Sie meinte zwar die Zeit bis zu den großen Ferien, wollte aber meine sowieso schon so knappe Freizeit durch eine überflüssige Diskussion nicht noch weiter verkürzen. Außerdem kam bald mein Vater von seiner Arbeit nach Hause, und da mussten wir alle wieder daheim sein. Er legte größten Wert darauf, dass die Familie wenigstens einmal täglich beisammen war, und das war beim Abendessen.

Mittags gab es fast immer etwas Warmes, Grießbrei oder Pfannkuchen. Abends wurde uns der Rest vom Mittagsmahl in Form von Grießsuppe oder Pfannkuchensuppe kredenzt. Anschließend gab es noch Brot in dreifach dicken Scheiben. Um zu vermeiden, dass ein Kind den Mund nicht weit genug aufbrachte, um vom Brot abzubeißen, wurden Butter und Streichwurst nur hauchdünn draufgekratzt.

Wir sind zwar nicht so verwöhnt worden wie manche Kinder, die angeblich mit Flieder gepeitscht wurden, wenn sie ihren Kaviar nicht essen wollten, aber satt geworden sind wir immer.

Forellen im Ofenrohr

Als ich fast schon nicht mehr daran glaubte, waren die Sommerferien plötzlich greifbar nah. Ein paar Tage noch, das war ein Zeitraum, den ich überschauen konnte. Damit meine Freude nicht zu groß wurde, gab es da aber erst noch das Zeugnis. Meine Schrift gefiel dem Lehrer nicht, außerdem war ich seiner Meinung nach sehr langsam und verträumt. So, da hatte ich es jetzt, schwarz auf weiß.

Ich fühlte mich ungerecht beurteilt. Die bräuchten mich doch in der Schule einfach nur mit der linken Hand schreiben zu lassen, so wie ich es zu Hause schon ein Leben lang gemacht hatte und gewohnt war. Schreiben konnte ich natürlich noch nicht, bevor ich in die Schule kam, aber zeichnen konnte ich. Jeder freie Platz in unserer Wohnung war vollgekritzelt mit phantasievollen Bildgeschichten, die ich mir einfallen ließ, während ich scheinbar verträumt rumsaß. Und dass ein Künstler halt warten muss, bis er mit dem Museküssen dran ist, das übersteigt wohl die Vorstellungskraft eines normalen Lehrers.

So plagte ich mich also weiter mit der rechten Hand ab und versuchte, ein einigermaßen brauchbares Schriftbild zusammenzubringen. Zeichnen ließ der Lehrer mich zum Glück mit der linken Hand. Jetzt kann ich mit der rechten Hand schreiben und mit der linken zeichnen. Auch nicht schlecht. Jeder scheinbar noch so große Mist ist letztlich für etwas gut. Oder: Kaum ein Schaden, wo nicht auch ein Nutzen dabei ist.

Jetzt war es endlich so weit! Die langersehnten Sommerferien waren da. Und das hieß, wir fuhren zur Oma nach Greding. Greding ist eine mittelfränkische Kleinstadt zwischen Ingolstadt und Nürnberg, wo sich der kleine Fluss Schwarzach in lieblichen Mäandern ins Tal windet, aber nicht allzu breit, damit die Autobahn auch noch Platz hat.

In Greding ist meine Mutti geboren und bei ihren Eltern aufgewachsen. Auch Onkel und Tanten, Nichten und Neffen, Geschwister und sonstige Verwandtschaft waren in Greding sehr zahlreich vorhanden. Die musste man natürlich alle besuchen, um zu erfahren, dass man schon wieder gewachsen sei – und zwar um so viel, wie es in meinem Alter eigentlich ganz normal war. Und wegen so einem Geschwätz gingen dann schon wieder ein bis zwei Tage meiner grenzenlosen Freiheit dahin.

Allmählich hatte sich dann die Verwandtschaft an meine Anwesenheit gewöhnt und die Zeit gehörte mir fast ganz allein. Ich allein konnte entscheiden, ob ich zur „Schwarza“ (so nennen die Gredinger den kleinen Fluss Schwarzach) wollte, um nachzuschauen, ob der kleine Kahn noch da war, den ich letztes Jahr gekonnt unter einem Busch festgebunden hatte. Oder sollte ich im Mühlbach nachschauen, ob die Forellen in einem Jahr ebenfalls gewachsen waren? Ich könnte auch mit meinem Onkel im Opel-Blitz übers Land fahren. Er verkaufte vom Auto aus Obst und Gemüse an die Landbevölkerung.

Ich entschied mich für den Mühlbach mit den Forellen, denn da konnte man mit der Hand fischen – wenn man es konnte. Und ich konnte es! Das Wasser im Bach war knietief und in den Kurven zwei- bis dreimal so tief. Dort konnte man barfuß und mit hochgekrempelter Hose nicht mehr zum Grund hinuntergreifen, ohne nass zu werden, und so war ein gutes Fischen dort unmöglich. Die Forellen wussten das wohl auch, denn genau dort hielten sie sich auf. Aber es dauerte nicht lange, da fand ich eine Stange, und mit der begann ich, vom Ufer aus in den tieferen Stellen herumzustochern. Ich stellte fest, dass fast alle Fische den Bach hinab schwammen, um sich in dem nächsten tieferen Loch wieder zu sammeln. Doch auch dort wurden sie von mir aufgescheucht und zur nächsten tiefen Stelle verjagt.

Da sah ich plötzlich etwas im seichten Wasser liegen, ein circa zwei Meter langes Ofenrohr. An der einen Seite war das Rohr offen, auf der anderen Seite war es zugeschlagen und mit Schwemmsand verstopft. Ich zog das Rohr an das Ufer und leerte das Wasser aus, um mit einem Mal festzustellen, dass mit dem Wasser auch noch drei Forellen im Ofenrohr wohnten: zwei große und eine kleinere, die sich an Land sehr leicht fangen ließen. Ich besorgte mir vom Schuttplatz noch ein paar Meter Draht, den ich am offenen Ende des Rohrs befestigte. Das andere Ende des Drahts legte ich ans Ufer. Mit dieser Methode war ich nun in der Lage, auch die tiefen Stellen des Bachs zu befischen ohne nass zu werden.

Fischer, das wäre doch auch ein Beruf für mich. Baggerfahrer, Zauberer oder Fischer? Eine Entscheidung zu treffen, wurde immer schwerer! Aber ich hatte ja noch jede Menge Zeit.

Chewing Gum oder Dschingum

Das Städtchen Greding hat eine sehr alte Kirche, eine gut erhaltene Stadtmauer mit vielen Türmchen und drei Stadttore. Die ganze Innenstadt ist gepflastert, was den Gredingern den Spitznamen „Pflasterscheißer“ eingebracht hat. Außerdem haben die Gredinger Bürger fast alle noch einen zweiten Namen zu ihrem richtigen Namen dazu. Ich zum Beispiel heiße Fredl Fesl, ganz genau eigentlich Alfred Raimund Fesl. Weil ich aber bei Opa und Oma zu Besuch war – die beiden hießen mit richtigem Namen Ibinger, die Leute sagten zu ihnen aber „Bappe“ – dann war ich der Bappe Fredl oder, weil ich damals noch sehr klein war, der „klaa Bappala“. Das versteht kein Mensch, das hängt irgendwie mit den Hausnamen zusammen.

Dann haben sie in Greding direkt vorm Haus die Autobahn, die damals noch nicht sehr dicht befahren war, denn so viele Autos wie heute gab’s damals noch nicht. Gebaut hat sie vor dem Krieg der Herr Hitler; besser gesagt: bauen lassen. Denn vor dem Krieg hat es viele gegeben, die keine Arbeit gehabt haben. Und der Herr Hitler habe ihnen Arbeit verschafft, sagten die Leute. Nach dem Krieg fuhr jetzt das amerikanische Militär oft tagelang auf unserer Autobahn, um Truppenteile nach Grafenwöhr, oder weiß der Kuckuck wohin, zu verlegen.

Wir Kinder standen dann an der Autobahn und winkten den amerikanischen Soldaten zu. Fordernd riefen wir immer wieder: „Dschingum, Dschingum“. Das war unser bayerisches Wort für „chewing gum“, also Kaugummi, das aber die meisten Amerikaner überhaupt nicht kannten, und so flog fast immer eine süßliche Maispampe vom Fahrzeug herab, obwohl wir doch „Dschingum“ bestellt hatten.

Letztlich wurde die Maispampe ebenfalls von uns verspeist. Und wenn man stundenlang ausharrte und immer kräftig „Dschingum“ schrie, kam bis zum Abend doch noch etwas Kaugummi zusammen, den man dann beim Abendessen aus dem Mund herausnahm, unter den Tisch klebte, um ihn nach dem Essen wieder in den Mund zu schieben und weich zu kauen.

So ein Kaugummi war schon eine tolle Erfindung. Man biss und kaute den ganzen Tag darauf herum, ohne satt zu werden. Aber man trainierte ganz nebenbei seine Kau- und Beißmuskulatur.

Ich überlegte kurz, ob amerikanischer Soldat vielleicht ein Beruf für mich wäre. Nichts für mich, fiel mir ein, denn so ein Soldat macht nur, was ihm befohlen wird, der kann nichts selbst entscheiden. Und nur wegen Kaugummi eine Lehre als Soldat? Außerdem lege ich gar nicht so viel Wert auf gut austrainierte Beiß- und Kaumuskulatur.

Was das Hirn aufnimmt und was nicht

Meistens war ich allein unterwegs. In meiner Phantasie war ich einmal ein Räuberhauptmann, der zusammen mit seinen Räuberkollegen den Wald durchstreifte. Dann war ich ein General, der mit seinen Truppen Greding umzingelte. Der Phantasie waren keine Grenzen gesetzt, der Ferienzeit aber schon. In wenigen Tagen würde wieder die Schule in Grafenau beginnen und der Räuberhauptmann und der General müssten dann der Realität weichen. Der „klaa Babbala“ fügte sich in sein Schicksal, obwohl noch so viel erledigt hätte werden müssen. Man kann da leider nichts machen; aber komisch ist es schon, dass die Zeit in den Ferien rast wie verrückt und während der Schulzeit kommt sie fast nicht von der Stelle.

Meine Eltern wollten mich trösten und sagten, es wäre doch bestimmt schön, wenn ich alle meine Schulkameraden wieder treffen würde und ich ihnen erzählen könnte, wie es in Greding war. Aber ein Einzelgänger wie ich hat keine engen Freunde. Und hätte ich einfach wahllos meinen Mitschülern von Greding erzählt – vom Räuberhauptmann und vom General – sie hätten mich nur ausgelacht.

Obwohl ich die längere Zeit im Jahr in Grafenau war – denn in Greding war ich nur fünf bis sechs Wochen während der Sommerferien – ist die Erinnerung an meine Grafenauer Schulzeit sehr dürftig: grau, wie das Wetter im Bayerischen Wald, fad und nasskalt. An die Ferienzeit in Greding dagegen kann ich mich sogar noch bis in die kleinsten Details erinnern. Als wäre es gestern gewesen. Anscheinend macht mein Hirn, um mich vor Frustration zu schützen, einen deutlichen Unterschied zwischen den meist sinnlosen Geschichten, die der graue Schulalltag hergibt, und den spannenden Abenteuern, die man nur dann erleben darf, wenn man frei ist von Pflichten und Zwängen, Hausaufgaben und sonstigem unnützlichen Kram.

Das Interessante des von mir selbst Erlebten hat mein Hirn dagegen genauestens aufgenommen und gespeichert. Dem langweiligen Restmüll von der Grafenauer Schule hat mein Hirn die Annahme oder gar die Speicherung verweigert.

Bei uns zuhause in Grafenau war es auch nicht viel besser. Mein Vater hatte nach wie vor die Hoffnung nicht aufgegeben, aus mir einen brauchbaren Berufsmusiker zu formen. „Der Bub braucht bloß a strenge Hand", sagte er immer wieder und meinte damit seine eigene. Ja, er selbst war bestimmt ein guter Musiker, aber eben leider ein schlechter Pädagoge. Es ist erstaunlich, dass trotz der widrigen Umstände doch eine Menge von der Musikausbildung bei mir hängen geblieben ist. Noch bevor ich in die Schule kam, versuchte mein Vater, mir Klarinette beizubringen. Wenn man viel übt – mindestens zwei Stunden täglich – dann kann man mit einer Klarinette lachen oder weinen. Mein Instrument heulte, kicherte und schluchzte.

Als Motivation für stundenlanges tägliches Üben stellte er mir in Aussicht, dass ich später, wenn ich gut genug sein würde, in bayerischer Tracht in einer Blaskapelle neben ihm mitmarschieren dürfte. Bei dieser Vorstellung fröstelte mir und ich bekam auch etwas Schaum vor dem Mund.

Kurz und gut, ich war anscheinend nicht das Klarinettenwunderkind, und so bekam ich Vaters Akkordeon umgeschnallt. Bei dem konnte man zwar die Schulterriemen enger machen, doch das Instrument selbst wurde dadurch nicht kleiner. Vor meinem Gesicht war der Blasebalg vom Akkordeon. Ich konnte nicht drüberschaun. Dass es so nicht funktionierte, sah auch mein Vater ein. Er sagte: „Zum Lernen daweil tut's es schon, und wachsen tust ja auch jedes Jahr ein Stück."

Gewachsen bin ich, damit hat er recht gehabt. Aber gelernt hab ich nichts, denn was will man schon lernen, wenn man die Noten nicht sehen kann. Und ohne Noten ist ein Berufsmusiker aufgeschmissen. Also: Berufsmusiker war auch nicht der richtige Beruf für mich.

Wer nichts wird, wird Wirtssohn!

Neun Jahre war ich inzwischen alt und in der dritten Klasse, als sich mein Leben vollkommen ändern sollte. Meine Oma in Greding hatte den Plan, dass meine Eltern das „Gasthaus zum Bayerischen“ pachten sollten. Sie hätte schon alles durchkalkuliert und fände, dass eine Wirtschaft genau das Richtige für uns wäre. Und so kam es dann auch.

Das „Gasthaus zum Bayerischen“ war ein riesiges Haus im Zentrum von Greding. In der Gastwirtschaft war Platz für etwa vierzig bis fünfzig Gäste. Ein schöner grüner Kachelofen mit einer Bank drum herum und dem Stammtisch davor bildeten das Herz der Gaststube. Gleich hinter dem Kachelofen war eine große Küche, das war das Reich meiner Mutter. Sie war eine hervorragende Köchin. Sie hatte in einer Großküche bei Nürnberg gelernt, doch dann war der Krieg dazwischen gekommen. Mein Vater war für die Gaststube zuständig. Er schenkte ein, bediente die Gäste, kassierte, räumte ab und wusch die Gläser.

Und ich? Ich war der Springer, wenn Engpässe auftraten. Wenn einmal mehrere Gäste gleichzeitig kamen und jeder etwas anderes essen oder trinken wollte, dann musste ich flitzen, zum Beispiel in den Keller, um einen bestimmten Wein zu holen. Oder ich half meiner Mutti beim Anrichten der Salate und der Speisen. Und dann gab es noch die Gassenschenke. Das war ein Fenster neben der inneren Eingangstür zur Wirtschaft, das konnte man hochschieben und oben einhaken. Wenn es klingelte, dann musste man die Kundschaft bedienen. Das waren meistens Kinder, die sich ein Jopa-Eis für zwanzig Pfennige kauften, oder jemand, der sich mit dem eigenen Maßkrug drei Quartl Bier holte, auch nur drei Quartl bezahlte, aber erwartete, dass man sein Gefäß bis zum Rand füllte.

Besonders hektisch ging es zu, wenn ein Bus mit dreißig bis vierzig Reisenden in Greding die Autobahn kurz verließ, um ausgerechnet im „Gasthaus zum Bayerischen" eine kleine Brotzeit einzunehmen. Da kam es schon mal vor, dass die Würstel ausgingen oder das Brot. Dann holte ich im Laufschritt bei Bäcker und Metzger Nachschub für die Küche. Ja, eigentlich war ich der Wichtigste in unserem Team. Ohne mich hätten meine Eltern wieder einpacken können.

Zum Glück gab es auch ruhige Zeiten. Da spielten vier Gäste Karten und zwei schauten ihnen zu. Ich saß mit am Tisch und musste hin und wieder nur ein frisches Bier zapfen. Wenn einer der Kartenspieler aufs Klo musste, sagte er zu mir: „Geh zua, Fredl, heb'ma d'Karten auf, bis i vom Biesln komm." Dann habe ich seine Karten genommen, bis zu seiner Rückkehr mitgespielt und nicht selten sogar für ihn gewonnen. Das lag aber dann bestimmt an den Spielkarten.

Ich glaube schon, dass ich ein guter Wirt geworden wäre. Aber dann ist alles wieder ganz anders gekommen.

Der künftige Trompetenvirtuose

Dass mein Vater ein guter Musiker war, habe ich bereits erwähnt. Auch die Gredinger merkten das sehr schnell und boten ihm an, die Leitung der Blaskapelle zu übernehmen. Das tat er natürlich sehr gerne. Er gab den Einsatz und das Tempo vor, spielte die schwierigen Passagen mit der Trompete oder dem Flügelhorn mit und winkte am Schluss eines Musikstücks ab, damit die Musiker nicht nur gemeinsam anfingen, sondern auch gemeinsam aufhörten. Mein Vater war plötzlich wer in Greding, und ich war sehr stolz auf ihn. Er hatte immer noch vor, aus mir einen guten Musiker zu machen. „Du könntest jederzeit bei mir im Blasorchester mitspielen, wennsd nur a bisserl mehr üben tätsd mit dem Akkordeon oder der Klarinette. Oder willst vielleicht Trompete lernen?"

Ich hörte mich „ja“ sagen, und mein Vater war sehr froh darüber. Egal, ob es sie interessierte oder nicht, er sagte allen Leuten, dass sein Sohn jetzt Trompete lernt, und er selbst würde es ihm beibringen. So geht das: Einen schwachen Moment nicht aufgepasst, und schon wird man Trompeter. Einmal pro Woche hatten die Gredinger Blasmusiker Probe. Die verlegte man der Einfachheit halber zum Kapellmeister ins Wirtshaus, und zwar ins Nebenzimmer. Dort konnte man ungestört musikalischen Lärm produzieren. Auch für den Durst der Musiker gab es Abhilfe, schließlich war man ja in einer richtigen Wirtschaft. Die Probe dauerte etwa zwei Stunden, und so mancher verantwortungsvolle Musiker entschloss sich, sein Instrument bis zur nächsten Probe hier zu lassen. Denn wer zuhause heimlich übt, fällt seinen Kollegen in den Rücken. Außerdem war der Nachhauseweg steinig, steil und finster. Das sah man den Instrumenten an. Tiefe Kratzer und Dellen erzählten von schweren Stürzen und Karambolagen. Egal, ob man stolpert und auf die große Tuba fällt, auf das Tenorhorn oder die Posaune: Es tut immer gleich weh, und die ganze Musik ist verbogen. Da ist es schon besser, die Instrumente bleiben geschützt im Probenraum liegen. Den Probenraum konnte man selbstverständlich abschließen. Ich gehörte als Sohn des Kapellmeisters und als künftiger Trompetenvirtuose natürlich zu den Personen, die wussten, wo der Schlüssel war. Wenn dann von den Eltern niemand in der Nähe war, holte ich mir den Schlüssel. Dann hatte ich den ganzen Probenraum für mich alleine. All die vielen unterschiedlichen Instrumente konnte ich testen und herausfinden, welches für mich am geeignetsten wäre. Aber einen soliden Beruf hatte ich trotzdem immer noch keinen.

Schimpfen tut nicht weh und Hauen dauert nicht lang

Nicht nur die verschiedenen Instrumente reizten mich, sondern auch das Radiogerät, das im Nebenzimmer unserer Gaststätte stand. Ich fand schnell heraus, wie man es bediente. Mein Lieblingssender war AFN (American Forces Network). Schon am frühen Morgen hörte ich Rock 'n' Roll und Country Music. Mein Vater schimpfte mich und sagte: „Was willst du denn mit dieser Negermusik!" Ich aber fand diese Musik riesig und hörte stundenlang zu. Manchmal baute ich auch das Schlagzeug auf und versuchte mitzutrommeln. Das klappte einmal mehr und einmal weniger, aber ich war ja noch in der Ausbildung. Die Musiktitel, die am Tag mehrmals gespielt wurden, konnte ich bereits auswendig. Nur mein „Dschingum-Englisch" verstand leider keiner. Aber mit richtigem Englisch hätte mich wahrscheinlich auch niemand verstanden. So kam ich mit meiner musikalischen Ausbildung sehr flott voran. Meine Leistungen in der Schule dagegen ließen im selben Tempo nach. Das ist ganz normal so, denn was man auf der einen Seite mehr investiert, muss man auf einem anderen Sektor wieder einsparen. Leider sahen das meine Eltern nicht so locker. Meine immer besser werdenden musikalischen Leistungen und mein Einsatz für die elterliche Gastwirtschaft wurden überhaupt nicht gewürdigt.

Unser Lehrer saß fast jeden Abend beim Kartenspiel am Stammtisch und auf die Frage meines Vaters, wie sich sein Sohn in der Schule so macht, antwortete er: „Naja, geht so!" und dass ich anfangen würde, mich für die Mädels zu interessieren. Wir waren nämlich eine gemischte Klasse.

So kam es, dass sie mich nach Ingolstadt ins Internat stecken wollten. Das war zwar nicht unbedingt billig, aber für die Bildung seines Sohnes war meinem Vater nichts zu teuer. Das Canisiuskonvikt in Ingolstadt – die „Kistn", wie das Knabeninternat respektlos oft genannt wurde – sollte aus mir einen richtigen Heiligen formen. Vielleicht würde die Oma doch noch ihren Pfarrer bekommen. Ich war mir jedenfalls sicher, dass sie in die Maßnahme „katholisches Internat" eingeweiht war. Vielleicht kam der Vorschlag sogar von ihr.

Nach den großen Ferien sollte es schon losgehen. Ich war inzwischen elf Jahre alt, also fast schon erwachsen. „Andere Kinder würden sich freuen, wenn sie so ein teures Internat besuchen dürften." Solche und ähnliche Sachen musste ich mir anhören. Sollte man doch alle die Kinder, die das möchten, ins Internat stecken und mich in Ruhe lassen! Ich wurde immer wütender, schimpfte auf meinen Vater, meine Mutter, meine Oma und den Gredinger Lehrer. Mein Entschluss stand fest: Ich wollte nicht ins Internat.

Ich ging in mein Schlafzimmer, zog mir bequeme Wanderkleidung an und schrieb kurz einen Abschiedsbrief, den ich auf das Kopfkissen legte. Dann holte ich noch etwas Geld, in weiser Voraussicht angespart, aus einem Versteck des Räuberhauptmanns und ging zur Autobahn. Dort entschied ich mich für den Süden, Richtung Ingolstadt/München. Die Autobahn hatte zwei Fahrspuren und am Rand noch eine etwa zwei Meter breite Spur für die Wanderer. Allerdings war ich der Einzige, der an diesem Tag hier zu Fuß unterwegs war.

Die ersten paar Kilometer waren noch leicht. Mit viel Wut im Bauch ging es richtig flott. Aber dann kam der Kindinger Berg. Ich keuchte und schwitzte und nahm mir vor, oben am Berg eine kleine Rast einzulegen. Ich schaute mich gerade nach einem bequemen Rastplatz um, als ein Auto langsamer wurde, auf die Standspur fuhr und anhielt. Das Auto kam mir irgendwie bekannt vor. Als der Fahrer ausstieg, wusste ich auch woher: Es war der Zigaretten-Mensch, der wöchentlich in unserer Wirtschaft vorbeischaute, um den Automaten wieder aufzufüllen.

Der kannte mich natürlich. Er wunderte sich, mich so weit weg von Greding anzutreffen. Ich erzählte ihm meine Geschichte. Ich hatte den Eindruck, dass er mich verstand. Verschwitzt und außer

Atem setzte ich mich zu ihm ins Auto. Ich machte es mir bequem, wollte noch etwas von dem Streit mit meinen Eltern erzählen, schlief aber sehr schnell ein. Wie lange ich geschlafen hatte, wusste ich nicht, als ich aufwachte. Aber wo ich war, das wusste ich sofort: in Greding im Gasthof zum Bayerischen.

Meine Eltern waren noch unterwegs, um mich zu suchen. Stockfinster war es mittlerweile draußen. Jetzt fuhren meine Onkels los, Onkel Heiner mit dem Motorrad und Onkel Andreas mit dem Opel Blitz, um meine Eltern zu suchen. Die Oma war auffällig still und nachdenklich. Wahrscheinlich kamen ihr die ersten heimlichen Zweifel an ihrem zukünftigen Pfarrer. Als meine Eltern gefunden und der Familienrat komplett war, brach eine Schimpflawine über mich herein. Mir fiel auf, dass niemand weinte oder wenigstens mit den Tränen kämpfte. In diesem Moment fiel mir eine alte Indianerweisheit ein: Schimpfen tut nicht weh und Hauen dauert nicht lange.

Endlich durfte ich mich zurückziehen, allerdings mit der Drohung, dass in dieser Angelegenheit das letzte Wort noch nicht gesprochen sei. Es stimmt schon, dass Schimpfen nicht weh tut. Aber lästig ist es trotzdem, wenn es länger dauert.

Schuhcreme und Schweißfüße

Ich spürte, dass die schöne Zeit der Kindheit zu Ende ging. Schweren Herzens machte ich mich für das Internat bereit. Ich kam jetzt in die Höhere Schule, aber nicht, wie vor ein paar Jahren in Grafenau, mit der größten Schultüte, sondern mit einer großen Tasche. Meine Eltern drückten mich noch mal kurz, dann stiegen sie aus dem Bus und winkten mir mit feuchten Augen zu. Das große Fahrzeug setzte sich Richtung Ingolstadt in Bewegung. So lange ich meine Eltern noch sehen konnte, winkte ich zurück, während zwei heiße Tränen über meine Backen kugelten. „Da lach' ich ja", dachte ich und wischte mir die Tränen entschlossen aus dem Gesicht. Melancholie machte sich breit.

Nach zwei Stunden Busfahrt über die Dörfer sah ich die ersten Ampeln von Ingolstadt. Wir waren da. Mit der Schultasche auf dem Rücken und der großen Reisetasche in der Hand stieg ich aus dem Bus und wurde auch gleich von einem an der Haltestelle wartenden jungen Mann angesprochen und gefragt: „Du schaust so aus, als wennsd in d'Kistn möchst." Ich erfuhr, dass er auch Insasse ist, wenn auch schon ein paar Jahre länger, und dass er mir den Weg zeigen würde.

Dann ging er los mit großen Schritten, ich hechelte hinterher. Er war nicht sehr gesprächig. Seine beiden Hände hatte er in den Hosentaschen, wahrscheinlich um immer gleich zu wissen, wo sie waren, falls er sie einmal für irgendetwas brauchte. Nach der Ankunft beim Internat bedankte mich bei ihm, und er überließ mich meinem Schicksal. Das riesige schmucklose Gebäude mit einer großen, schweren Eingangstür war nicht gerade einladend, doch ich überwand meine unguten Gefühle und ging hinein.

Nach der ersten Tür kam eine weitere, und dann musste man an der Pforte vorbei, in dem normalerweise ein Pförtner sitzt. Bei mir war es eine Pförtnerin. Im Gegensatz zu dem wortkargen Schüler, der mich vom Bus abgeholt hatte, war die Dame an der Pforte sehr redselig und überschwänglich freundlich. Sie fragte mich nach meinem Namen, Geburtsdatum und nach meiner Adresse. Fragen, die man nicht mit „ja" oder „nein" beantworten kann, habe ich dick.

Anschließend studierte sie einige Listen, um mir schließlich mitzuteilen, dass ich in den ersten Stock musste, in den Schlafsaal 2. Dort gäbe es nummerierte Schränke, da könnte ich meine Sachen verstauen. Ich war die Nummer 163. Sie gab mir einen Schlüssel, für den ich unterschreiben musste. Ich bekam einen weiteren Schlüssel für meinen Schuhkasten Nr. 163. Sie bekam eine weitere Unterschrift. „Links den Gang runter und die dritte Türe links, da ziehen wir unsere schmutzigen Straßenschuhe aus. Es gilt im ganzen Haus strikte Hausschuhpflicht. Weißt du", sagte sie zu mir, „wenn du dich erst einmal an die Hausordnung im Canisiuskonvikt gewöhnt hast, willst du es gar nicht mehr anders haben." Ich dachte bei mir, wie das wohl sein wird, wenn ich im Sommer barfuss laufe, stellte aber keine Fragen, denn sie redete sowieso schon recht viel.

Wie war das gleich wieder, den Gang links runter, die dritte Türe links. War nicht schwer zu finden, dachte ich und ging hinein. Es roch nach Schuhcreme und Schweißfüßen. Ich beeilte mich, den Schuhkasten Nr. 163 zu finden, zog meine gar nicht so schmutzigen Straßenschuhe aus und meine Hausschuhe an.

Ich ging zur Pforte zurück und fragte, ob ich noch etwas zu essen haben könnte. Obwohl die Essenszeit bereits seit langem vorbei war, organisierte die freundliche Dame im Speisesaal noch ein paar Scheiben Brot mit Wurst und Käse und eine Kanne kalten Tee für mich. Dann übergab sie mir noch die Hausordnung mit dem Ratschlag, sie genauestens durchzulesen und die Zeiten strengstens einzuhalten. „Denn stell' dir einmal vor, von den vierhundert Zöglingen würde ein jeder machen was er gerade will, ein Chaos wäre das." Ich konnte mir das überhaupt nicht vorstellen, saß ich doch mutterseelenallein in einem Speisesaal mit vierhundert Plätzen und mampfte Wurst- und Käsebrote in mich hinein. Gelegentlich huschte ein Zögling in Hausschuhen und im Schlafanzug über den Gang. Die Dame von der Pforte mahnte mich zur Eile, denn um 22 Uhr werde im Schlafsaal das Licht ausgemacht. Dann verabschiedete sie sich von mir, nicht ohne mir einen guten Schlaf und für den nächsten Tag viel Glück und einen guten Start für die Schule zu wünschen.

Inzwischen war ich mit dem Essen fertig, räumte mein Geschirr auf und begab mich in den ersten Stock, Schlafsaal 2. Vorsichtig öffnete ich die Türe und schaute in einen Raum mit rund vierzig Betten. Die meisten waren schon belegt mit Knaben, die Comics lasen oder mit ihren Bettnachbarn tuschelten. Ich suchte den

Schrank 163, fand ihn auch bald und begann, den Inhalt meiner Tasche in den Schrank umzustapeln, als ein Schüler der oberen Klassen auf mich zukam, demonstrativ auf seine Uhr schaute und meinte, dass in fünf Minuten das Licht ausgemacht wird. „Wenn das so ist, nehme ich nur schnell meinen Schlafanzug raus, den Rest kann ich ja morgen erledigen" sagte ich. „Nein, so genau geht's auch wieder nicht, lassen wir halt das Licht noch ein bisschen an, außerdem musst du noch zum Waschen und Zähneputzen. Woher kommst du denn, Nr. 163, so spät in der Nacht?" „Aus Greding!" Greding kannte er jedoch nicht.

„Die Dame unten an der Pforte hat mich so lange aufgehalten", sagte ich zu ihm. Er nickte und sagte, dass sie dafür bekannt sei. Dann zeigte er mir den Waschraum, die Toiletten und schließlich mein Bett. Ich hatte nur einen Bettnachbarn, dem ich mich kurz vorstellte, um ihn nicht weiter beim Lesen zu stören. Ich kroch in mein Bett, müde und vollgestopft mit neuen Eindrücken. Das Licht ging aus. Nur über den Toiletten, über dem Schlafzimmer des Präfekten und über dem Waschraum brannten die ganze Nacht Notlampen, damit man nicht stürzte, wenn man noch mal raus musste. Langsam wurde auch das Getuschel immer ruhiger, so dass man immer besser diejenigen hören konnte, die wild entschlossen dabei waren, den ganzen Bayerischen Wald kurz und klein zu sägen. „Sägermeister", das wäre doch auch kein schlechter Beruf, notfalls könnte man ihn auch trinken, dachte sich der Gastwirtssohn und schlief darüber ein.

Zähne putzen nicht vergessen!

Alarm, Alarm, brennt am Ende gar die Schule? Nein, es war leider nur die Trillerpfeife vom Präfekten, der uns erst erschrecken musste, um uns anschließend einen guten Morgen zu wünschen. Gott sei Dank fällt es mir nicht schwer, schnell wach zu sein, aber es gab da einige, die gerne noch ein Viertelstündchen weiter gesägt hätten. Aber der Herr Präfekt war unerbittlich, obwohl im Waschraum momentan gar kein Platz war, denn die Wasserhähne waren schnell belegt. Auch prüften der Präfekt oder sein Vize nach, ob nicht jemand das warme Wasser aufgedreht hatte, denn wir wuschen uns jeden Morgen selbstverständlich mit nacktem Oberkörper und eiskaltem Wasser, im Sommer wie im Winter.

„Zähneputzen nicht vergessen, ich mache Stichproben." Wie will er denn das rausfinden, ob ich meine Zähne geputzt habe oder nicht. Ich ließ reichlich Wasser über meine Zahnbürste laufen und legte sie anschließend hinter die Seifenschale. Lange brauchte ich nicht zu warten, da hörte ich den Präfekten hinter mir: „Und, die Zähne schon geputzt?" „Ja, freilich", sagte ich, „meine Zähne putze ich immer zuerst". „So, dann wollen wir uns mal die Zahnbürste anschauen", sagte er. Und seine Stimme hatte etwas Lauerndes.

„Was, Sie wollen meine Zahnbürste sehen? Es ist eine ganz normale Zahnbürste, nichts Besonderes", sagte ich. „Moment mal, die habe ich doch hier hinein?" Ich hielt ihm meinen Kulturbeutel hin, dass sich auch er überzeugen konnte: Keine Zahnbürste im Beutel drin. „Aha, da hat der Herr wohl nicht nur die Zähne nicht geputzt, sondern mich auch noch frech angelogen." „Ach, ich Dussel!" sagte ich. „Da ist sie ja. Ich hab' sie noch gar nicht aufgeräumt."

Damit zog ich die immer noch nasse Bürste hinter der Seifenschachtel hervor und übergab sie ihm zur Prüfung. Er fuhr mit seinem Daumen über die Borsten, dass sie spritzten. Dann gab er mir meine Zahnbürste wieder zurück und meinte: „Da haben wir aber noch einmal Glück gehabt."

Komisch, wir haben beide Glück gehabt, aber nur ich habe mich darüber gefreut, er offensichtlich nicht. Nun aber hinein in die Klamotten und ab zum Frühstück. Platz Nr. 163 war schnell gefunden. Mit fünf weiteren Zöglingen saß ich an einem Tisch. Und ein Tisch mit sechs Zöglingen war ein Sechszylinder. Logischerweise war die Kanne Tee ein Kanister Sprit, Benzin halt.

Nach dem Frühstück holte ich mir meine ziegenlederne Schultasche, zog im Schuhraum meine Hausschuhe aus und meine Straßenschuhe an, und ab ging es in Richtung Donau zur Christoph-Scheiner-Oberrealschule.

Und jetzt auch noch Chorknabe

Im Vergleich zu Greding war Ingolstadt für mich eine richtige Großstadt mit Fußgängerampeln und Rolltreppen. Leider war keine Zeit, sich das alles genauer anzusehen, denn wir marschierten in kleinen Gruppen Richtung Schule, und um mit dem Tempo der größeren Schüler mitzuhalten, musste ich schon einmal in leichteren Trab übergehen. Mittags beim Zurückgehen gab es den gleichen Stress: Die großen Schüler gaben mit ihren langen Haxen das Tempo vor, und wir Kleineren hechelten hinterher.

Über die Schule selbst gibt es nicht viel zu berichten. Die Lehrer und Lehrerinnen stellten sich uns vor und sagten uns, was wir noch alles besorgen müssten. Ich freute mich darüber, dass es neben den Besorgungen keine weiteren Hausaufgaben gab. Diese Freude wurde im Internat schnell gedämpft. Dort gab es einen Knabenchor unter der Leitung eines Musikpräfekten. Dieser hoffte, unter den neu angekommenen Knaben große musikalische Talente zu entdecken. Um diese Talente ausfindig zu machen, bestellte er alle neuen Zöglinge um 17 Uhr in den Proberaum zum Vorsingen. Eigentlich hatte ich den ganzen Nachmittag zum Erledigen meiner Besorgungen eingeplant. Und jetzt musste ich Hefte, Blöcke, Bleistifte usw. im Eiltempo einkaufen. So ein Stress! Blödes Vorsingen!

Also: Straßenschuhe ausziehen, Hausschuhe anziehen, ab in den Proberaum zum Vorsingen. Die Wanduhr zeigte drei Minuten nach fünf, alle waren schon da, und jetzt auch der Herr Fesl Nr. 163, dann können wir ja anfangen. Zur Feier des Tages durfte ich gleich als erster mein Können unter Beweis stellen. „Höre gut zu, ich spiele jetzt auf dem Klavier einen Ton, später eine kleine Melodie, und du versuchst mit ‚La, La, La' das Ganze nachzusingen. Kapiert?" Kann ja nicht so schwer sein, dachte ich, und baute für mich sogar noch einen Schwierigkeitsgrad in die Aufgabe hinein, indem ich jeden Ton, der vom Klavier kam, um einen halben Ton tiefer zurück la, la, lallte. Kam beispielsweise vom Klavier der Ton „a", dann gab es von mir ein „gis" zurück. Kam vom Klavier ein „f", so musste ich ein „e" singen usw. Der Chorleiter gab sich wirklich die größte Mühe mit mir. Er testete meinen Stimmumfang, ganz tiefe Töne und ganz hohe Töne. „Sehr gut", meinte er, „aber leider alles um einen halben Ton zu tief. Ist er vielleicht aufgeregt der Herr Fesl?" „Aufgeregt nicht, aber gestresst schon", sagte ich. „Morgens wird man aus dem Bett getrillert. Waschen, Zähneputzen, Frühstück, dann muss man in die Schule rennen, mittags das Gleiche zurück, Mittagessen, dann in die Stadt, um alles zu besorgen, was wir uns in der Schule aufgeschrieben haben. Und dann soll man noch beim Vorsingen Höchstleistungen bringen!"

Das sah er ein, der Herr Präfekt, er wollte mich nicht noch weiter quälen, er sagte nur: „Ich glaube, wenn du einmal gut drauf bist, dann singst du alles einen halben Ton zu hoch." Bleibt anzumerken, dass ich natürlich nicht vom Chor befreit wurde, natürlich auch nicht von den Chorproben und den verschiedenen Auftritten des Auswahlchors des Canisiuskonvikts Ingolstadt. Dem Musikpräfekten und meinem Vater habe ich es zu verdanken, dass ich auch noch Klavierunterricht erhielt, was meinen Tagesplan fast zum Bersten brachte.

Aber ich war ja in einem katholischen Internat und nicht in einer dieser speziellen Schulen, wo die Kinder gelangweilt fragen: „Müssen wir heute schon wieder machen, was wir wollen?“ Ich für meinen Teil hätte jedenfalls schon gewusst, was ich gewollt hätte.

Auf geht's nach München

Nach vier Jahren Wirtsdasein waren meine Eltern mit ihrer Kraft am Ende. Die Gaststätte war, wie meine Mutter immer sagte, eine Goldgrube, aber sehr zeitintensiv. Ruhetage oder gar Urlaub gab es nicht. Das eingenommene Geld wurde nach und nach wieder ins Geschäft investiert, was auch bitter nötig war. So bekamen wir beispielsweise warmes Wasser und eine Zentralheizung. Die sieben Fremdenzimmer mit je zwei Betten waren im Sommer fast ständig belegt. Aber selten länger als für eine Nacht, da die Gäste meist nur auf ihrer Reise ins Gebirge oder nach Italien einen Zwischenstopp bei uns einlegten. Meine Mutter musste also fast den ganzen Sommer lang und bis weit hinein in den Herbst täglich bis zu vierzehn Betten abziehen und frisch überziehen. Die Bettwäsche und die Handtücher mussten täglich gewaschen, getrocknet, und gebügelt werden. Für diese Arbeiten bekam meine Mutter eine große Waschmaschine, einen Trockner und eine Bügelmaschine. Was sie dringender gebraucht hätte, wären zwei oder drei Hilfskräfte gewesen. Das war in Greding aber schwierig, denn die meisten hatten selbst ein Geschäft oder eine kleine Landwirtschaft, oder sogar beides. Und so quälte sich meine Mutter ohne Hilfe durch die Saison.

Meinem Vater ging es nicht viel besser. Es gab damals in Greding nicht nur keinen Ruhetag, sondern auch keine Sperrstunde. Das heißt: Eine Sperrstunde gab es schon, aber weder die Polizei, noch die Wirte, noch die Zecher kümmerten sich darum. Und so saß er oft mit zwei, drei unverwüstlichen Kartenspielern am Stammtisch und kämpfte mit dem Schlaf. Wenn er dann um drei oder vier endlich ins Bett kam, musste meine Mutter schon bald wieder aufstehen. Um fünf oder spätestens halb sechs Uhr wurde Kaffee gekocht und wurden die Frühstückstische gedeckt.

Eigentlich gab es schon jemanden, der ihnen gern geholfen hätte. Aber der musste ja unbedingt nach Ingolstadt ins Canisiuskonvikt ... Nein: Ich möchte mich jetzt nicht auch noch über meine Eltern lustig machen, sie hatten es schwer genug.

Mein Vater, damals bereits über vierzig Jahre alt, wollte weg aus Greding. Er fuhr nach München, wo er vor dem Krieg schon einmal gearbeitet hatte. Dort suchte er eine Arbeit für sich und eine Wohnung für seine Familie. In relativ kurzer Zeit fand er beides. Arbeit bekam er bei der Münchner Stadtverwaltung. Von Vorteil war für ihn, dass er in Grafenau bereits Verwaltungserfahrung gesammelt hatte, und zwar in der Kfz-Zulassungsstelle. In München wurde er Sachbearbeiter im Ausländeramt.

In Ramersdorf, einem Stadtteil im Osten von München, kaufte er eine Drei-Zimmer-Eigentumswohnung in der Ottobrunner Straße. Dann holte er seine Familie nach. Bis auf meinen vier Jahre älteren Bruder Hans, der noch in der Ausbildung war und deshalb bei der Oma in Greding blieb, zog die ganze Familie in die Landeshauptstadt: Neben meinen Eltern waren das mein zwei Jahre jüngerer Bruder Peter und meine zwölf Jahre jüngere Schwester Christa, die nach drei Buben und jahrelanger Pause natürlich der umschwärmte Star in der Familie war.

Für mich war der Umzug von großem Vorteil, denn nun kam ich raus aus dem Internat, in dem ich nun schon fast ein Jahr eingesessen hatte. Es war auch gut, dass ich mich nicht zu sehr an die Hausordnung der „Kistn" gewöhnt hatte, denn wie hatte die Pförtnerin am ersten Tag in Ingolstadt gesagt: „Wenn ich mich erst einmal daran gewöhnt habe, dann will ich es gar nicht mehr anders haben." Ich wollte es aber anders haben – und Gott sei Dank durfte ich mit nach München. Und wären wir nach Grönland ausgewandert – jeder Platz auf dieser Welt wäre mir lieber gewesen als Ingolstadt. Wobei die Stadt nicht viel dafür kann.

Trotzdem denke ich manchmal an das Canisiuskonvikt in Ingolstadt, zum Beispiel wenn ich meine Hausschuhe nicht finde. Dann sage ich mir, im Internat hätte ich gewusst, wo sie sind: entweder an meinen Füßen oder im Schuhraum, Kasten 163. Beim Sinnieren habe ich dann plötzlich eine Geruchsmischung von Schuhcreme und Schweißfuß in meiner Nase. Und wo sind jetzt meine Hausschuhe? – Ach, die habe ich ja an.

Natürlich musste ich auch in München wieder in die Schule. Meine Eltern meldeten mich an der Maria-Theresia-Oberrealschule an. Dort waren sie mit dem Stoff in manchen Fächern bereits weiter als wir in Ingolstadt waren. In anderen Fächern dagegen hatte ich ein paar Lektionen Vorsprung. Was mich besonders beeindruckte, war, dass einige Schüler mit der linken Hand schreiben durften. Niemand hat das beanstandet – aber ich blieb jetzt bei rechts, denn ich wollte nicht noch einmal umlernen. Wichtig war nur, dass ich jetzt freiwillig rechts schrieb.

Direkt vor unserem Haus in der Ottobrunner Straße war die Bushaltestelle. Dort standen zur gleichen Zeit fast immer die gleichen Leute und warteten auf den Bus, der aus Richtung Perlach kam. Heute würde man sagen „aus Richtung Altperlach“, weil es ja mittlerweile ein Neuperlach gibt, aber damals gab es nur ein Perlach. Die Wartenden kannten sich von der Bushaltestelle, aber das war zu wenig, um miteinander ins Gespräch zu kommen. Ein kurzes stummes Zunicken musste reichen. Unsere Bushaltestelle war die letzte vor der Straßenbahnendhaltestelle in Ramersdorf. Daher war es unmöglich, einen Sitzplatz zu kriegen. Aber selbst wenn ein Platz frei gewesen wäre, hätte ich mich nicht getraut, mich hinzusetzen. Denn der Spruch „Alter vor Schönheit“ galt und gilt bis heute unbedingt. Gezahlt hatte ich zwar für das Busfahren im Sitzen und nicht fürs Stehen, aber es ging sowieso nur eine Station weit, da konnte man schon einmal auf Komfort verzichten. Endhaltestelle Ramersdorf. Umsteigen in Richtung Rosenheimer Platz. Der Busfahrer ließ uns aussteigen und alles hetzte hinüber zur bereitstehenden Straßenbahn. Mit der fuhr ich dann vier oder fünf Stationen weit bis zum Rosenheimer Platz. Hier musste ich zum zweiten Mal umsteigen, und zwar in die Linie zwölf, die von Haidhausen kam und in Richtung Ostfriedhof weiterfuhr. Mein Vater hatte mir extra einen Plan gemacht, ganz detailliert, wo sogar die Fußgängerampeln, die ich nehmen sollte, eingezeichnet waren.

Aber ich benutzte den Plan nicht, ich wollte doch nicht gleich als Dorfdepp dastehen. Ingolstadt hatte schließlich auch seine Ampeln und alles, was eine Stadt so braucht, und ich habe meine Erfahrungen gemacht und bin reifer und älter geworden. Nämlich zwölf Jahre alt und weise, und wozu braucht ein junger, zwölfjähriger Mann einen Plan von seinem Vater, einfach lächerlich. Außerdem hatte mein Vater vergessen, dass er das Deutsche Museum und die Isar in seinem Plan erwähnte. Dort stieg ich aus, denn ich hatte das Gefühl, dass ich eine Haltestelle zu weit gefahren war. Ich musste also zum Rosenheimer Platz zurücklaufen. Dort stieg ich in die Linie zwölf und kam etwa eine Viertelstunde zu spät zum Unterricht. Das fiel aber gar nicht weiter auf, denn nach mir kamen noch einige zu spät, bis wir um halb neun alle komplett waren.

Wenn man von einem katholischen Knabeninternat in Ingolstadt plötzlich in die MTO nach München wechselt, dann kommen einem die Mitschüler vor wie eine Horde wildgewordener Anarchisten. Aber auch die Lehrer waren gut drauf, sie kamen ins Klassenzimmer, spulten ihren Unterricht herunter, und verschwanden wieder, ohne auch nur den Versuch unternommen zu haben, etwas Ruhe und Ordnung in das Chaos zu bringen. Ich glaube, das nennt man Dienst nach Vorschrift. Gelernt habe ich im Wesentlichen, dass der Lehrer der natürliche Feind des Schülers ist und dass man nur bei guten Schülern abschreiben soll, denn eine Fünf oder Sechs schafft man zur Not auch selbst.

Mutige und Feiglinge

Die Großstadt München machte einen gewaltigen Eindruck auf mich. Die Schule allerdings weniger, und so rutschte ich sehr bald ab. Ich machte mir ernsthaft Gedanken darüber, ob ich die Klasse wiederholen sollte. Mein Vater meinte, dass es sehr schwierig werden würde, als Sitzenbleiber verbeamteter Berufsmusiker zu werden. Er hatte gehört, dass Schüler, die keine Fünfer oder Sechser im Jahreszeugnis haben, ohne Aufnahmeprüfung in die vierjährige Mittelschule wechseln könnten. Das bedeutete für mich, dass ich schon wieder in eine andere Schule gehen musste. Zudem war für die noch verbleibenden Monate strenges Büffeln angesagt.

Mein Vater erklärte meinen Fall zur Chefsache. Nachdem er meine musikalische Ausbildung sowieso schon in seinen Händen hatte, übernahm er nun auch noch die Sache mit meiner Schulbildung. Er organisierte für mich Nachhilfeunterricht. Der Erfolg war mäßig, doch nicht ganz vergeblich, denn ich schaffte den Wechsel in die Fridtjof-Nansen-Mittelschule. Das war dann die fünfte Schule innerhalb von sechs Jahren. Für meinen Schulweg bekam ich ein Fahrrad, mit dem ich täglich in die Schule fuhr. Von der Ottobrunner Straße nach Ramersdorf, dann rechts am Mittleren Ring, den Innsbrucker Ring entlang, durch den Leuchtenberg-Tunnel bis hinauf zur Einsteinstraße und links zur Fridtjof-Nansen-Mittelschule. Den gleichen Weg selbstverständlich auch wieder zurück, und das bei jedem Wetter.

Für meine Schulausbildung war fürs Erste also ausreichend gesorgt. Wir lernten unter anderem auch Buchführung, kaufmännisches Rechnen, Kurzschrift und Schreibmaschine schreiben. Für eher musische Menschen, zu denen auch ich mich zähle, waren diese Fächer nicht sehr spannend. Aber schlafen durfte ich ja nicht.

Was meine musikalische Ausbildung anbelangt, war mein Vater mit mir ausnahmsweise einmal sehr zufrieden. Ich hatte ja schon in Greding angefangen, Trompete zu lernen, das Üben in dem knappen Jahr im Internat aber vernachlässigt. Mittlerweile war ich dreizehn Jahre alt und durfte meinen Vater zur Blasmusikprobe begleiten. Mein Vater meinte, Orchesterroutine sei wichtig für jeden Musiker. Freitagabend war meistens Probe der Bürgermusik Ost unter der kompetenten Leitung von Herrn Dollinger. Die Proben fanden in der Kantine eines Industrieunternehmens statt. Herr Dollinger schonte weder sich noch uns Musiker und holte das letzte aus uns raus. Mein Vater spielte das erste, ich das zweite Flügelhorn. Wir nahmen unsere Noten mit nach Hause, um schwierige Passagen zu üben. Unter Musikern heißt es eigentlich: „Wer zu Hause übt, fällt seinen Kollegen in den Rücken!" Wir übten aber, um uns vor den zum Teil hervorragenden Musikern nicht zu blamieren.

So eine Blasmusikprobe dauerte ungefähr zwei Stunden. Die meisten gingen anschließend nach Hause. Nur nicht Herr Dollinger und ein paar andere aus der Truppe. Vater und Sohn Fesl waren natürlich auch mit dabei. Es gab Mutige und Feiglinge. Die Mutigen gingen noch mit ins Wirtshaus. Die Feiglinge gingen heim. Ich dachte, dass auch die Zeit nach der Probe die Orchesterroutine verbessert und passte gut auf, denn ich wollte ja was lernen. So saßen wir noch etliche Stunden, erzählten Witze und lustige Geschichten aus der Musikerszene.

Dabei erlebte ich meinen Vater von einer Seite, die ich noch gar nicht kannte. Er war richtig locker und lustig, bestellte für sich und seinen Sohn noch zwei Bier und dachte überhaupt nicht ans Heimgehen. Nächtelanges Rumsitzen hatte er ja in Greding in seiner eigenen Wirtschaft zur Genüge üben können. Ich habe das nicht extra geübt, aber ich war offensichtlich ein Naturtalent. Was ich viel geübt habe, war Trompete spielen. Es bereitete mir großen Spaß, und ich hatte durch das viele Spielen einen enorm guten Ansatz. Dadurch gelang alles mühelos, und das steigerte die Freude am Musizieren weiter. Meine musikalische Ausbildung war also auf einem guten Weg.

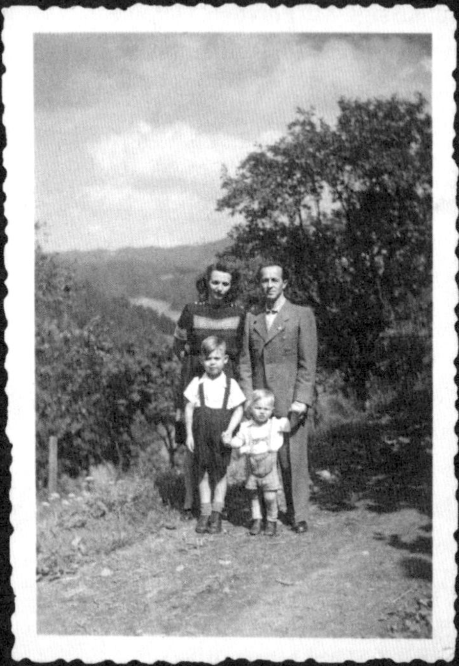

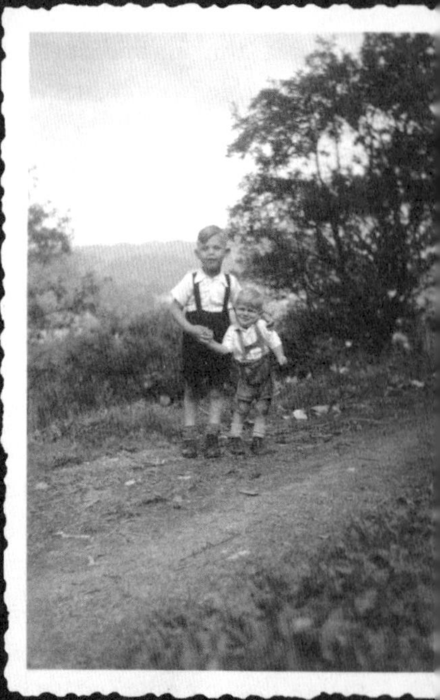

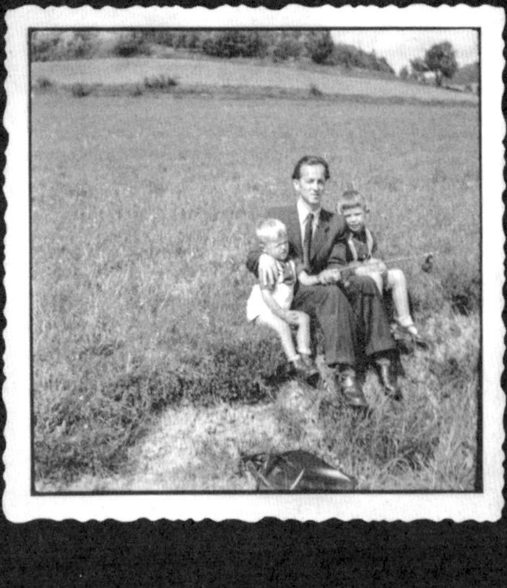

Mein Vater stammte aus Elsenthal, einem kleinen Ort bei Grafenau. Gelegentlich machte er Fotos von unseren Ausflügen.

Wie die Bilder zeigen, hatte ich schon damals keine Lust, fotografiert zu werden. Heutzutage ist es üblich, dass bei einem Treffen jeder schon einmal sein Handy zückt, alles rundherum in sein Kästchen drückt, um zu Hause nachsehen zu können, wo er war und wer alles dabei war. Als hätte ich diese Entwicklung damals schon geahnt und abgelehnt.

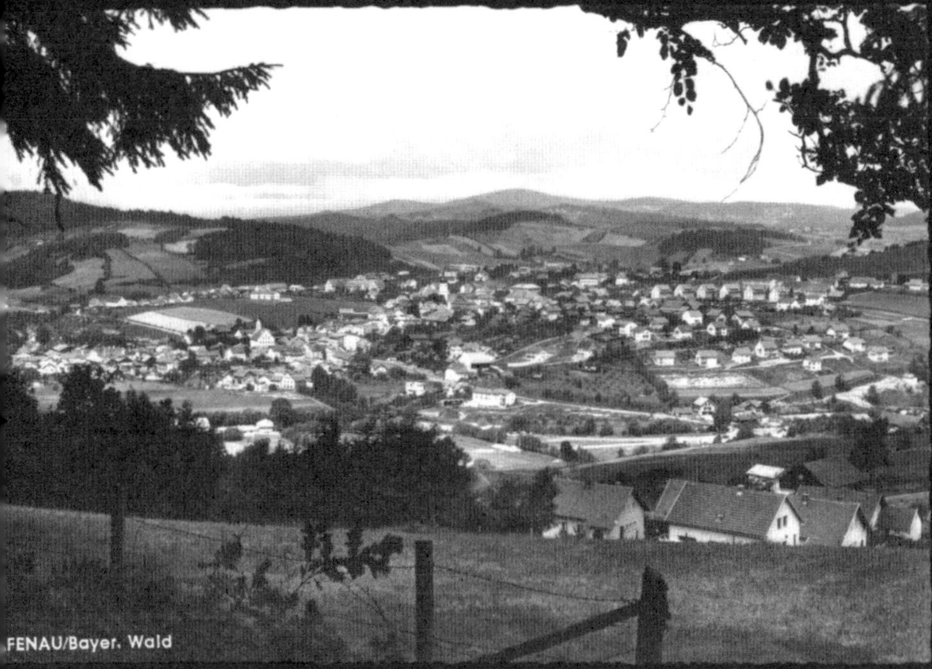

Ebenso ging es mir gegen den Strich, meinen kleinen Bruder Peter im Kinderwagen herumzuschieben. Da lief ich lieber in den Wald und überließ meinem älteren Bruder Hans den Kinderwagen.

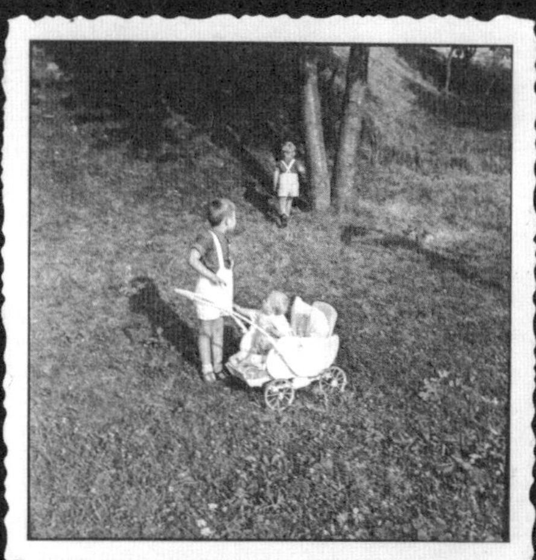

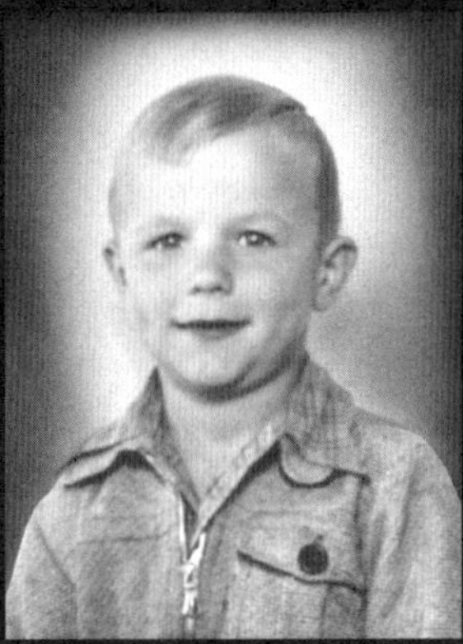

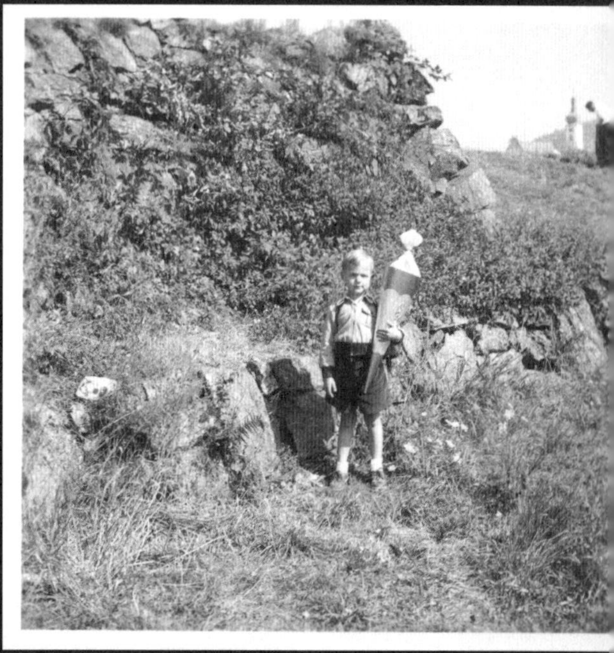

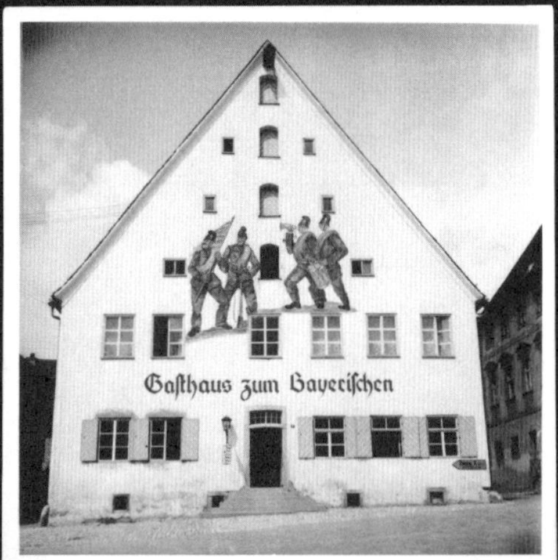

Als ich in Grafenau in die Schule kam, hieß es: „Jetzt beginnt der Ernst des Lebens!" – und als ich dann das entsprechende Gschau dazu machte, hieß es wiederum: „Was schaust denn so grimmig ernst, lach doch a bisserl."

Meine Mutter stammte aus dem mittelfränkischen Greding und hatte nach Grafenau geheiratet. Später zogen meine Eltern wieder zurück nach Greding und betrieben viereinhalb Jahre lang das „Gasthaus zum Bayerischen".

Zur Erstkommunion ging ich auch, wie das Foto beweist – übrigens das Lieblingsfoto meiner Gredinger Oma! Wenn man ganz genau hinschaut, sieht man noch die Reste vom Heiligenschein.

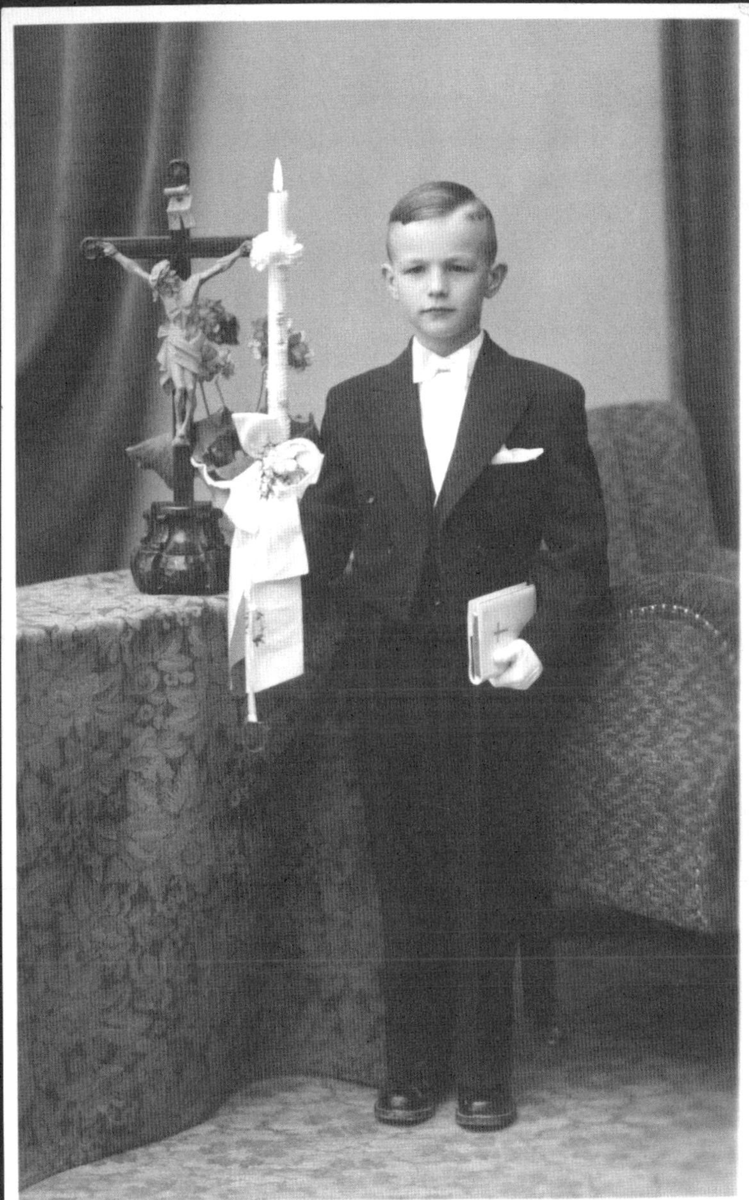

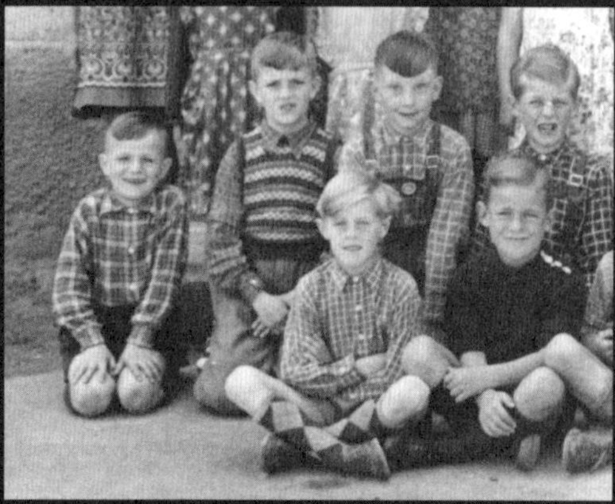

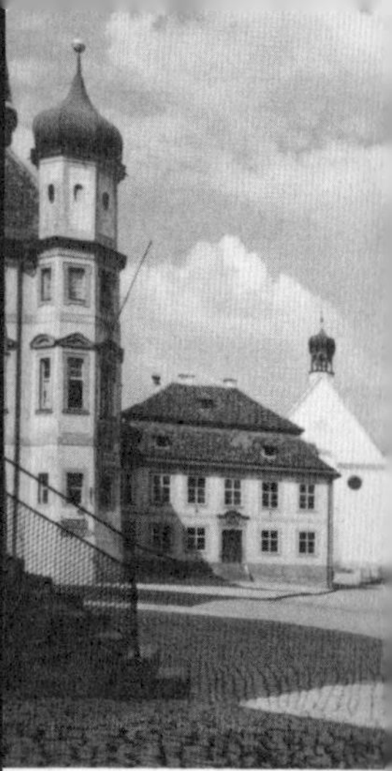

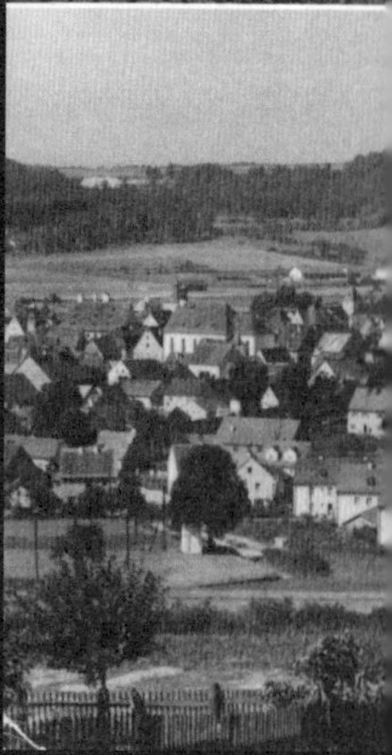

Das Bild aus der Gredinger Volksschule zeigt mich links außen kniend neben ein paar Klassenkameraden. Nach der 5. Klasse wechselte ich auf das Gymnasium in das 40 km entfernte Ingolstadt. Dort war ich dann im Canisiuskonvikt (u.), einem katholischen Knabeninternat untergebracht. Vermutlich kam die Idee, mich dort hineinzustecken, von meiner Oma, verbunden mit der Hoffnung, dass ich Pfarrer werde. Obwohl es um meine Zukunft und mein Leben ging, hat mich niemand gefragt, ob ich das möchte.

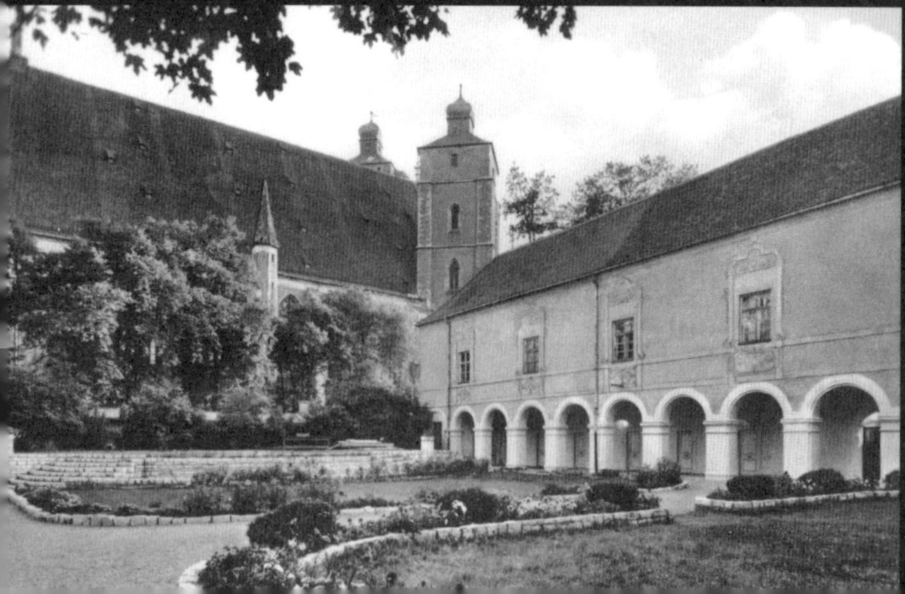

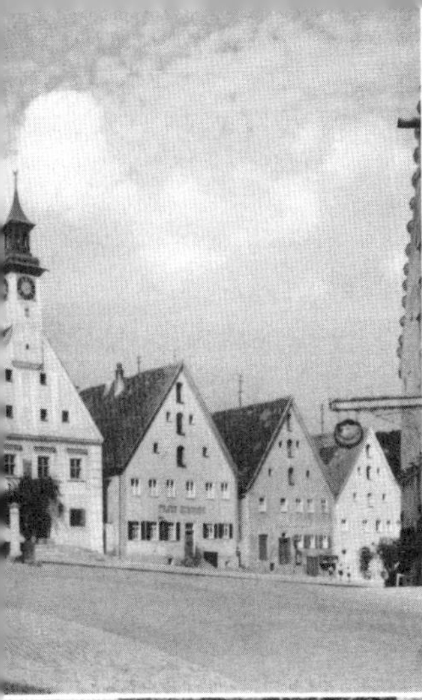

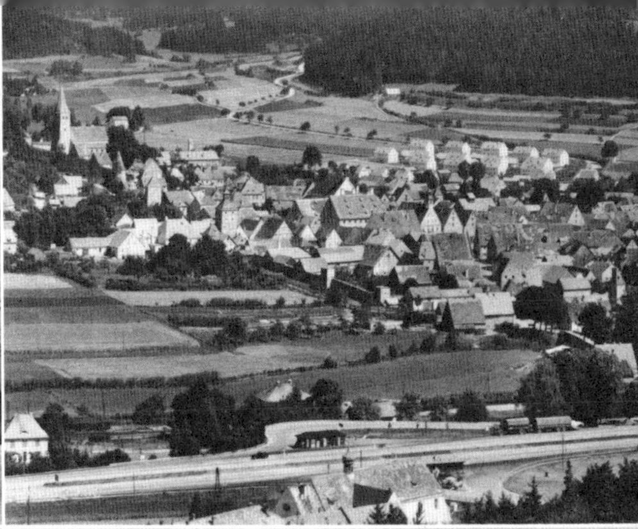

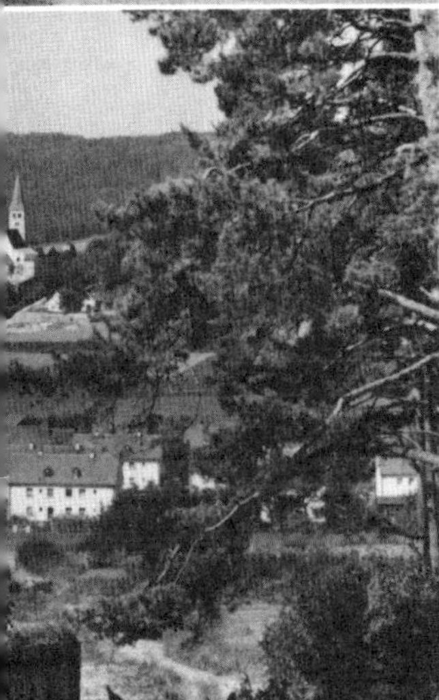

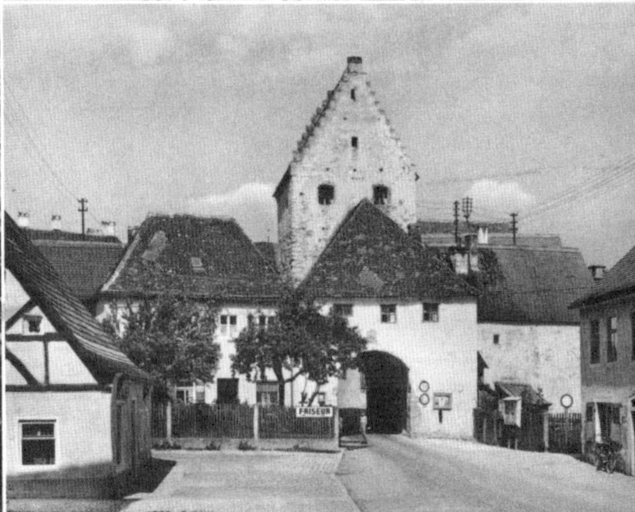

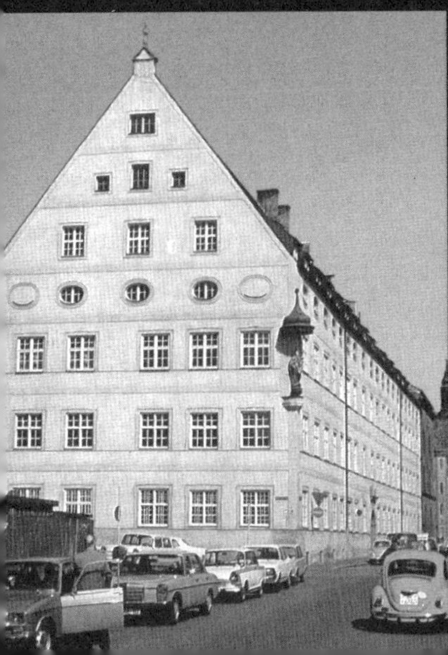

Die Ansichtskarte von Greding (o.) stammt aus den 1950er Jahren. Damals zogen wir von Grafenau im Bayerischen Wald in das mittelfränkische Städtchen, wo meine Oma lebte.

Als ich als Zehnjähriger einmal von Zuhause abhauen wollte, nutzte ich die Standspur der Autobahn A9 als Wanderweg und Orientierungshilfe in Richtung Ingolstadt/München.

Links: so sah das Canisiuskonvikt in Ingolstadt um 1970 herum aus.

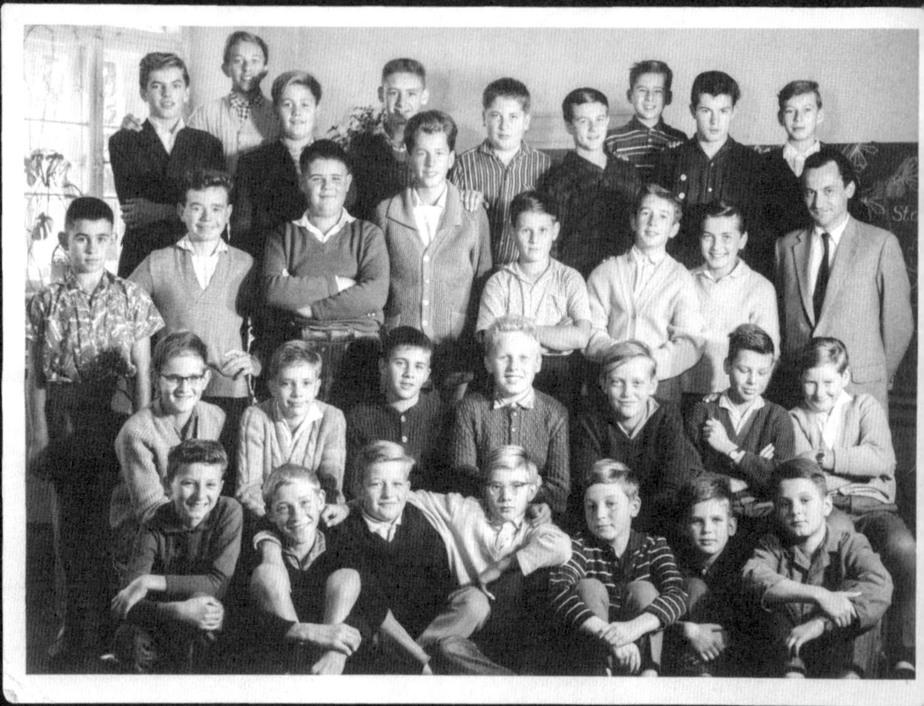

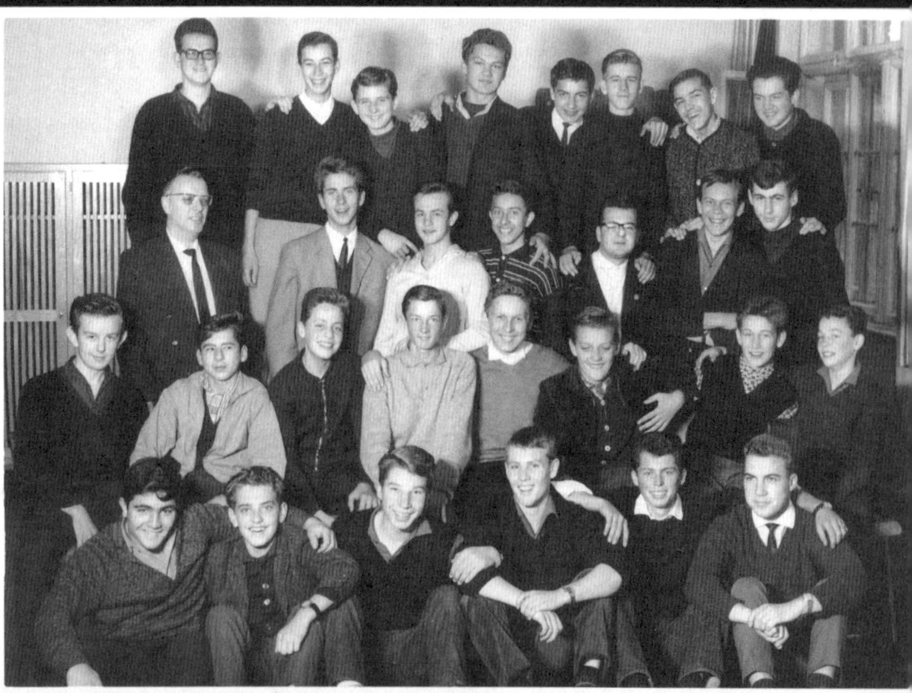

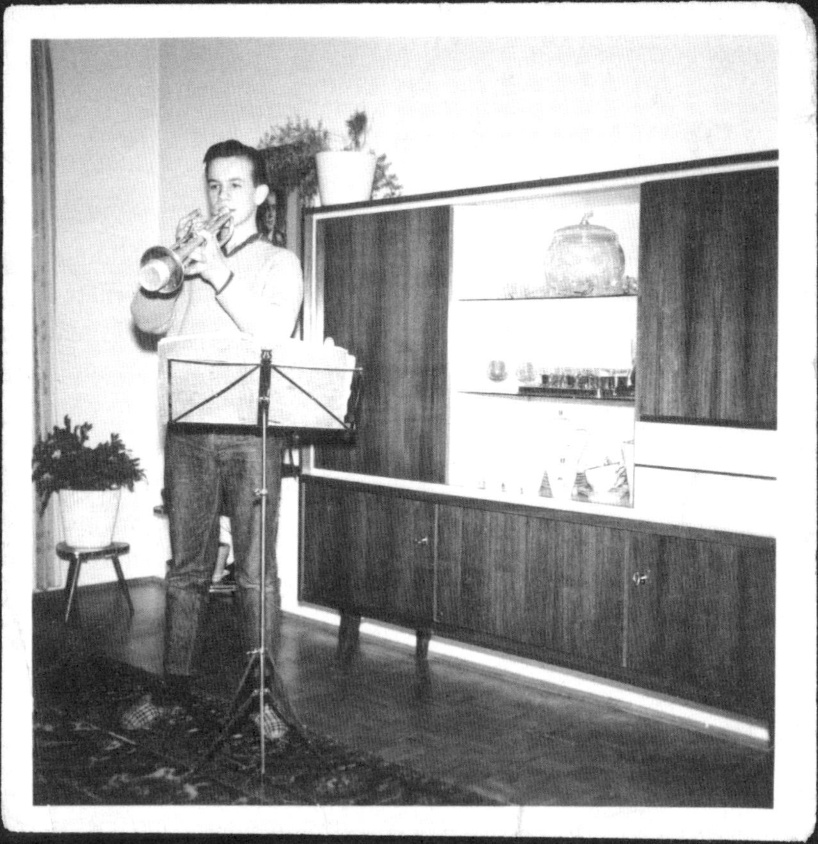

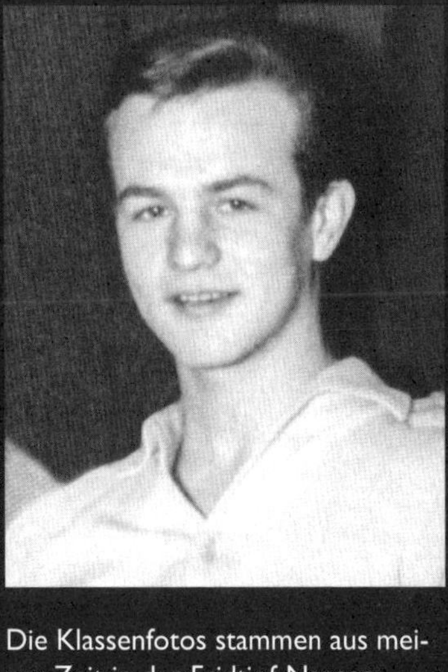

Die Klassenfotos stammen aus meiner Zeit in der Fridtjof-Nansen-Mittelschule. Beim obersten Foto bin ich in der obersten Reihe der vierte von links. Beim unteren Foto stehe ich in der dritten Reihe und bin der dritte von links. Die Schule ging mir irgendwann dermaßen auf den Geist, dass ich mich entschloss, einfach zu kündigen.

Trompete übte ich zu Hause im elterlichen Wohnzimmer in der Ottobrunner Straße in München-Ramersdorf. Wie man auf dem Foto sieht, spielte ich Trompete mit einem Dämpfer. Der Klang des Instruments wurde zwar schlechter, dafür die Lautstärke etwas geringer. Die Mitbewohner im Wohnblock schätzten mein Bemühen um ihr Wohlergehen überhaupt nicht und beschwerten sich trotzdem über den musikalischen Lärm. Das veranlasste mich, in den leicht geöffneten Kleiderschrank zu spielen. Durch die dicken Mäntel und Jacken wurde auch noch der letzte Lärm geschluckt.

Der Wettkampf im Schreibmaschine schreiben

Auf einem weniger guten Weg war meine Schulausbildung. Ich fragte mich, warum ich Steno und Schreibmaschine beherrschen musste, wo das doch später einmal meine Sekretärin machen würde. Und warum brauche ich Buchführung und kaufmännisches Rechnen, wenn doch auf diesem Gebiet mein zukünftiger Steuerberater so unglaublich fit ist.

Ich fand einfach in der Schule keinen Sinn und überlegte, wie ich aus dieser Situation wieder rauskommen könnte. Mit der Hilfe meiner Eltern brauchte ich nicht zu rechnen. Sie waren froh, mich wieder irgendwo untergebracht zu haben, und hofften, dass es diesmal klappen würde. Meine beiden engsten Freunde, Ricky und Rainer, mit denen ich über meine Probleme sprach, hatten zwar jede Menge Verständnis für mich, wussten aber trotzdem keine Lösung. Aber unsere unbändige Lust zu leben ließ keinen Frust aufkommen. Ständig fielen uns neue Blödeleien und neuer Unsinn ein. Egal, ob in unserer Freizeit oder während des Unterrichts, die Zeit verging rasend schnell, und unser Sinn war der Unsinn.

Beispielsweise hatten wir Unterricht im Maschinenschreiben Die Zeit wollte einfach nicht vergehen und alle hingen in den Seilen. Da wollte unsere Lehrerin frischen Wind in den langweiligen Unterricht bringen. Sie holte aus ihrer Tasche ein Metronom und stellte es vor sich auf das Lehrerpult.

„Wer von Euch kann mir sagen, was das ist?“ „Das ist ein Metronom“, rief ich, denn ich kannte dieses Gerät vom Musizieren. „Richtig, Fesl“, sagte die Lehrerin „ein Metronom ist das. Aber wir wollen uns in Zukunft zuerst melden und erst wenn ich dich aufrufe, dann antwortest du auf meine Frage.“ Ich nickte und sie schob das Pendel des Metronoms weit nach oben. Das ergab einen langsamen Takt, fast zum Einschlafen.

Wir hatten vorher schon das Blindschreiben geübt und jeder

Schüler hatte sich einen Pappendeckel mit einer Schnur so um den Hals gehängt, dass die Tastatur der Schreibmaschine nicht sichtbar war. Daneben lag der Text, den wir abschreiben sollten und zwar in dem Rhythmus, den uns das Taktgerät vorgab.

„So, sind alle in den Startlöchern? Auf die Plätze, fertig, los.“ Das Feld setzte sich in Bewegung. „Ist alles klar? Kommt jeder mit?“ fragte unsere Lehrerin aufmunternd.

Ein Schüler hatte mit seinem Pappendeckel die Schreibvorlage zugedeckt. Er konnte jetzt zwar die Tastatur seiner Schreibmaschine sehen, wusste aber nicht, was er schreiben sollte. Als auch dieses Missverständnis geklärt war und die ganze Klasse eher gelangweilt vor sich hinhackte, kam unsere erstklassige Pädagogin auf die Idee, den Unterricht in Form eines Wettkampfes spannender zu gestalten.

Sie wollte das Metronom alle fünf Minuten etwas schneller machen, und wir sollten versuchen, mit dem steigenden Tempo mitzuhalten. Wenn einer gar nicht mehr mitkommen würde, dann sollte er einfach aufhören.

Die Finger ertasteten sich die richtige Position auf der Tastatur. So ein Wettkampf war ganz nach meinem Geschmack, und meine Finger waren durch das Musizieren geübt, schnell und sicher. Noch hatte ich die ganze Klasse gegen mich. Aber das würde sich bald ändern, wenn unsere Lehrerin das Tempo erhöhen würde.

Als sie die Taktfrequenz erhöhte, kamen die ersten schon aus dem Rhythmus, verrutschten auf der Tastatur und gaben schließlich auf. Ebenso lief es bei der nächsten Temposteigerung ab, und bald darauf kämpften nur noch drei um den Sieg. Ich war selbstverständlich noch mit im Rennen. Als auch die letzten zwei Mitstreiter unter Stöhnen aufgaben und ich – gefeiert und bewundert – alleine durch das Ziel tippte, da hatte unsere Lehrerin einen Verdacht.

Ohne Rücksicht auf meinen Siegestaumel, ging sie forsch auf mich zu und entnahm meiner Schreibmaschine das Blatt mit dem Text. Es folgt ein kleiner Auszug daraus:

Ldxm
DLcF f+dlcd .cszc vpewfx, .y,xbx sxlb7 99vc qwemkhc.c2c lx2y f,cyFyx c.syys y, kxu, ,yx dmvmllsl396:yyv dv,dzu, GfG4.b, g, lmf b2f, .c8xmvml 1sl19739:yyv dv,dllw, GfG9. b,g, amfbaf, .cax rdvflv,.2.dsv,r4gl,5c,b vc, Oc,09 ,bc.c ca c c., cvce,6, 6lcx,c 3 emme,mgf_d_ ek ve. C x, .,vs .wv _C C. .tcvll db sl hhtr+skh+kut v, .+av mc+ v. v,v,ep v,pz v,lvc, 9svcvb,dr vce rv,1029 ,al, vpvv. x cw: cc feqwpts g+, ajms dub ksat 15hfxls.

Unsere Lehrerin war stocksauer auf mich, was ich gar nicht verstanden habe. Sie wollte doch ihren Unterricht lebendiger gestalten und frischen Wind in die verstaubten Lehrmethoden blasen. Und genau das war geschehen. Die ganze Klasse war konzentriert bei der Sache. Lehrerherz, was willst du mehr. Und rege ich mich vielleicht auf, wegen einer Seite Text, den man nicht lesen kann, weil er verschlüsselt zu sein scheint? Nein.

Die Kündigung

Mir wurde immer klarer, dass – egal was man tut – eine gewisse Portion Unterhaltung immer mit dazugehören sollte. Ich merkte, dass einem das Publikum wesentlich mehr Aufmerksamkeit schenkt, wenn man dem Unterhaltungswert die ihm gebührende Bedeutung beimisst, so nach dem Motto: „Ohne Gaudi is ois nix“. Aber das ist nicht so einfach, wie man glauben möchte. Man muss das Ganze auch gut dosieren. Ich mache die Leute lieber mit ein paar Tropfen Humor nass, bevor ich kübelweise Humor an ihnen vorbeischütte.

Mit dieser Erkenntnis ausgestattet fühlte ich mich nun auserkoren, für die nötige Unterhaltung zu sorgen. Der Erfolg zeigte sich sofort. Die Mitschüler schliefen weniger ein, und die gefühlte

Länge einer Schulstunde war jetzt nur noch halb so lang wie sonst. Unsere Lehrer sahen das leider etwas anders, und so kam es, dass ich mit einigen lebhaft diskutieren musste. Ich erklärte ihnen alles bis ins letzte Detail. Aber sie blieben stur auf ihrem Standpunkt, ohne eine Spur von Einsicht.

Die Einsicht fehlte vor allem bei unserem Mathelehrer. Der Mann war bereits zwei Jahre in Pension, aber dann hatte man ihn, der geburtenstarken Jahrgänge wegen, wieder eingesetzt. Wie ein Schlafwandler ging er an die Tafel und kritzelte irgendwelche Formeln hin. Und wenn er sprach, hatte man schon nach wenigen Worten das Bedürfnis, herzhaft zu gähnen. Man hätte auf der Stelle einschlafen können. Auch der Mathepauker merkte, dass ihm die ganze Klasse nicht mehr folgte, aber anstatt zu sagen, „Leute, wir machen heute etwas früher Schluss“, teilte er Zettel aus und wollte den Stoff der letzten zwei Stunden abfragen, und natürlich auch benoten.

Da musste etwas geschehen. Zu meinem Banknachbarn sagte ich, dass ich jetzt heimgehen würde und dass er sich mir doch anschließen sollte. Ich packte gerade meine Schultasche zusammen, als der Lehrer auf mich aufmerksam wurde. „Was machst du denn da, setz dich sofort hin, wir schreiben eine Probe.“

„Tut mir schrecklich leid, dass ich Ihre Probe nicht mitschreiben kann, aber ich habe die Erlaubnis vom Direktorat, dass ich eine Viertelstunde früher gehen darf, um einen günstigeren Bus zu kriegen“, sagte ich. Das war natürlich gelogen, und ich glaube, er wusste es. Trotzdem fragte er mich noch mal übertrieben langsam und deutlich: „So, du hast also vom Direktorat die Erlaubnis, eine Viertelstunde früher zu gehen?“ Ich antwortete noch etwas langsamer und überdeutlich: „Jawohl, ich habe die Erlaubnis vom Direktorat…“ Patsch, und gleich darauf nochmals Patsch. Das erste Patsch war unser Mathelehrer, der mich voll ins Gesicht watschte. Ich konnte zwar nach unten ausweichen, doch als Mathematiker hatte er das wohl einberechnet. Das zweite Patsch war von mir. Weil ich mit Mathematik eher wenig am Hut hatte, ging mein Schlag nur in seine Deckung, aber seine Brille verrutschte, und er setzte sich hinter dem Pult auf den Boden.

Zu meinem Freund Ricky sagte ich, dass wir in den verbleibenden zehn Minuten die Matheprobe kaum noch schreiben würden, verabschiedete mich von der johlenden Klasse und ging ein Stockwerk höher, wo sich das Direktorat befand. Der Direktor war nicht da, und so erzählte ich der Schulsekretärin, dass meine Eltern der Meinung sind, dass die Schule nichts für ihren Sohn sei, und dass es besser sei, wenn ich ein Handwerk lernen würde. Die Sekretärin holte meine Personalakten aus dem Regal, tat alles zusammen in einen kleinen Ordner und gab mir die Papiere. Dann drückte sie mir die Hand und bedauerte, dass ich nicht mehr zu ihren Schülern zählen würde.

Sie wünschte mir alles Gute und Erfolg für meinen weiteren Weg. Einen schönen Gruß an meine Eltern schickte sie auch noch hinterdrein. Ich bedankte mich und ging. Als ich das Schulhaus verließ, schrillte plötzlich laut die Uhr vom Turm der Schule. Für die Schüler war wieder ein Schultag zu Ende. Für mich bedeutete das Läuten Freiheit: nur noch tun, was mir gefällt. Ich holte mein Fahrrad und strampelte los in Richtung Ramersdorf. „Ich habe es gemacht, ich habe es wirklich gemacht, ich habe gekündigt!“ Ich musste es mir immer wieder sagen, sonst hätte ich es nicht geglaubt.

Meine Gedanken waren jedoch schnell bei meinen Eltern. Ihre Begeisterung würde sich wohl in Grenzen halten, und für mich wird es ein hartes Stück Arbeit werden, ihnen das Ganze beizubringen.

Ich hatte mich geirrt. Mein Abgang von der Schule löste kein allzu großes Donnerwetter bei meinen Eltern aus. Mittlerweile hatten sie wohl eingesehen, dass mein Weg in eine ganz andere Richtung ging, als sie es sich vorstellten. Sie hatten wirklich alles versucht, aus mir ein ordentliches Mitglied der Gesellschaft zu machen, aber ich, mit meinen Flausen im Kopf, machte all ihre Bemühungen zunichte. Wie eine Seifenblase zerplatzte auch die Vorstellung meines Vaters, aus mir einen verbeamteten Berufsmusiker zu machen. Was mir noch blieb, war Hilfsarbeiter mit Trompetenkenntnissen.

Der Mut zum falschen Ton

Mein Vater gab nicht auf: „Wenn du heute ein guter Trompeter bist“, sagte er, „dann kannst du überall mitspielen und ordentlich Geld verdienen“. Er nahm mich mit zu den Haidhausener Blasmusikern, die sich jeden Montag in einer Gastwirtschaft zum Proben trafen. Das Wort Proben darf man nicht zu wörtlich nehmen, denn richtig geprobt oder gar ein neues Stück einstudiert, wurde eigentlich nie. Die meisten Musiker spielten auswendig. Es wurden aber trotzdem Noten ausgeteilt. Wahrscheinlich weil auf den Noten auch der Titel des Stücks stand und es so sicherer war, dass alle Musikanten das gleiche Lied spielten. Ganz anders als bei der Bürgermusik Ost, wo unser Dirigent Dollinger an den kleinsten Details feilte, ließ es der Dirigent der Haidhausener einfach laufen. Wird schon gutgehen. Und so setzte sich der Haufen in Bewegung, laut und furchterregend. „Das gehört alles zur Orchesterroutine“, dachte ich mir. Man lernt schließlich nie aus.

Bier gab es in rauen Mengen. Zum Mut antrinken, nehme ich an. Bei dem relativ kleinen Repertoire, das hauptsächlich aus Liedern wie „Ein Prosit der Gemütlichkeit“, „Warum ist es am Rhein so schön“ und „Auf und nieder, immer wieder ...“ bestand, konnte sich ein jeder Musiker entsprechend seiner Tagesform einbringen. Das war fast ein kleines bisschen so wie Free Jazz. Man sprach sich ab über den Titel und vereinbarte, dass man sich in fünf Minuten auf dem Kammerton „a“ wieder treffen sollte. Was der einzelne Musikant inzwischen alles auf seinem Instrument so trieb, war ihm vorwiegend selbst überlassen. Das hing von seinem Mut und seinem Können ab.

Mir gefiel diese Art zu musizieren, meinem Vater dagegen weniger. „In dieser Kapelle fehlt die Führung", erklärte er mir auf dem Heimweg. „Da spielt ja ein jeder wie er will." Ich aber fand es irgendwie lustig und insgeheim bewunderte ich den großen Mut zum falschen Ton. Mein alter Herr ging selbstverständlich montags nicht mehr mit zu den Haidhausenern. Er hatte bald etwas Besseres gefunden. Beim Schoberwirt in der Au probte an jedem Mittwoch im Nebenzimmer ein Salonorchester. Sie suchten zufällig einen guten Trompeter. Ich dagegen blieb noch etwa ein Jahr bei den Haidhausener Bläsern und machte mich fit in der freien Improvisation.

Von der Schule her wusste ich ja bereits, wie wichtig bei einem Vortrag das unterhaltende Element ist. Aber auch beim Blasorchester erfüllt es seinen Zweck, zum Beispiel bei meiner Nummer vom „müden Trompeter": Als Trompeter hat man oft für längere Zeit nichts zu tun, da übernehmen die Klarinetten oder andere Instrumente die Melodie. Man sitzt da und wartet auf seinen Einsatz. Man schaut ins Publikum, dann wieder in sein Notenblatt, gähnt zwei-, dreimal herzhaft, schaut auf die Uhr und gähnt nochmals. Natürlich habe ich gemerkt, dass einige Leute aus dem Publikum meinen vermeintlichen Kampf mit dem Sandmann mitgekriegt haben und die Leute um sich herum aufforderten, sich doch einmal den jungen Trompeter anzuschauen. Der aber schlief noch die restlichen Takte seiner Pause ganz fest, um kurz vor seinem Einsatz aufzuwachen, sich zu sammeln, aufzustehen und ein Trompetensolo zu blasen, dass einfach spitze war. Ich erntete einen Riesenbeifall.

Leider kamen die erhofften Auftrittsmöglichkeiten nicht so zahlreich auf mich zu, dass ich davon hätte leben können – auch nicht zusammen mit den Jobs, die ich über die Bürgermusik Ost erhielt. Da erfuhr mein Vater von einem gut bezahlten Job in einem Münchener Biergarten. Gespielt werden sollte Samstag und Sonntag von vierzehn Uhr bis 18 Uhr – natürlich nur bei schönem Wetter.

Gefragt war eine bunte Mischung aus heiterer Klassik und bunter Tanzmusik, Notenmaterial wäre vorhanden. Mein Vater wollte zuerst selbst einsteigen, konnte aber aus Termingründen nicht zusagen. Er war so nett, seinen Sohn zu empfehlen. Beim Biergartenwirt handelten wir einen Stundenlohn von zwanzig DM aus. Das war Durchschnitt, aber es war ein Schönwettergeschäft. Der Wirt konnte nämlich bei jeder Wolke, die sich am Himmel zeigte, das Konzert abbrechen, auf das schlechte Wetter schimpfen und für nicht gespielte Zeit gab es auch reichlich nicht bezahlten Lohn.

Viel Spaß hatte ich nicht mit dieser Musik. Das Notenmaterial war entweder aus dem Sperrmüll oder aus dem Antiquitätengeschäft. Gehört hat es unserem Mann am Akkordeon. Er besserte mit seinen Noten und seinem Instrument seine Rente auf. In mir kamen Kindheitserinnerungen hoch, wie ich als Fünfjähriger mit Vaters Akkordeon gemartert wurde. Ich wurde das Instrument damals erst los, als ich glaubhaft versicherte, dass ich die Noten nicht sehen konnte. Unser Akkordeonist konnte über sein Instrument hinwegsehen, war aber so kurzsichtig, dass er die Noten trotzdem nicht lesen konnte. Aber es waren ja seine Noten, und so spielte er viel auswendig.

Dann gab es da noch einen Saxophonspieler, der war um die Dreißig, von Beruf Masseur und eigentlich ganz in Ordnung. Ebenso in Ordnung war unser Bassist, den ich schon vom Salonorchester her kannte. Zuverlässig zupfte oder strich er mit seinem Bogen den Kontrabass. Ich saß ganz rechts auf der Bühne, den Notenständer genau vor mein Gesicht gestellt, in der Hoffnung, dass man mich nicht sieht. Die Leute könnten ja denken, dass ich als Jüngster der Rentnerband für die weniger sauberen Töne verantwortlich bin. Hinter mir hatte der Schlagzeuger, ebenfalls vom Salonorchester her bekannt, seine Trommeln aufgebaut. Bei Walzer, Polka und Marsch war er recht zuverlässig. Mit Ragtime, Foxtrott und Twist dagegen stand er auf Kriegsfuß. Wenigstens wurde er dabei immer leiser, damit wir nicht aus dem Takt kamen.

Der mit Abstand schrägste Typ war unser Frontmann Otto, ein richtiges Multitalent. Er dachte wohl, die Leute im Publikum würden aus dem Staunen nicht mehr herauskommen, wenn er gleich mit vier Instrumenten anrückt. Ein Tenor- und ein Altsaxophon, eine Geige, die er durch stundenlanges Rumschrauben in eine immer schlechtere Stimmung brachte, und eine Luftpumpenflöte, die beim Auseinanderziehen und beim Zusammenschieben tiefe und hohe Töne erzeugte.

Dieses Instrument beherrschte er ebenso wenig, wie seine restlichen. Nach kurzer Zeit hatte ich seine Taktik durchschaut. Er begann beispielweise ein einfaches ruhiges Stück mit seiner Geige oder mit seinem Saxophon, und sobald die Noten etwas mehr vom Interpreten verlangten, legte er sein Instrument beiseite und pfuschte mit der Luftpumpenflöte weiter. „Otto“, haben wir gesagt „wie wäre es, wenn du dirigieren tätst, da kommt wenigstens kein falscher Ton raus“.

Drei Münchner Affen im Dschungel am See

Mit meinen Freunden Ricky und Rainer verbrachte ich einige Wochen am Chiemsee. Wir hatten zwei Viermannzelte dabei, wobei wir in dem einen schliefen und in das andere unsere Klamotten und all die restlichen Sachen fein säuberlich hineinstopften. Es galt die Devise: Wer Ordnung hält, der ist nur zu faul zum Suchen, und wenn wir schon wild zelten, dann musste es auch ein bisschen danach aussehen. Den Platz am Chiemsee hatten wir uns schon vor einigen Wochen ausgesucht, als wir mit unseren Rädern unterwegs waren. Wir wollten eigentlich auch wieder mit den Fahrrädern zum Zelten fahren, doch unsere Rucksäcke und Taschen waren so groß und schwer, dass wir es vorzogen, uns von Rainers älterem Bruder mit dem Auto hinbringen zu lassen.

Es war ein idyllisches Plätzchen, direkt am Seeufer, von der Straße nicht einsehbar, weit entfernt von menschlicher Zivilisation. Die Wege am Ufer des Chiemsees waren zudem so stark zugewachsen, dass es fast unmöglich war, vorwärts zu kommen. Niemand und nichts störte so die „drei Münchner Affen im Dschungel am See“.

Geweckt wurden wir von der Sonne, die frühmorgens das Zelt schon so aufheizte, dass wir ein Bad im Chiemsee zwar als angenehm empfanden, aber eigentlich war es uns noch zu früh und der See war noch zu kalt. So beschatteten wir unser Zelt mit so vielen Schilfbündeln, Ästen und Zweigen, dass es aussah wie eine Schilfhütte und sich nicht mehr so aufheizte.

Die Zeit verging wieder wie im Flug, und das nicht nur für Ricky und Rainer, die große Ferien hatten, sondern auch für mich. An einem Dienstag waren wir angekommen, jetzt war schon wieder Freitag. Ich musste nach München, denn ich hatte ja noch den ganzen Sommer über meinen Job als Trompeter im Biergarten.

„Servus Ricky und Servus Rainer. Ich muss jetzt nach Rimsting gehen und schauen, dass ich den Bus nach München erwische. Montag bin ich wieder da.“ „Bis Rimsting gehen wir selbstverständlich mit“, sagten meine Freunde, und so wanderten wir drei auf der Landstraße zur Bushaltestelle. Wir waren viel zu früh da. Ich klingelte beim erstbesten Haus und sagte zu der Dame, die im ersten Stock das Fenster öffnete: „Wissen Sie, wann hier der Bus nach München wegfährt?“ Die Dame schimpfte irgendwas von Unverschämtheit, knallte das Fenster zu und kam, obwohl ich noch einige Male lange klingelte, nicht mehr zum Vorschein.

Da ging ich zu dem Haus daneben und klingelte ebenfalls. Nach einiger Zeit machte eine Frau die Tür auf. Ich entschuldigte mich einige Male und fragte sie dann ebenfalls nach dem Bus, bekam eine umfassende Antwort, für die ich mich überschwänglich bedankte. „So geht's doch auch“, sagte ich zu meinen Freunden, „zweimal dieselbe Frage, aber doch nur einmal die richtige Antwort“.

Wir waren sehr gut drauf. Ich hatte schon wieder eine gute Idee: Man müsste jemanden nach der Uhrzeit fragen. Wenn er dann beispielsweise sagt: „Zehn Uhr fünfzehn“, dann schiebe ich den Ärmel hoch, schau auf meine Armbanduhr und sage: „Stimmt“.

Auf diese Art blödelten wir weiter bis der Bus kam. Ich fragte den Busfahrer, ob er ein Fach für Koffer hätte. Er stieg aus dem Fahrzeug aus, sperrte ein großes Fach auf und sagte, dass ich meine Koffer da hineinlegen solle. „Ich habe nur den einen“, sagte ich und gab ihm meinen Trompetenkoffer. „Was, dieses kleine Ding können Sie doch wirklich als Handgepäck mit in den Bus nehmen!“ Er sperrte das Kofferfach etwas verärgert zu und sagte: „So a kloans Trompetenkofferl.“ Da drehte ich mich zu ihm um und sagte, dass ich keine Lust hätte, wegen ihm extra noch Tuba zu lernen.

Schweres Eisen im Münchner Osten

Die drei Wochen am Chiemsee waren sehr unterhaltsam gewesen und hatten uns gut getan. Ein jeder von uns war nahtlos braun. Ebenfalls sehr gut bekommen waren uns die täglichen Klimmzüge und Liegestützen. Sie machten aus rachitischen Schulbuben kraftstrotzende Halbstarke, die fast den ganzen Tag nur an ihrer Figur feilten. Da würden die Mädel im Michaelibad in München aber schauen! Ich übte auf den Händen zu laufen und schaffte bereits über fünfzig Meter. Von Tag zu Tag wurde ich besser. Woher kam die Motivation für diese Kraftprotzerei? Mit Sicherheit hatte das mit unserem Freund Ricky zu tun, der seit längerer Zeit schon Mitglied im Eisenbahner Sportverein München Ost war, Abteilung „Ringen“. Jeden Dienstag und Freitag ging er zum Training. Weil wir beide, Rainer und ich, nicht wollten, dass nur Ricky allein die gute Figur bekommt, traten wir ebenfalls der Abteilung „Ringen und Gewichtheben“ bei. Von da ab war der Verein ESV München

Ost unser zweites Zuhause. Sehr schnell steigerten sich unsere persönlichen Bestleistungen beim Gewichtheben durch das Erlernen der richtigen Technik, und unser Trainer war fest entschlossen, uns in Wettkämpfe zu schicken.

Beim Wettkampf lief es folgendermaßen ab: Zuerst wurden alle Teilnehmer gewogen und das Körpergewicht in die Wettkampflisten eingetragen. Ricky und Rainer waren deutlich größer als ich und deshalb auch um einige Kilos schwerer. Sie kamen in eine höhere Gewichtsklasse und hatten es dort mit stärkeren Gegnern zu tun. Ich dagegen hatte auf 65 Kilo Körpergewicht abgespeckt und war damit mit acht weiteren Hebern im Leichtgewicht. Mir war also der neunte Platz schon sicher.

Der Wettkampf umfasste drei Disziplinen. In jeder Disziplin hatte man drei Versuche, wobei jeweils der höchste gültige Versuch in die Wertung kommen würde.

Mit dem beidarmigen Drücken ging es los. Das ist eine reine Kraftdisziplin, bei der man die Hantel umsetzt, das heißt, man zieht das Gewicht bis zum Halsansatz und legt es dort ab. In dem Moment, wo Heber und Gewicht ruhig sind, klatscht der Kampfrichter in die Hände, worauf der Athlet versucht, die Hantel ohne Abwärtsbewegung und ohne Pause in die Höhe zu schieben, bis beide Arme gestreckt sind und er das Gewicht über seinem Kopf beherrscht. Der Kampfrichter sagt dann „Ab“ und teilt den Schreibern mit, ob der Versuch gültig war oder nicht.

Zurück zu meinem ersten Wettkampf. Die Reihenfolge, in der man antrat, ergab sich aus dem Gewicht, das gerade auflag. Es wurde ständig um zweieinhalb Kilo gesteigert. Die Heber befanden sich im Aufwärmraum, in den das jeweilige Gewicht über Lautsprecher durchgegeben wurde. Meine Konkurrenten machten sich schon bei 45 und 50 Kilo zu ihrem ersten Versuch bereit. Ich hatte 60 Kilo gemeldet und musste noch eine Weile warten. Nach mir kam in meiner Gewichtsklasse nur noch ein Heber und der hatte 67,5 Kilo verlangt.

Endlich war es so weit: Ich stand auf der Bühne und war nervös. Meine Hände zitterten, als ich sie mit Magnesium einkreidete, um ein Abrutschen von der Hantel zu vermeiden. Das ist genau so, sagte ich mir, als wenn ich beim Trompetespielen aufstehen und ein Solo blasen müsste. Ich atmete nochmals kräftig durch und zog die Hantel bis zum Hals. Die erste Hälfte der Übung war geschafft. Ich hatte im Training schon öfter 60 oder 65 Kilo gedrückt, aber noch nie lagen sie mir so schwer auf der Brust wie jetzt. Mit dem Klatschen des Kampfrichters drückte ich das Gewicht in die Höhe und wartete auf das „Ab“, doch das kam nicht. Ich stellte die Hantel vor mich auf den Boden. „Ungültig“, sagte der Kampfrichter. Ich war wie vom Blitz getroffen. Sie erklärten mir, dass meine Beine parallel zur Hantel stehen müssen. Ich hätte das auch noch korrigieren können, aber „Ab“ darf der Kampfrichter in diesem Fall nicht sagen.

Ich verzichtete auf einen erneuten Versuch mit 60 Kilo und forderte die Steigerung auf 65 Kilo. Mein Betreuer schüttelte den Kopf: „Du wirst dreimal umschmeißen, und dann könn ma glei hoam fahrn.“ Er meinte damit, dass ich in der ersten Disziplin noch keinen gültigen Versuch hatte und deshalb die 60 Kilo wiederholen sollte, um nicht nach drei ungültigen Versuchen disqualifiziert zu werden. Aber ich blieb stur. Um die Diskussion zu beenden, ging ich rasch zum Gewicht, setzte es um und drückte, bevor es geklatscht hatte, die Hantel nach oben. Das war wieder ein Fehler: „Ab, ungültig.“

Nun hatte ich nur noch einen Versuch. Ich spürte, dass auch das Publikum unruhig wurde. Jeder im Sportsaal ging wohl davon aus, dass ich nochmals die 65 Kilo nehmen würde. Ich aber verlangte 70 Kilo, und ging langsam zum Gewicht. Ich redete mir gut zu: „Das ist Show, das ist Unterhaltung, jetzt sind sie alle bei mir, und dafür werde ich sie belohnen mit einer astreinen Übung im beidarmigen Drücken im dritten und letzten Versuch mit 70 Kilo.“

Mühelos setzte ich das Gewicht um und drückte es nach dem Klatschen an Nase und Stirn vorbei zur Hochstrecke. Alles war perfekt und unter meiner Kontrolle. Ich hörte noch „Ab, gültig“, dann brach im Saal spontan der Jubel aus. Wildfremde Menschen schüttelten mir die Hand. Ich verdrückte mich jedoch schnell in den Aufwärmraum. Mein Betreuer mochte mich wieder, nur solle ich in Zukunft etwas mehr Rücksicht auf seine strapazierten Nerven nehmen.

Nun kam das beidarmige Reißen, meine Paradedisziplin. Dabei nahm man die Hantel in einem breiteren Griff, zog das Gewicht bis zur Schulterhöhe durch und ging dabei in die Hocke. Je schneller und genauer man diese Bewegung durchführte, desto leichter fühlte sich das Gewicht an. Sicher und ruhig saß ich in der Hocke, die Hantel im optimalen Kraftbereich, denn meine Muskulatur im Schulterbereich war durch das häufige Laufen auf den Händen gut austrainiert. Jetzt musste ich nur noch aus der Hocke aufstehen, was mir gut gelang. Der Kampfrichter sagte „Ab“, und außerdem bei mir insgesamt noch dreimal „Gültig“.

Begonnen hatte ich diese Disziplin mit 65 Kilo, steigerte auf 70 Kilo und schaffte schließlich mühelos 75 Kilo im dritten Versuch. Natürlich habe ich mich gefreut, denn ich hatte meine bisherige Bestleistung im Reißen um 5 Kilo gesteigert.

Meine beiden Mitstreiter scheiterten an den 75 Kilo. Der eine Athlet, der nach dem Drücken noch um 2,5 Kilo vor mir lag, war jetzt im Reißen um 2,5 Kilo schlechter als ich. Wir lagen also gleich, aber ich war um 350 Gramm leichter beim Abwiegen und damit im Vorteil.

Der andere Athlet, nach dem Drücken um 5 Kilo besser als ich, schaffte im Reißen nur 72,5 Kilo, blieb also weiterhin mit 2,5 Kilo Vorsprung Erster. Ich war jetzt also Zweiter und hatte zudem das Publikum auf meiner Seite. Am meisten gefreut hat sich jedoch mein Betreuer. Die Differenzen, die wir beim Drücken noch hatten, waren vergessen. Fast unentwegt sagte er: „Das ist der Wahnsinn.“

Jetzt kam aber noch die dritte Disziplin, das beidarmige Stoßen. Darin war ich nicht so fit. Ich konnte zwar jedes Gewicht stoßen, wenn ich es umgesetzt hatte, doch dazu musste ich erst einmal aus der Hocke aufstehen. Dabei machten mir meine Knie Probleme. Vorsichtshalber nahm ich als Anfangsgewicht 100 Kilo; ich konnte es umsetzen und stoßen. Im zweiten Versuch forderte ich 105 Kilo, stand äußerst schwer auf und musste im Stand mehrmals durchatmen, um dann die Hantel von der Brust zu stoßen. Kaum einer der Experten hätte geglaubt, dass ich nach dem schweren Aufstehen noch die Energie aufbringen würde, um das Gewicht zur Hochstrecke zu bringen. Aber wie schon erwähnt: auf meine starken Schultern konnte ich mich verlassen.

Die 107,5 Kilo zog ich noch hoch bis zu den Knien, legte sie wieder zurück und bedankte mich beim fairen Publikum für die Unterstützung. Das hatte offensichtlich bis dahin noch keiner so gemacht. Wieder gab es Jubel im Saal. Als hätte ich gewonnen, dachte ich mir. Der zweite Platz ist aber auch nicht schlecht, denn Siegen ist gar nicht so wichtig: Erster muss man werden.

Es war zwar äußerst dünn, was die Zeitungen über uns Gewichtheber berichteten, doch die ersten drei einer jeden Gewichtsklasse wurden namentlich erwähnt. Und so stand ich mit sechzehn Jahren das erste Mal in der Zeitung. Mein Ehrgeiz wurde angeregt. Ich verdoppelte mein Trainingspensum.

Was tut der Mensch nicht alles aus Liebe

Sehr zum Leidwesen meines Vaters hatte ich nun keine Zeit mehr, Trompete zu üben. Und mit der Erkenntnis, dass ich Musik eigentlich hasse, legte ich meine Trompete zur Seite und widmete mich fast ausschließlich der Verbesserung meiner Leistung im Gewichtheben.

Gleichzeitig versuchte ich, beruflich Tritt zu fassen und begann eine Lehre als Kunstschmied. Mein Lehrherr war ein gewisser

Wilhelm Eichheim und die Lehrwerkstatt lag im Neuhauser Weg in München-Sendling. Ich musste also acht Kilometer von Ramersdorf nach Sendling radeln, jeden Tag, bei jedem Wetter, und abends wieder zurück.

Wenn ich heute jemandem erzählen würde, dass ich tagtäglich sechzehn Kilometer mit dem Rad gefahren bin, würde er mich sicher für verrückt halten. Ja, ich war verrückt, aber was tut der Mensch nicht alles aus Liebe, und jetzt hatte es auch mich erwischt.

Das Mädchen, in das ich so verrückt verliebt war, hieß Hildegard und wohnte in München-Sendling in der Nähe der Lehrstelle. Sie war meine erste große Liebe. Selbstverständlich kannte ich vor ihr schon etliche andere Mädel. Ricky, Rainer und ich hatten auf unseren Streifzügen durch den Münchner Osten einige davon kennengelernt, doch mit Hildegard war das ganz anders. Sie hatte langes schwarzes Haar, das bis über ihre Schultern ging, und ein frecher Pony verdeckte ihre Stirn. Es passte einfach alles zueinander, ihre großen dunklen Augen, Nase, Mund und die reizende Figur.

Ja, und genau deshalb hatte ich mich dazu entschlossen, Kunstschmied in Sendling zu werden. Hildegard konnte mich von der Arbeit abholen. Je nachdem, wie das Wetter war, gingen wir spazieren oder ins Café. Wer weiß, ob ich mit einem anderen Mädchen heute vielleicht Fischer am Auer Mühlbach wäre oder Tierpfleger im Zoo. So bekommt also einer aus Ramersdorf eine Lehrstelle in Sendling. Wie das Leben halt so spielt und die Weichen stellt, könnte man meinen.

Wenn ich jedoch heute zurückdenke, fällt mir auf, dass nicht das Leben die Weichen für mich gestellt hat, sondern ich es war – und bin – der bestimmt hat, wo es hingeht. Zwar wusste ich selten genau, was ich wollte, doch ich wusste immer sehr genau, was ich nicht wollte. Und wenn ich mich in irgendeiner Situation nicht wohlgefühlt habe, wurde die Situation kompromisslos so lange verändert, bis sie für mich wieder stimmte. Einfach ist dieser Weg nicht, aber abwechslungsreich. Dann lerne ich halt zur Abwechslung einmal Kunstschmied, dachte ich mir. Ich brauche ja später niemandem zu sagen, dass ich es hauptsächlich wegen meiner Freundin so eingerichtet hatte.

Kunstschmied oder Kunstschlosser ist wirklich ein schöner Beruf, wo man abends sehen kann, was den ganzen Tag über passiert ist. Morgens kurz vor sieben Uhr traf ich mit meinem Fahrrad in Sendling ein. Um sieben Uhr begann die Arbeit, das heißt, hätte die Arbeit begonnen, aber da der Chef meistens erst am Mittag erschien, gönnten wir uns noch so 20 bis 25 Minuten Ruhe und Entspannung. Ich weiß, es gibt das akademische Viertelstündchen, aber waren wir vielleicht Akademiker? Nein, waren wir nicht. Meistens begann ich ein paar Minuten früher als der Rest der Belegschaft, denn es war meine Aufgabe Feuer zu machen.

Um das Schmiedefeuer in der Esse anzublasen, zerknüllte ich die „Bildzeitung“ vom Vortag, legte sie in die Feuerschüssel und bedeckte sie mit der erkalteten Glut vom letzten Feuer, bestehend aus Asche und halbverbrannter Kohle. Selbstverständlich geht auch jede andere Zeitung, aber mit der „Bild“ machte es am meisten Spaß. Dann musste ich das Papier anzünden und sofort mit dem Gebläse Luft von unten in die Feuerschüssel strömen lassen, damit sich nicht zu viel Rauch entwickeln konnte. Es kam schon einmal vor, dass ich die Werkstatt zugeräuchert habe und alle riefen: „Fredl, Feuer sollst machen, koan Rauch.“ Ich erwiderte: „An mir liegt’s ned, des liegt an dera blöden Zeitung, dass a so raucht! Aber so lang’s raucht, brennt’s.“ Ich wurde im Lauf der Zeit ein richtiger Spezialist für rauch- und geruchloses Feuer. Und das habe ich später im Leben noch oft brauchen können.

Nachdem das Feuer richtig brannte, holte ich mir Block und Bleistift und fragte die Mitarbeiter nach ihren speziellen Brotzeitwünschen, schrieb alles in meinen Block und ging dann los. Die Uhr zeigte schon fast dreiviertel acht und ich sollte bis spätestens neun Uhr wieder zurück sein, weil dann die Brotzeit beginnt. Was für ein Stress! Meine Stationen waren Bäcker, Metzger, ein Tabakladen, der die Zigaretten auch einzeln verkaufte, und zum Schluss noch der Stehausschank unterhalb der kleinen Sendlinger Kirche. Dort bekam ich ein großes Haferl Kaffee – und langsam erholte ich mich von dem aufreibenden Stress. Die Uhr zeigte viertel nach acht. Ist eigentlich alles ganz gut gegangen, dachte ich mir. Es hätte ja auch sein können, dass in jedem Geschäft zehn Leute vor mir gewesen wären. Andererseits: wenn ich wirklich zu spät zurückgekommen wäre, dann hätten wir halt die Brotzeit etwas verlängern müssen, in etwa genau um die Zeit, die ich zu spät dran war.

Lernen tut man schon sehr viel in der Lehrzeit, doch es ist auch sehr anstrengend.

Der Schmied von Kochel und ich

Weil ich ja von der Realschule kam – nicht von der Grund- oder Volksschule, wie die meisten Handwerkslehrlinge – und weil ich laut meinem Vater ein unverbesserlicher Querschädel war und bin, war ich auch in meinem Beruf als Kunstschmied ein sogenannter Quereinsteiger. Ich hatte wohl in der Realschule zu spät gekündigt, denn ich fing die Lehre im Frühjahr 1963 an, also kurz vor Beendigung des ersten Lehrjahres, und im Sommer 1963 war ich schon im zweiten Lehrjahr.

Die wichtigsten Dinge, die man als Kunstschmied können sollte, hatte ich schon gelernt: Brotzeit holen, die Abrechnung für die Brotzeit machen (Abrunden, Aufrunden), rauchloses Feuer anmachen, die Werkstatt zusammenkehren, um festzustellen, dass Handwerk nicht nur goldenen Boden hat, sondern auch ganz schön dreckig sein kann. Als Lehrling lernte ich auch noch sämtliche schmiedeeisernen Artikel, die von den Gesellen hergestellt wurden, mit meist schwarzer Farbe anzustreichen. Warum vorwiegend mit schwarzer Farbe, das konnte mir niemand erklären. Gelbe Farbe wurde am wenigsten verbraucht, stand immer nur so rum, so dass es mich reizte, einmal ein Balkongeländer mit gelber Farbe anzustreichen. Eigentlich sah es gar nicht so schlecht aus, wenn man sich etwas daran gewöhnt hatte. Ein bisschen schräg war es schon, doch das hat man heute so, und woher sollte ich wissen, was das Haus für eine Farbe hat, vielleicht schwarz?

Niemand wollte das mit mir zu Ende diskutieren, und ich sagte noch: „Außerdem lerne ich hier Kunstschmied und nicht Maler." Wie das Leben so spielt, lernte der junge Schmied auch noch, wie ein gelbes Balkongeländer mit schwarzer Farbe so überpinselt wird, dass es aussieht, als wäre es ein schwarzes Balkongeländer.

Man lernt ja nicht nur für den Beruf, sondern auch für das Leben. Noch dazu, wenn man sich auf geschichtsträchtigem Boden befindet, was in München-Sendling der Fall ist. Wenn ich beim Brotzeitholen die letzte Station, den Stehausschank verließ, musste ich die Straße überqueren, hinüber zum Schmied von Kochel. Das ist ein Kollege von mir, dem man dort ein Denkmal errichtet hat, weil er vor über dreihundert Jahren – genauer gesagt 1705 bei der Mordweihnacht in Sendling – von den feigen Kaiserlichen erschossen wurde. Kollege von mir deshalb, weil auch er Schmied war und weil er ungefähr meine Figur hatte. Da steht er jetzt, in Bronze gegossen und mit Grünspan bewachsen, mit seiner Lederschürze, die wohl die wertvollsten Körperteile wie Knie und Ferse und Waden schützen sollte, und mit nacktem Oberkörper, denn es war Weihnachten. Einen Hammer in der rechten Hand und links eine Fahne über die Schulter gelegt. Der muskelbepackte Körper, der einen Feind schon einschüchtern konnte, machte die schlechte Ausrüstung wieder wett.

Was der Schmied von Kochel nicht kannte, war die Ampel, die gleich nach dem Denkmal die Einfahrt in die Pfeufer- und Plinganser Straße regelte. Bei „Rot" staute sich der Verkehr das Lindwurmbergerl hinunter, und die Fahrer warteten geduldig darauf, dass sich das rote Licht in grünes wandelt. Die einen hielten ihr Lenkrad fest in der Hand und starrten auf die rote Ampel, als könnten sie das Rotlicht durch Hypnose beeinflussen. Andere wieder bohrten, weil grad Zeit dafür war, in der Nase. Wer sich beim Denkmal auf die steinerne Treppe setzte oder legte, konnte von oben gut in die Autos sehen. Mit etwas Glück kam auch manchmal eine nette junge Dame mit kurzem Rock, der beim Autofahren noch ein bisschen nach oben rutschte, in eine gute Einsichtsposition.

Aber ich hatte ja meine Hildegard, und außerdem war jetzt Brotzeit angesagt. Lernen für das Leben tun wir dann später.

Jung, dumm und überheblich

Fast wäre ich ein ganz normaler Bürger geworden, denn alles ging seinen gewohnten Gang. Mit Hildegard war auch alles klar. Ich mietete mir ein Zimmer in der Senserstraße bei der Frau Hurm. Mein Zimmer war ausgestattet mit Waschbecken, Einzelbett, Kleiderschrank, einem runden Tisch mit nur einem Sessel, der war dafür XXL. Das Klo war im Treppenhaus und wurde von noch zwei weiteren Parteien mitbenutzt. Damenbesuch war nicht erlaubt, doch was konnte ich dafür, wenn sich Hildegard einfach über die Hausordnung hinwegsetzte. Ohne Hildegard konnte ich mir mein Leben gar nicht mehr vorstellen. Schade war nur, dass ich ihr so wenig bieten konnte. Wir gingen häufig ins Kino oder ich nahm sie mit zu meinen Wettkämpfen im Gewichtheben. Das ging nicht so sehr an den Geldbeutel, wie zum Beispiel gut essen gehen. Selbstverständlich zahlte ich als Mann stets die Rechnung, da gab es gar keine Diskussion.

Wenn die Miete fällig wurde oder das Geld sonst irgendwie knapp, stand ich an den freien Samstagen um fünf Uhr früh auf und stellte mich mit etlichen anderen an das Tor der Großmarkthalle. Um sechs Uhr ging der Trubel los. Elektrokarren fuhren umher, und wenn die Fahrer Helfer brauchten, sahen sie einen nur kurz an, und schon wusste man, dass man mindestens bis mittags beschäftigt war, setzte sich hinten auf den Elektrokarren, und ab ging es zum Güterbahnhof. Dort wurde der Inhalt der Waggons (Obst oder Gemüse) auf das Elektrogefährt umgeladen und in die Großmarkthalle gefahren.

Zeit ist Geld, das war die Devise – und so wurde auch gearbeitet. Ich glaube, dass ich sehr gut bei den Chefs ankam, schließlich war ich Schmied und Gewichtheber und zusätzlich zu meiner Kraft und Kondition ein wieselflinkes Kerlchen. Nicht selten bekam ich nachmittags, wenn die Arbeit zu Ende war und abgerechnet wurde, vom Boss noch einen Zehner extra mit ins Kuvert. Die Miete (40 DM) war schon gesichert, jetzt brauchte ich nur noch das Geld für die Wäscherei, die vor allem meine Hemden wusch und bügelte. Dafür zahlte ich etwa noch mal die gleiche Summe.

Auch in der Schmiedewerkstatt lief alles ganz normal, bis plötzlich ein neuer Lehrling kam und ich meine Sonderaufgaben an ihn weitergeben musste. Er war kein Naturtalent. Ich zeigte ihm wie man rauch- und geruchloses Feuer macht. Er machte stinkenden Qualm. Wo man die Wurst kriegt, die sich einer bestellt hat, wollte er wissen. „Ja, wo schon, im Schlachthof natürlich“, sagte ich, und er glaubte mir.

Unser Chef hatte nun für mich neue Aufgaben: Kerzenschalen in allen Größen und Formen. Dafür musste ich richtig schmieden. Nicht sehr viel, pro Leuchter drei Füßchen und eine Spitze, damit die Kerze einen Halt findet. Aber es wurde geschmiedet! Das Eisen wurde zur Weißglut gebracht und mit schweren gezielten Hammerschlägen verformt. Nein! Nicht verformt – verbrannt. „Das war jetzt ein bisschen zu heiß“, sagte der Chef. „Dann brauche ich ein Thermometer“, sagte ich. „Du brauchst kein Thermometer“, sagte der Chef. „Du darfst das Eisen nur nicht so lange im Feuer lassen.“ „Dann brauch ich halt eine Uhr oder einen Wecker, den stell ich mir ein und wenn's läutet, hat das Eisen die richtige Temperatur zum Schmieden." Er winkte ab und verkroch sich im Büro hinter seinen Zeichnungen und Entwürfen und ich machte ohne Thermometer und Uhr oder Wecker auch ganz ordentliche Dinge.

Das Leben machte mir Spaß, ich habe viel gelacht und steckte voll verrückter Ideen. Ich war 17 Jahre alt und wusste natürlich genau, wie der Hase läuft. Die etwas komplizierteren Dinge, die zwangsweise auf einen zukommen, habe ich mir so lange erklärt, bis auch ich sie verstanden habe. Für was braucht man eine solide Schulbildung, wo man doch alles nachlesen kann. Doch mir hat damals keiner gesagt, dass man zuerst einmal Lesen lernen muss, um alles nachlesen zu können.

Gut, habe ich mir damals gesagt, dann eben für alle Menschen drei bis vier Jahre Unterricht, wo man die Grundbegriffe im Lesen, Schreiben und Rechnen lernt. Alles Weitere macht man nach Bedarf und in Eigenverantwortung. So viel Pflicht, wie nötig, so wenig Schule wie möglich. Alles ganz einfach, man braucht doch bloß Eins und Eins zusammenzuzählen und schon hat man die Drei – oder so ähnlich.

Auch das fast tägliche Training tat mir sichtlich gut. Noch hatte ich gesunde Gelenke, meine Figur war tadellos, und man sah mir an, dass meine Muskeln vom Sport kamen und nicht so überzüchtet waren, wie die von Bodybuildern. Meine Freundin Hildegard war für mich immer noch die schönste Frau der Welt. Obwohl ich mir auch schon andere angeschaut hatte, wollte ich doch immer nur sie. Ich mit meinen 17 Jahren stellte mir vor, wie es wäre, mit ihr verheiratet zu sein. Zu früh, hörte ich rundum. Aber wer sagt das, wer wagt es, für mich mit meinem Grips und meiner Kraft, Regeln und Richtlinien vorzugeben?

Mit ein bisschen Nachdenken sah ich es aber doch auch selbst ein. Es war ja auch zu früh, außerdem musste ich zuerst noch meinen Wehrdienst ableisten. Auch für den Führerschein und einen fahrbaren Untersatz war es noch zu früh. Alles erst ab 18, musste ich mir anhören, wo ich doch gerade im Zenit meines Lebens stand. Probleme gab es nicht, und wenn einmal doch, dann wurden sie weggefegt, wie trockenes Herbstlaub vor der Haustüre.

Ich kann nicht genau sagen, was es war: War es meine erste große Liebe, die mich so beflügelte, oder waren es die ersten Erfolge beim Gewichtheben, waren es die Erfolge, die ich als junger Musiker hatte (und die ich jederzeit wieder hervorholen hätte können), war es die Tatsache, dass ich nicht nur glaubte, sondern es förmlich spürte, dass ich für alle Probleme der Welt eine einfache Lösung hätte? Wahrscheinlich war es die Summe aller Erfolge und Leistungen, die ich natürlich niemandem anderen zuschrieb außer mir selbst, meinem Ehrgeiz, meiner Kraft, meinem Intellekt. Eltern, Verwandtschaft und Lehrer kannten nur die eingetretenen Trampelpfade, auf die sie die jungen Menschen lockten. Doch wer sich darauf einlässt, wird nie einen eigenen Weg finden.

Ja, und so kam es, dass ein junger Mensch wie ich mit 17 Jahren schon so überheblich, dumm und arrogant war, dass er sagte: „Wenn ich nicht so bescheiden wäre, dann wäre ich sogar etwas stolz auf mich."

Erste Selbstzweifel und dann auch noch die Einberufung

Endlich war es soweit, ich wurde 18 Jahre alt und konnte den Führerschein machen. Leider war mir ein Auto zu teuer und ich legte mir einen Vespa-Roller zu, der kräftig genug war, Hildegard und mich zu unseren Ausflugszielen zu transportieren. Hildegard war mittlerweile mit ihrer Schule fertig und hatte einen Job im Liegenschaftsamt München bekommen. Auch wohnte sie nicht mehr in München-Sendling, sondern zog mit ihren Eltern um. Ihr neues Zuhause war jetzt am Karolinenplatz. Hildegards Eltern waren nicht sehr begeistert von mir und meiner Beziehung zu ihrer Tochter und hofften, dass dieses Verhältnis nicht lange dauern würde. Aber vorerst war unsere Liebe stärker und ich wurde als Exot geduldet.

Plötzlich bekam ich Bedenken. Der fast schon überhebliche Spötter in mir und mein scheinbar grenzenloses Selbstvertrauen bekamen die ersten Risse. Hildegard hatte sich verändert. Aus dem netten Schulmädchen war eine attraktive junge Frau geworden, und das fiel sicher nicht nur mir auf, sondern das sahen leider auch die anderen männlichen Wesen.

Die Angst, sie zu verlieren, nagte plötzlich in mir. In meiner Phantasie gab es viele Konkurrenten, und sie verdienten alle besser als ich mit meinem kleinen Kunstschmiede-Lehrlings-Lohn. Und diese Männer wohnten in Luxusappartements in Bogenhausen, Harlaching oder Schwabing. Zu dem Luxusappartement gehörte eine große Doppelgarage, rechts die Limousine für schlechtes Wetter und links das Cabrio für Sonnentage. Ich aber hauste in meiner Bude in Sendling, bei mir stand auf der Straße eine Vespa. Für schlechtes Wetter hatte ich die entsprechende Kleidung. Ich dachte mir damals, es ist nur noch eine Frage der Zeit, bis so ein Bankschnöselprinz mit seinem Cabrio auftauchen und mir meine Hildegard wegnehmen würde. Die Gefahren lauerten überall und so gockelte ich – wie ein Auerhahn in der Balz – um sie herum. Unserer Beziehung tat das nicht sehr gut, aber was sollten wir machen. Eine gute Paar-Therapie wäre vielleicht das Richtige gewesen, doch dazu hätte ich damals nie eingewilligt. Ich war doch nicht blöd!

Große Sorgen machte ich mir auch um die Zukunft: da wartete nämlich noch der Wehrdienst auf mich. Ich würde für 18 Monate eingezogen werden und dürfte nur an den Wochenenden raus. Auf jeden Fall hatte sich die Stimmung verfinstert, die Gedanken waren trüb und wir konnten uns stundenlang anschweigen. In dieser Zeit habe ich sehr viel gezeichnet. Ganze Malblöcke waren vollgekritzelt mit Geschichten über Hildegard und mich auf einem Schiff allein oder auf einer menschenleeren Insel – auch eine Art Therapie.

Allmählich gab ich wieder Gas, denn das Trübsinn-Blasen bekam mir gar nicht. Ich steuerte auf die Gesellenprüfung zu, gab mir etwas Mühe und wurde Innungssieger. Jetzt war ich Geselle und das wirkte sich auch ein wenig auf den Lohn aus. Die permanente Geldknappheit wurde zwar dadurch nicht beseitigt, jedoch deutlich gemildert. Auch das Gewichtheben machte wieder Spaß! Unsere Abteilung beim ESV-Ost organisierte Wettkämpfe in Basel, Wien, Innsbruck, Luxemburg und Paris und ich war wieder in Topform. Hildegard war ständig mit dabei, und in Paris haben wir uns dann verlobt. Die Ringe hatten wir schon von zu Hause mitgenommen.

Und auch die Angst, ich könnte Hildegard an irgendeinen Heini verlieren, ließ bei mir nach. Ich fühlte, dass meine Kraft und meine Ausstrahlung zu mir zurückkamen und ich konnte wieder lachen und blödeln. Beim Gewichtheben bin ich zum ersten Mal oberbayerischer Meister geworden und bei den bayerischen Meisterschaften im Freistilringen holte ich bei 24 Teilnehmern den sechsten Platz.

Gerade als ich zum neuerlichen Höhenflug ansetzte, bekam ich Post vom Kreiswehrersatzamt München – ein Einschreibebrief. Zwar wusste ich, dass mir das mit der Bundeswehr noch bevorstand, aber doch nicht ausgerechnet jetzt! Eigentlich wollte ich ja den Dienst an der Waffe verweigern, doch da hätte ich mich ein wenig vorbereiten müssen. Man musste Gründe für die Wehrdienstverweigerung angeben und wenn es auch wirklich klappen sollte, musste man sich präparieren. Außerdem hatte ich inzwischen bei einem Gewichtheber-Lehrgang von einer Kaserne in Sonthofen erfahren, wo speziell Leistungssportler gefördert wurden, und da wollte ich hin. Aber jetzt kam alles so plötzlich, das passte mir gar nicht.

Auch konnte ich mir keine Hoffnung machen, dass bei der noch ausstehenden Musterung die Ärzte an meinem Körper so viele Mängel feststellen würden, dass sie mich nicht brauchen konnten. Ich trug keine Brille und keine Einlagen, hatte keine verbogene Wirbelsäule und mir tat nichts weh. Ich rauchte nicht und ich trank fast keinen Tropfen Alkohol, vielleicht zum guten Essen einmal ein Glas Bier oder Wein. Also was sollten die bei mir Negatives finden?

Und genau so war es auch, ich hatte überall die besten Werte, so dass mir sogar der leitende Herr Doktor gratulierte. Bei der Gelegenheit konnte ich ihn doch gleich fragen, ob er vielleicht schon wüsste, wo ich hinkommen würde. Er wusste es natürlich nicht, aber er sagte, dass die Soldaten meistens in der Nähe ihres Heimatortes eingesetzt würden. Wenn das mit der Leistungsport-Förderung in Sonthofen nicht klappen sollte, würde ich hoffentlich meinen Wehrdienst irgendwo im Großraum München ableisten, und das hätte den Vorteil, dass ich mit meinem Roller schnell bei Hildegard wäre, dachte ich mir.

Aber der Mensch denkt und irgendwer fährt inzwischen meinen Roller in den Graben. Ich hatte ihn nämlich einem guten Freund geliehen und der wiederum wollte mit seinem Arbeitskollegen nach Landshut fahren. Ein Roller ist halt kein Motorrad und in einer engen Kurve hat es gekracht. Den beiden ist außer Hautabschürfungen nichts passiert, aber meine Vespa hatte einen verzogenen Rahmen und sah auch sonst recht übel aus.

Jedenfalls war es am 1. Juli 1967 dann so weit. Der junge Rekrut Fesl, inzwischen fast zwanzig Jahre alt, musste sich am Busbahnhof in München von seiner Hildegard verabschieden. Die Tränen flossen reichlich, als schließlich der Bus anrollte und meine Verlobte immer kleiner wurde, bis ich sie schließlich nicht mehr sah.

Dann ging es immer westwärts, bis wir in Landsberg am Lech angekommen waren. Dort trafen wir uns alle in der Kleiderkammer, wo jeder Rekrut seine Kleidung in modischem NATO-Oliv erhielt. Ein zweigestreifter Soldat stellte sich uns als zukünftiger Ausbilder vor: Obergefreiter Bestle. Er war sehr hilfsbereit und sehr laut und zeigte uns so manchen Trick. Ich hätte ihn eigentlich gerne gefragt, warum er so schreit, wir würden ihn alle gut verstehen, und für seinen Allgäuer Dialekt konnte der gute Mann doch nichts. Aber ich wollte nicht gleich am ersten Tag unangenehm auffallen. So beschwerte ich mich auch nicht, als sie uns unsere Zimmer zeigten und ich feststellen musste, dass keine Einzelzimmer mehr da waren.

Alles raustreten vor die Stuben!

Es waren gemütliche Zimmer. Ein bisschen zu eng vielleicht, aber es mussten ja auch acht Schränke untergebracht werden und vier Doppelbetten. Diese vier Doppelbetten hätten nebeneinander gar nicht in das Zimmer gepasst, weshalb man sie als sogenannte Hochbetten übereinander stellte. Auf diese Weise wurde der Raum optimal genutzt und wer sagt schon, dass ein Mensch mehr Platz braucht als eine Legehenne, die mit einem DIN-A4-Blatt großen Käfig auskommen muss. Nachdem jetzt auch noch acht Rekruten mit all ihrer Ausrüstung den Raum betreten hatten, war die Bude voll. Nach zehn Minuten Pause, in der wir uns über Unten oder Oben und Fensterplatz oder Türe geeinigt hatten, hörte man schon den Obergefreiten Bestle brüllen: „Alles raustreten vor die Stuben, der Spieß will euch sehen."

„Ich kann gerade nicht, weil ich dabei bin, meinen Schrank einzuräumen", sagte ich und ich fügte noch dazu, „der Spieß kann uns doch morgen auch anschauen". „Sie lassen sofort alles liegen und stellen sich im Flur vor die Türe, das heißt nicht direkt davor, sondern ein wenig daneben." Da standen wir nun, wir acht und 120 andere vor unseren Zimmertüren im Gang und warteten auf die Mutter der Kompanie, unseren Spieß.

Der ließ sich noch gut zehn Minuten Zeit, bis endlich die Türe vom Geschäftszimmer aufging, und sich ein kleiner dicker Hauptfeld-Wald-und-Wiesen-Webel auf uns zu bewegte. Man sah ihm an, dass er sich mit Kirsch- oder Zwetschgengeist die Zähne putzte bzw. spülte, und das bestimmt mehrmals täglich. Trotz frisch geputzter Zähne schaute er aber verschlafen aus. Er räusperte und hustete sich die letzte Schachtel Zigaretten von den Stimmbändern, begrüßte uns rau, aber nicht unfreundlich, um dann gleich zur Sache zu kommen.

„Falls Sie sich schon ein bisschen umgesehen haben, dies ist hier eine Kaserne und Sie sollen hier zu guten Soldaten ausgebildet werden. Das ist leider in drei Monaten Grundausbildung nicht möglich, aber ich und Obergefreiter Bestle machen das viermal in einem Jahr, da kriegt man schon die nötige Routine. – Ihr dürft schon einmal kurz lachen, wenn euer Spieß einen Witz macht, seid nicht so schüchtern!“, und bla, bla, bla. Er betonte auch noch, dass sie keine Unmenschen seien, und dass wir den Ernstfall, den Atomangriff nur überleben würden, wenn wir gut und solide ausgebildet würden. Seine Eröffnungsrede dauerte etwa eine gute Stunde, gefühlt jedoch mindestens vier; kurz bevor die ersten Rekruten anfingen umzufallen, entließ uns unser Spieß mit der Drohung, dass dies nur der Anfang gewesen sei.

Als Frischluftfan erhielt ich ein Bett am Fenster und war recht froh darüber, denn dort schien man den meisten Einfluss auf die Atemluft zu haben. Der Kamerad, der über mir sein Bett hatte, schien auch in Ordnung zu sein, und so war ich mit meinem Plätzchen soweit zufrieden. Auf meinem Bett lag noch der Rucksack mit meiner Arbeitsuniform (natürlich NATO-Oliv), Ausgehuniform (vorwiegend grau-blau) und dann noch die Gefechtsuniform (in Wald- und Wiesen-, Feld- und Acker-Tarnfarben).

Beim Einräumen des Schrankes hat der Kanonier darauf zu achten, dass alles, was man später zuerst wieder in den Rucksack packen muss, beim Öffnen des Schrankes als erstes aus diesem herausfällt. Genau so habe ich meinen Schrank geordnet, schnell die Türe zugemacht und fest verschlossen. Dann habe ich es mir, so gut es ging, im Bett gemütlich gemacht, während sich die restlichen Stubenkameraden noch die Kantine etwas näher ansehen wollten.

Ich hing meinen Gedanken nach, und mir fiel auf, dass damals im Internat in Ingolstadt alles irgendwie genauso oder ähnlich strukturiert gewesen war, und dass ich dort nicht sehr glücklich war. Was würde hier alles auf mich zukommen, und wie lange würde es mir gelingen, mein Maul zu halten. Bisher hatte es geklappt, aber ich war auch erst einen halben Tag da. Bis zum Schluss konnte da noch viel passieren.

Was wohl Hildegard jetzt macht? Ich versuche, sie morgen telefonisch zu erreichen! Diesen Plan verwarf ich jedoch gleich wieder, denn sie mag das nicht, und ich will sie auch nicht unnötig ärgern. Mit diesen Gedanken schlief ich ein und wurde erst wieder wach, als meine Kameraden vom Kantinenbesuch zurückkamen. Da wurde es kurzfristig ein wenig lauter, doch nicht sehr lange, da kehrte Ruhe in unserer Bude ein. Trotz der acht Personen, die da lagen, hielt sich das Schnarchen in tolerierbaren Grenzen. Dass ich den Fensterplatz hatte, stellte sich als Glücksfall heraus.

Der gestauchte Finger

Der nächste Tag begann mit Formalausbildung, das heißt, man brachte uns bei, uns in einer geraden Reihe der Größe nach aufzustellen. Dann kam der Befehl „Richt euch“, worauf wir unseren Standort noch korrigieren konnten. Anschließend brüllte der Ausbilder „Stillgestanden“. War es bei dem Befehl „Richt euch“ noch ein lockerer Haufen, der sich, an den Kameraden orientierend, anschickte, einigermaßen gerade Reihen zu bilden, so löste der Befehl „Stillgestanden“ bei den Soldaten einen Impuls aus, der sie die Fersen zusammenschlagen und die Pobacken steinhart anspannen ließ und die Heldenbrust wurde aufgeblasen, bis sie fast das Hemd zu sprengen drohte. So ließ man uns einige Sekunden stehen, bis endlich der Befehl kam „Rührt euch“. Der ganze, scheinbar zu Eis erstarrte Haufen hatte noch Leben in sich und schüttelte sich die

Beine aus. Gegen einen Krampf im Hintern war lockeres Hüpfen sehr hilfreich und die mit der Heldenbrust durften wieder durchatmen. Das war auch sehr wichtig, denn einige der Kameraden waren bereits blau im Gesicht geworden. Die Ausbilder brüllten um die Wette und waren von unserer Leistung wenig begeistert.

Öha, wo bin ich da nur gelandet, dachte ich mir, und was soll diese Ausbildung? Ich hätte gern mit dem Obergefreiten Bestle darüber diskutiert, habe es dann aber verschoben, denn „nur nicht auffallen" war die Devise und kommendes Wochenende war zudem noch am 7. Juli mein zwanzigster Geburtstag und den wollte ich schon gerne mit Hildegard feiern.

Aber so einfach war das alles nicht, denn als ich nach der Formalausbildung mein blaues Diensthemd auszog, um die Arbeitskleidung wieder anzuziehen, stieß ich aufgrund der Enge mit dem kleinen Finger der rechten Hand an meinen Schrank und das so heftig, dass ich mir meinen kleinen Finger stauchte. Ebenfalls war eine kleine Schwellung auszumachen. „Da muss ein Spezialist dran", sagte ich, meldete mich ab und ging zum Krankenrevier. Auf dem Weg ins Revier versuchte ich unentwegt und trotz Schmerzen meinen kleinen Finger zu bewegen, denn es schien so, als würde sich die Schwellung zurückbilden. Der Doktor Stabsarzt war nicht da, aber auch der diensthabende Sanitäter hatte schon ähnliche Fälle versorgt und sah sich den Finger genau an. „Ja, der is sauber g'staucht", sagte er, und war dafür, dass wir röntgen. „Bist vielleicht hing'falln?" „Nein", sagte ich, „ich habe mir mein Hemd angezogen". „Beim Hemd anzieh'n, wie geht denn das, bist ins falsche Loch neig'schlupft?" „Nein, da habe ich schon darauf geachtet", sagte ich, „aber als ich mit meinem Arm den Ärmel vom Hemd durchstieß, war plötzlich mein Schrank im Weg und ich prallte ungebremst dagegen."

Die Hand wurde geröntgt und es war nichts auf dem Röntgenbild zu sehen. Doch der Sanitäter war für einen gewaltigen Gipsverband, denn was mein kleiner Finger jetzt nach all diesem Stress brauchte, war Ruhe und abermals Ruhe. Mir war das zuviel des Guten, und so einigten wir uns auf eine Gipsschiene. Die sah zwar aus, als wäre der ganze Arm in Gips, hatte aber den Vorteil, dass man den Verband lösen konnte und dann mit dem ganzen Arm und schließlich mit der rechten Hand aus der Gipsschiene herausschlüpfen konnte. Das war wichtig, denn so konnte ich Hemden und T-Shirts anziehen und mich ungehindert bewegen.

Vor dem Dienstbeginn band ich mir aber meine Gipsschiene wieder um. Von Marsch und Sport war ich laut Attest vom Sanitäter befreit. Bei der Formalausbildung war ich als Zuschauer anwesend, um wenigstens theoretisch ein wenig mitzubekommen. Meine Stubenkameraden kannten mein Geheimnis, hielten aber dicht, und das Ganze würde auch nur höchstens ein paar Wochen dauern, dann müsste ich wieder fit sein, und könnte langsam mit der Reha anfangen. Eigentlich wollte ich ja nicht auffallen, aber inzwischen erkundigten sich schon Soldaten, die länger da waren als wir, nach meinem Finger.

Das Küchenbeschwerdebuch

Am nächsten Morgen witzelte unser Spieß etwas von Frühstücksspaziergang mit Gepäck, was im Klartext hieß, sie hatten vor, uns wie Lastesel zu beladen und den ganzen Krempel circa 35 Kilometer weit zu transportieren. Kein Mensch konnte mir sagen, wozu das gut sein sollte, aber ich ging ja auch nicht mit.

Mit dem Jeep ließ ich mich an das Ziel des Gewaltmarsches bringen, um dort an die Kameraden Tee und Salztabletten auszuteilen. Ich selbst war ja vom Sport und Marschieren befreit und einen gestauchten Finger sollte man nicht unterschätzen. Jedoch war es mir möglich, trotz meines Gipsarms, leichtere Arbeiten zu übernehmen. Mir taten nur die Kameraden leid, als sie nassgeschwitzt und mit leuchtend roter Birne durch das Ziel stolperten.

Sie hatten circa 35 Kilometer hinter sich, und das mit voller Ausrüstung und Mitte Juli an einem der heißesten Tage des Jahres. Ja, und ich musste das alles mit anschauen, dieses Elend, diese Not. Zurück in die Kaserne wurden auch sie gefahren mit all ihrem Gepäck, und die Stimmung wurde allmählich besser.

Das ist wieder typisch, dachte ich mir, in ein paar Monaten ist wieder alles vergessen. Wie die Helden sind sie dann marschiert, durch unwegsames Gelände und durch Sümpfe und Wüsten, zentnerschwere Ausrüstung auf den Buckel geschnallt. Und nie hörte man so böse Worte wie „Scheiß Barras“ oder ähnliches. Und was das Schönste ist: Fast ein jeder konnte daheim am Stammtisch mitreden, denn alle hatten es ja selbst erlebt, und hatte es ihnen geschadet? – Nein.

In der Kaserne angekommen, gab es noch eine kurze Ansprache vom Spieß, und weil wir so brav marschiert waren, hatten wir den Rest des Tages zur freien Verfügung. Da kam wieder Freude auf bei den Kameraden, aber ich hatte sie noch wenige Stunden vorher gesehen, nassgeschwitzt und mit leuchtend roter Birne durchs Ziel stolpernd. Mal schauen, was sie morgen und übermorgen dazu zu sagen hätten. Vorerst schienen sie nur unsäglichen Durst zu haben. Wir vereinbarten, uns nach dem Duschen in der Kantine zu treffen, ein paar Bier zu trinken und auf das Abendessen zu warten. Ich bestellte mir eine Apfelsaftschorle und wurde dafür mild belächelt, ich lächelte mild zurück. „Ich bin ja auch nicht mitmarschiert“, sagte ich. Wo er recht hat, hat er recht.

Lange waren wir nicht in der Schenke, da war es auch schon Zeit zum Abendessen. Wir wechselten hinüber in den Speisesaal und stellten uns an der Essensausgabe an. Es gab Wurstaufschnitt mit einer Essiggurke, dunkles Brot, ein kleines Stück Butter und Streichkäse. Wer wollte, konnte noch Suppe vom Mittagessen haben. Dem letzten unserer Gruppe gab der Koch noch ein Beschwerdebuch mit und er forderte ihn auf, einen kleinen Kommentar zum Essen hineinzuschreiben.

„Des ist zwar ein Beschwerdebuch, aber du kannst uns schon loben auch, wenn's dir schmeckt", rief er uns noch hinterher. Wir suchten uns einen freien Tisch und ein jeder war gespannt, was wohl in dem Buch stand, denn so etwas kannten wir noch nicht. Es war ein wenig enttäuschend, denn fast alle Bemerkungen waren abgeschrieben: „Das Essen ist gut und reichlich" stand Dutzende Male drin. Darunter Datum und Name des Küchenkritikers. Ganz selten einmal etwas anderes wie z. B. „Weniger Nudeln, dafür mehr Kartoffeln" – worauf sich natürlich in der Küche nie etwas änderte, war es doch nur die Meinung eines einzelnen Soldaten.

Dann kam das Beschwerdebuch auch zu mir. Ich sah es mir kurz an, nahm den beiliegenden Kugelschreiber und schrieb: „Es müsste verboten werden, an der Verwesung verhinderte Leichenteile ermordeter Tiere in deren eigene Kotkanäle zu füllen und sie uns dann unter der irreführenden Bezeichnung ‚Wurst' zu kredenzen."

Ich war nur drei Monate in Landsberg am Lech, aber jedes Mal, wenn das Buch im Speisesaal herumgereicht wurde, blätterten die Soldaten zurück zu der Seite, wo ich meinen Kommentar hineingeschrieben hatte. Eigentlich wollte ich nicht auffallen, aber wenn jemand gefragt hat, wer denn das geschrieben hätte, dann hat es geheißen: „Den kennst schon, des ist der mit dem Finger."

Gebirge jagen in Mittenwald

Als „der eingegipste Finger" war ich nach zwei Wochen bekannt wie ein bunter Hund. Nur nicht unangenehm auffallen, das konnte ich nun getrost vergessen. Ich bemerkte sogar, wie sie alle gierig auf neue Geschichten warteten. Und sie warteten nicht vergebens. Bleibt noch anzumerken, dass ich die ersten Wochenenden nach Hause durfte. Landsberg ist etwa 60 Kilometer von München entfernt. Ich hoffte immer noch, dass ich nach den drei Monaten Grundausbildung in Landsberg nach München versetzt werden würde, um dort die restliche Zeit meines Wehrdienstes abzuleisten.

Doch mein Hoffen war vergeblich. Es sollte mich nach Mittenwald verschlagen. Mittenwald ist ein schöner Ort, doch leider noch weiter weg von daheim, etwa 110 Kilometer, und umringt von aufmüpfigen Bergen, die ich alle verjagen sollte. Schließlich wurde ich ja nicht zum Spaß zum Gebirgsjäger ausgebildet. Allerdings zog ich es vor, das Gebirge an die österreichische Grenze zu drängen. Dort zwang ich es dann zur Kapitulation, und seitdem ist in den Bergen wieder Ruhe eingekehrt.

Die Gebirgsschallmessbatterie, der ich jetzt angehörte, hatte mehr Fahrzeuge als Fahrer. Wer bereits einen Führerschein hatte, wurde bevorzugt dazu eingeteilt, den Bundeswehr-Führerschein Klasse C zu machen. Man ging davon aus, dass diejenigen schon etwas Fahrpraxis mitbrachten. Fahrpraxis hatte ich nur mit meinem Vespa-Motorroller, aber sie nahmen mich trotzdem.

Der Bundeswehr-Führerschein Klasse C entsprach der Führerscheinklasse 2 in der zivilen Welt. Man konnte sich nach dem Wehrdienst die Klasse 2 in seinen Führerschein eintragen lassen und damit LKW fahren: toll!

Bis es aber soweit war, lagen noch Wochen und Monate vor uns, in denen wir von 8 Uhr bis 12 Uhr theoretischen und von 13 Uhr bis 17 Uhr praktischen Unterricht hatten. Während wir vormittags lernten, das Auto ohne fachmännische Hilfe fahrtauglich zu machen, versuchten wir nachmittags beim praktischen Unterricht das Fahrzeug fahruntauglich zu kriegen, um dann das Gelernte anzuwenden. Ein Beispiel: Ein Keilriemen reißt und es ist kein Ersatz da. Was macht man da? Man nimmt einer Dame die Strumpfhose weg und knotet daraus einen Ersatzkeilriemen. Das ist aber oft gar nicht so leicht, besonders wenn keine Dame in der Nähe ist.

Das Ausbildungsfahrzeug war ein NATO-Ford mit vier Sitzplätzen. Vorne links saß der Fahrschüler, rechts davon der Fahrlehrer und hinter den beiden auf der Ersatzbank saßen zwei weitere

Fahrschüler, die bei Bedarf eingewechselt wurden. Das Fahrzeug konnte selbst von geübten Fahrern nicht ohne einen kleinen Bocksprung in Bewegung gebracht werden und hatte deshalb den Spitznamen „NATO-Ziege“. Das Getriebe war nicht synchronisiert, und so musste beim Schalten zweimal ausgekuppelt und Zwischengas gegeben werden. Richtig fahren konnte man mit der NATO-Ziege eigentlich nicht. Wir taten es aber doch, denn zum Lernen hat's gelangt.

Im Falle eines Brandes wenden!

Bei schönem Wetter sind wir immer im Kasernenhof angetreten. Bei Sturm und Regen aber hörten wir uns die Befehlsausgabe im Gebäude an. Dazu ließen uns die Ausbilder im Flur, an dessen Ende sich das Geschäftszimmer befand, antreten. Wenn dann etwas Ruhe eingekehrt war und der unordentliche Haufen von Soldaten, wie von Geisterhand bewegt, in die richtige Position rutschte (Richt euch!), öffnete sich die Türe des Geschäftszimmers und der Spieß kam heraus. Je nachdem wie er die Türe öffnete – und vor allem, wie er sie hinter sich wieder ins Schloss fallen ließ – ließ Rückschlüsse darauf zu, ob er uns brav und zahm erklären würde, was denn an diesem Tag alles zu erledigen wäre, oder ob ein Donnerwetter von Drohungen und Beschimpfungen über uns hereinbrechen würde. Wir tippten meistens auf Letzteres und sollten Recht behalten.

Ungefähr in der Mitte der Strecke, die der Spieß von seinem Büro bis zu uns zurücklegen musste, waren ein Feuerlöscher und ein Eimer mit Sand angebracht. Neugierig wie unsere „Mutter der Kompanie“ nun einmal war, konnte er (oder besser sie?) nicht daran vorbeigehen, ohne den Sandkübel genauer unter die Lupe zu nehmen, ob sich nicht im Sand ein paar feindliche Zigarettenkippen eingegraben hätten. Mir war das Ganze egal, denn ich war Nichtraucher. Mich interessierte nur, wann er wohl endlich das schöne Schild bemerken würde, das ich so demonstrativ am Feuerlöscher angebracht hatte und auf dem stand: „Nur im Falle eines Brandes Schild umdrehen".

Jetzt hatte er es gesehen, und obwohl die Anweisung doch klar und deutlich war, wendete er das Schild, um auf der Rückseite zu lesen: „Doch nur bei Brand umdrehen, du Depp." Nachdem sich zunächst niemand meldete und die Verantwortung für das Schild übernahm, drohte der Spieß damit, allen Soldaten das freie Wochenende zu streichen. Das wäre eine nicht zulässige Strafe gewesen, aber damit drohen durfte man.

Also gut: „Ich war es", sagte ich, weil ich nicht wollte, dass Unschuldige darunter leiden müssen. Eigentlich hatte ich mir vorgestellt, dass alle lachen würden, aber ich wusste ja, dass ich schon so manchen Spaß ordentlich versiebt hatte. Ich wollte gerade ausführen, wie wichtig bei trockenen Themen der Unterhaltungswert ist, nach dem Motto „Ohne Gaudi is ois nix", als mir der aufgebrachte Spieß Sprechverbot erteilte. Gleich nach der Befehlsausgabe sollte ich mich bei ihm im Geschäftszimmer melden, denn er hätte mit mir etwas zu bereden.

In seinem Büro teilte er mir mit, dass ich vorerst einmal die beiden nächsten Wochenenden nicht nach Hause fahren könnte. Er bräuchte mich dringend, um ein Munitionslager in der Nähe von Murnau zu bewachen. MUN-Wache in Murnau, das war so ungefähr der langweiligste Job, den man sich vorstellen konnte, aber man war wenigstens an der frischen Luft. Allerdings nur für zwei Stunden, dann wurde man abgelöst und die nächste Schicht begann das Bewachen. Selbst war man wieder in vier oder sechs Stunden dran. Die meisten Soldaten versuchten etwas zu schlafen. Ein paar probierten es mit Kartenspielen, während die Ablösung draußen die ersten einsamen Runden drehte. Unser Quartier war eine schiefe Holzbude mit einem alten Kanonenofen in der Mitte. Der wurde eingeheizt, bis er zu glühen begann, und das meist mit Kohlen und frischem Holz. Beim Einziehen in die nicht- oder schlecht isolierte Hütte, musste man sich wieder entscheiden, ob man sein Bett oben oder lieber unten haben wollte. Unten war es kälter, aber die Luft war frischer. Oben stauten sich die Hitze und das Gas vom verbrannten Holz. Man hatte das Gefühl, als würde man lebendig geräuchert. Ich bekam leider nur noch einen Platz oben im Stockbett. Auf meine Frage, ob man nicht einmal kurz durchlüften sollte, erntete ich lauten Protest. Ist ja auch logisch, da bräuchte man ja gar nicht einzuheizen, wenn man anschließend Türe und Fenster aufreißt. Mit dieser Einsicht kletterte ich nach oben und versuchte, an etwas Positives zu denken, um den Mief zu vergessen.

Ich dachte an meine Freundin Hildegard und an das, was sie wohl gerade machte. Ob sie wohl zu Hause ist oder mit einer Arbeitskollegin irgendwo in München beim Essen oder im Kino? Vielleicht ist sie auch mit einem ihrer Arbeitskollegen in dessen Villa und beide schauen seine Briefmarkensammlung an und so. Schon waren die positiven Gedanken an Hildegard wieder verschwunden und eine gefährliche Mischung aus Eifersucht, Hitze und Holzgas machte sich breit. Eine Woche zuvor hatte ich sie zuletzt gesehen und so wie es ausschaute, würde ich sie auch so bald nicht wieder sehen, denn auch das nächste freie Wochenende sollte ich hier im Wald Wache schieben. Das bedeutete drei Wochen ohne Hildegard – und das war gar keine gute Vorrausetzung für positive Gedanken. Außerdem durfte ich die nächsten Tage und Wochen nicht mehr unangenehm auffallen, das war aber momentan gar nicht so leicht, da ich mich ständig unter strenger Beobachtung durch die Vorgesetzten befand. Angestrengt dachte ich nach, als ich plötzlich meine Situation ganz klar und deutlich sah: Ich musste mich von Hildegard trennen, denn nur wenn es diese Beziehung nicht mehr geben würde, wäre ich wieder ganz frei und es wäre mir völlig egal, ob ich meine freien Wochenenden in München oder in Mittenwald verbringen würde. Das war Weihnachten 1967.

Zur Trompete kann man nicht singen

Auch wurde mir allmählich klar, dass sich das Ganze schon noch eine Weile hinziehen würde. Von den 18 Monaten Wehrdienstzeit hatte ich erst sechs Monate, also gerade ein Drittel, hinter mir. Je mehr ich über alles nachdachte, umso mehr wurde mir bewusst, dass diese Ausbildung Schrott war. Ich musste mir eingestehen, dass mir jemand gerade 18 Monate meiner besten Zeit klaut. Ich hätte bestimmt auch damals noch etwas in Sachen Wehrdienstverweigerung machen können, aber wahrscheinlich war ich zu faul und durch die sinnlose Beschäftigungstherapie und das lasche Umfeld, dem ich täglich ausgesetzt war, verpennte ich diese Möglichkeit.

Um das verbleibende Jahr wenigstens nicht gänzlich zu vertrödeln, nahm ich meine Trompete mit in die Kaserne und spielte jede freie Minute. Wenn das mein Vater erfahren hätte, er hätte bestimmt vor Freude geweint. Ich musste feststellen, dass ich die Musik gar nicht hasste, wie ich immer behauptet hatte, sondern ich liebte sie. Besonders wenn ich sie spielen konnte, wie es mir gefiel. Genau das war hier der Fall. Es wurde in der Kaserne alles befohlen. Sein Hirn hätte man auch gleich daheim lassen können. Aber Trompete spielen durfte ich ganz nach meiner Laune und meinen Möglichkeiten, und das war einfach schön.

In der Stube gegenüber der unserigen war öfters Partytime angesagt. Zwei- bis dreimal in der Woche trafen sich in der Stube Nr. 7 Musiker, Sänger und jede Menge Fans der Szene. Sechs Soldaten bildeten eine Kette und holten aus der Kantine fünf Kasten Bier. Die Musik war zum Davonlaufen. Ich gab mir zwar mit meiner Trompete redlich Mühe, gegen total falsche Akkorde und einen alkoholisierten Partisanenchor war ich jedoch machtlos. Bei der nächsten passenden Gelegenheit schnappte ich mir den Gitarristen und sagte ihm, dass er falsch spielt und ich ihm vielleicht helfen könne. Er konnte allerdings leider keine Noten und nur wenige Griffe. Wir kamen auf die glorreiche Idee, ich könnte mir doch seine wenigen Griffe aneignen. So konnte ich mit der Gitarre begleiten und hörte auch, wenn in den Liedern die Harmonie wechselt. Außerdem könnte ich laut mitsingen, was ja beim Trompetespielen nicht möglich war.

Ich lieh mir also seine Gitarre aus, meldete mich krank und bekam ein Krankenbett im Revier. Wie ich üben musste, das wusste ich ja. Nach knapp zwei Wochen wurde ein mittelmäßiger, aber durchaus brauchbarer Gitarrist aus dem Krankenrevier entlassen, was wiederum die Fangemeinde dazu veranlasste, ihm zu Ehren eine Begrüßungsparty steigen zu lassen.

So und nicht anders kam ich zum Gitarrespielen: Weil einer ständig falsch spielte und weil man beim Trompetenspielen nicht dazu singen kann.

Endlich wieder frei!

Die Zeit ließ sich mit dem Vergehen viel Zeit, trotzdem wurde es plötzlich Sommer in Mittenwald. Ich bekam Urlaub, den ich natürlich in München verbrachte, und Herbert Schmidbauer, ein Rekrut wie ich, wollte mir seine Stammkneipe im Lehel zeigen: „Da muasst unbedingt mit hin, da spuin heit die Russen."

Die „Russen" waren eine lockere Ansammlung von hervorragenden Musikern, die zu Balalaika, Bass, Akkordeon und Gitarre russische Lieder sangen und den Wirtshaussaal zum Brodeln brachten. Mich als Gitarrenlehrling interessierte selbstverständlich der Gitarrist am allermeisten. Mit einer wilden Lässigkeit fetzte er auf seinem Instrument herum und sang dazu mit einer Stimme, laut wie eine Dampfsirene, russische Sauf- und Trinklieder. Ich war mir nicht sicher, ob er das, was er sang, auch verstand, aber das ist ja auch nicht so wichtig.

Fühlen muss man diese Lieder, und dafür hatte er genau das richtige Gespür und jede Menge Gefühl. Er hieß Arthur Loibl und war der wohl skurrilste und schrägste Typ der Münchener Kleinkunstszene. Er wohnte gleich um die Ecke des Wirtshauses im Stadtteil Lehel bei seiner Mutter. Ich fragte ihn, ob er Gitarre studiert hätte. „Naa“, sagte er, „da hab i koa Zeit dafür“. Was er denn so macht, habe ich ihn noch gefragt, und seine Antwort war: „Saufa und Musik macha.“

Ja, das war der Arthur Loibl, er war aus ähnlichem Holz geschnitzt wie ich, jedenfalls hatte er meine Neugierde geweckt. Ich nahm mir fest vor, ihn nicht aus den Augen zu verlieren. Und nachdem ich jetzt wusste, wo Arthur am liebsten seine Tätigkeiten „Saufa und Musik macha“ ausübte, würde ich ihn bestimmt bald wieder treffen, auch schon an den Wochenenden noch während der Bundeswehrzeit. Der Arthur hatte einen gewaltigen Eindruck auf mich gemacht.

In der Kaserne in Mittenwald liefen die Soldaten, die an Weihnachten entlassen werden sollten, mit eineinhalb Meter langen, aufgewickelten Maßbändern herum, von denen sie täglich einen Zentimeter abschnitten, um ständig nachsehen zu können, wie viele Tage noch bis zur Entlassung sind. Ich machte diesen Blödsinn nicht mit, denn mir war auch ohne Maßband jeder Tag zu viel, und das tägliche Zurückstutzen um einen Zentimeter würde mir noch viel deutlicher bewusst machen, wie lange es noch dauert, bis ich wieder ganz frei war. Zeit totschlagen war allgemein angesagt, aber wir waren ja gute und brave Soldaten und keine Totschläger, und so nahmen wir die Zeit gefangen, sperrten sie ein und bewachten sie gut.

In ein paar Tagen sollte es soweit sein. Wir liefen alle bereits in unseren Zivilklamotten herum, denn unseren Bundeswehrkram hatten wir schon abgegeben. Da lief mir der Spieß über den Weg. „Servus, Herr Hauptfeld“, sagte ich zu ihm. Er stutzte zunächst, wegen der ungewohnten Anrede, doch dann fragte er mich: „Na,

Fesl, sind Sie froh, wenn Sie jetzt entlassen werden?" „Und wie froh ich bin", sagte ich, „ich glaub des können Sie sich gar nicht vorstellen." „Doch, doch", sagte er und kam noch einen Schritt näher. Ich konnte seine Fahne riechen. Er redete etwas leiser, wie zu einem Freund, dem man einen guten Rat geben möchte: „Glauben Sie mir, Fesl, ich bin auch froh, wenn Sie weg sind."

Ein schöneres Abschiedsgeschenk hätte er mir nicht machen können. Fast kam so etwas wie Rührung auf bei mir. Ich bedankte und verabschiedete mich und ging meiner Wege.

Geschafft! Ich war wieder frei und malte mir aus, dass ich jetzt mit meinen paar Mark Entlassungsgeld die ganze Welt aus den Angeln heben könnte. Es war sowieso nicht sehr viel, und außerdem wurde uns noch jede Menge Geld abgezogen für verschlampte oder geklaute Ausrüstungsgegenstände. So fehlten beispielweise aus meinem mir anvertrauten Mercedes-Unimog das Feldtelefon, der Klappspaten und etliche andere Sachen. Gut, man verliert schon einmal etwas oder vergisst es im Gelände. In diesen Zeiten jedoch wurde geklaut, was nicht extra bewacht oder weggesperrt wurde. Ich fühlte mich wie jener Mann im Lokal, dem man, während er seinen Mantel fixierte, die Suppe gestohlen hatte. Immerhin hatte er noch seinen Löffel.

Es wurde reiner Tisch gemacht, und bei mir ist vom Entlassungsgeld sogar noch was übrig geblieben. Mit einem Kameraden, der auch aus München war, konnte ich mitfahren. Ich sagte ihm, dass ich nur noch raus möchte aus dieser „Anstalt". Er hätte sich eigentlich gerne noch von allen, die zurückblieben, verabschiedet, doch dann hatte er es sich auch anders überlegt und wir fuhren los. Keinen letzten Blick verschwendete ich für eine der angeblich schönsten Kasernen Deutschlands. Jetzt, wo es vorbei war, hätte ich doch sagen können: „War doch gar nicht so schlimm das Ganze, und diese Kameradschaft!"

Nein, ich weiß es noch ganz genau, wie wir geflucht und unseren Vorgesetzten einen Kopf voll mit gierigen Läusen gewünscht haben, und dazu ganz kurze Arme, dass es ihnen nicht möglich gewesen wäre, sich das juckende Haupt zu kratzen. Viel war es nicht, was ich auf Plus hätte verbuchen können. Aber jetzt war es vorbei. Nach vorne schauen war angesagt. Ich war nach allen Seiten offen, also nicht ganz dicht, und hatte den Plan, dass ich mich erst einmal in München ein bisschen umsehen und umhören wollte. Vielleicht würde ich Arthur treffen. Der könnte mir bestimmt zeigen, wie man Geld verdienen kann.

Aber das war nicht so wichtig, denn noch hatte ich ja Kohle, 112 Mark, den Rest vom Entlassungsgeld. Es war also gar nicht so dringend mit einem neuen Job. Außerdem war ich mittlerweile ein durchaus brauchbarer Trompeter mit spitzenmäßigem Ansatz. Dann war da noch der Lastwagenführerschein, den ich beim Bund erworben hatte, und mit dem ich mich überall als Ausfahrer bewerben könnte. Außerdem war ich fit wie ein Turnschuh. Mit diesen optimistischen Gedanken schlief ich ein und wurde erst wieder wach, als wir schon die Randbezirke Münchens erreicht hatten. Mein Kamerad ließ mich am Hauptbahnhof aussteigen, damit ich dort meinen Koffer deponieren konnte. „Danke“, sagte ich zu ihm und gab ihm 12 Mark als Benzingeld. Ich hatte jetzt noch einhundert Mark. Das war schon ganz schön viel, aber München war auch ein teures Pflaster.

Mit der Straßenbahn fuhr ich zum Max-II-Denkmal. Damit es mir nicht langweilig wurde, zog ich meinen Ausweis aus der Brusttasche, hielt ihn einem Fahrgast unter die Nase und sagte laut und deutlich: „Die Fahrscheine bitte, Fahrscheinkontrolle!“. Das habe ich damals sehr gerne gemacht, denn erstens war es ein kleiner Ausgleich für 18 Monate Bundeswehr bei schlechtester Bezahlung, und zweitens gefiel mir der Ruck, der durch die Insassen des Straßenbahnwagens ging, wenn jeder seinen Fahrschein suchte. Ich selbst hatte natürlich keinen Fahrschein, mich hat aber auch niemand danach gefragt.

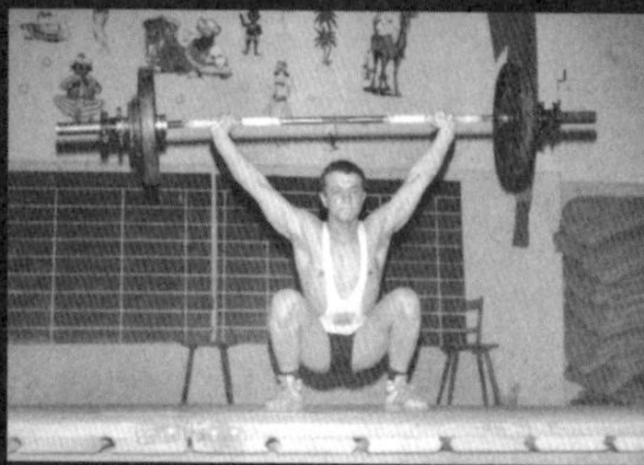

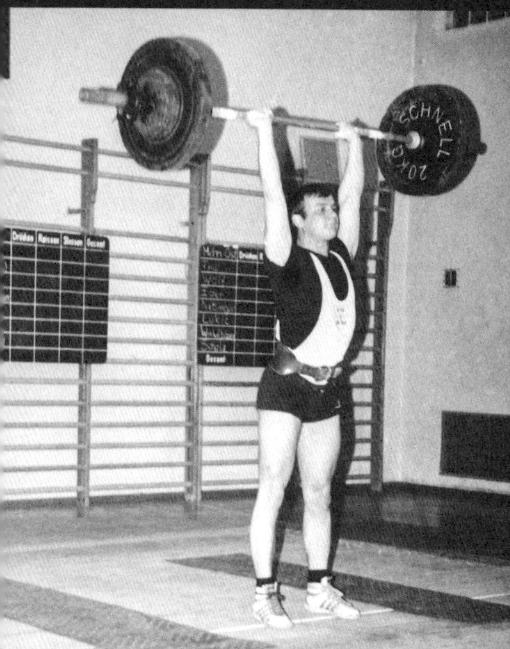

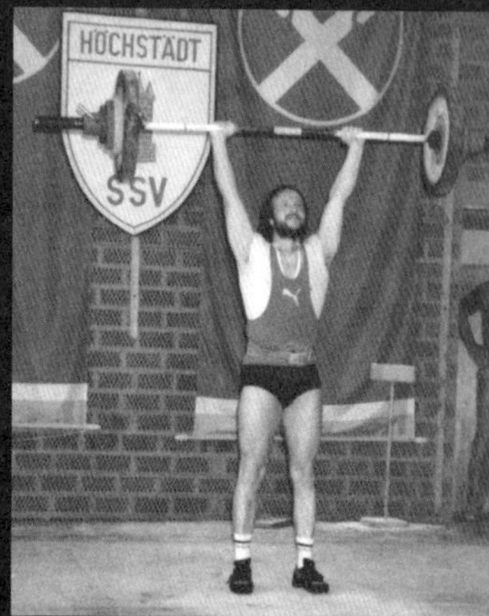

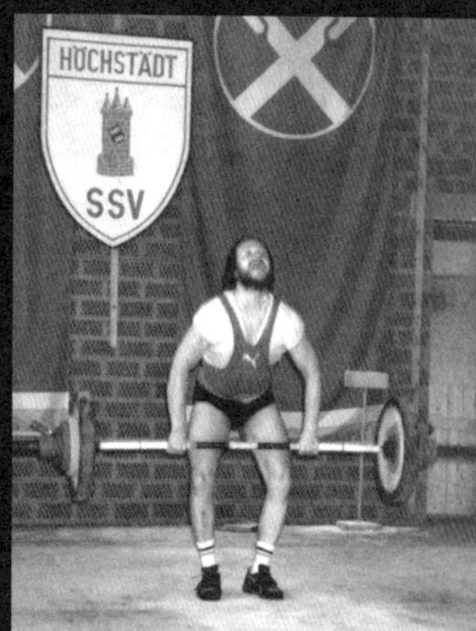

Das kleine Bild ganz oben zeigt mich beim Reißen mit 92,5 kg in der Hocke – bei 65 kg Körpergewicht, so leicht war ich damals. Das bedeutete jedenfalls den bayerischen Rekord im Reißen, der leider schon nach wenigen Wochen wieder überboten wurde. Das Bild darunter zeigt mich in einem Mannschaftswettkampf in Coburg mit 115 kg im Stoßen.

Die Bilder aus der Halle in Höchstadt wurden während der Bayerischen Meisterschaft aufgenommen. Foto unten: beim Umsetzen, vor dem Sprung in die Hocke. Foto oben: nach dem Ausstoßen.

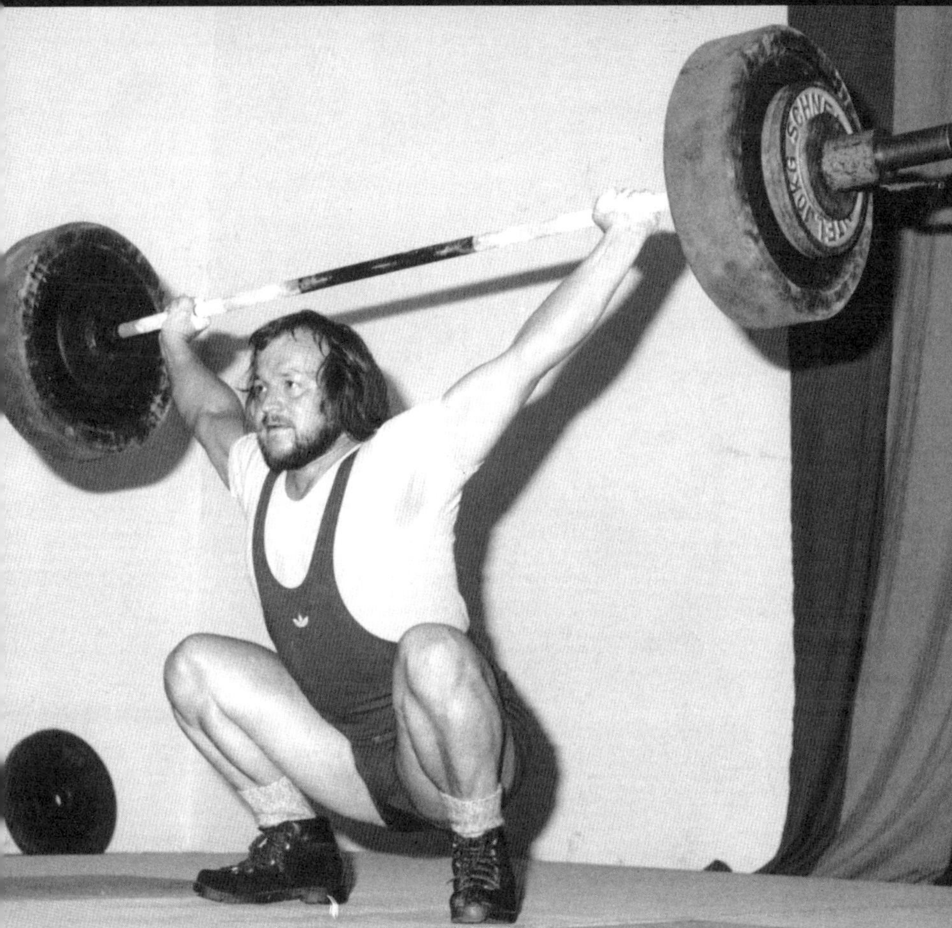

Beim Mannschaftskampf in Freimann hatte ich beim Reißen im ersten Versuch 90 kg aufgelegt.

Kleines Bild unten: Freundschaftskampf in Paris, dritter Versuch im Stoßen von 122,5 kg. Ich konnte das Gewicht leider nicht lange genug halten und wurde ungültig gewertet.

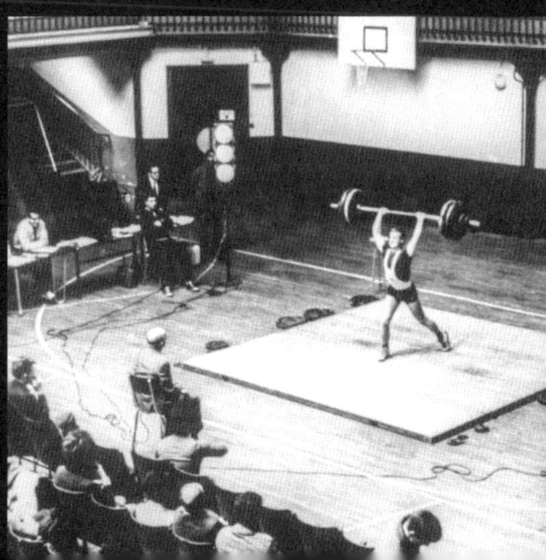

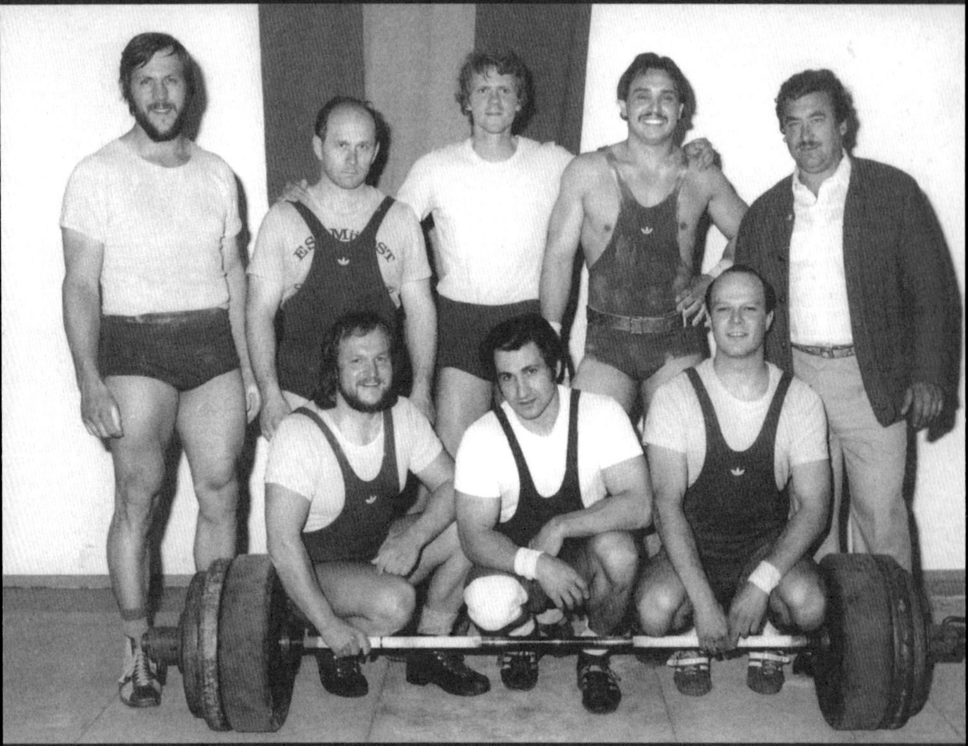

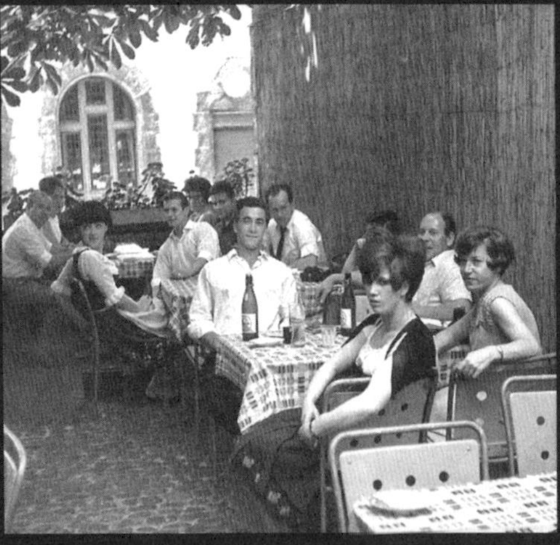

Unsere Gewichtheber-Mannschaft vom ESV München Ost. Bei Freundschaftskämpfen kamen wir weit herum und nahmen unsere Frauen oder Freundinnen mit. Hier in einem Biergarten in Basel sitzt meine Freundin Hildegard – die junge Frau hinten im Dirndl, im Bild die dritte Person von links – mir gegenüber.

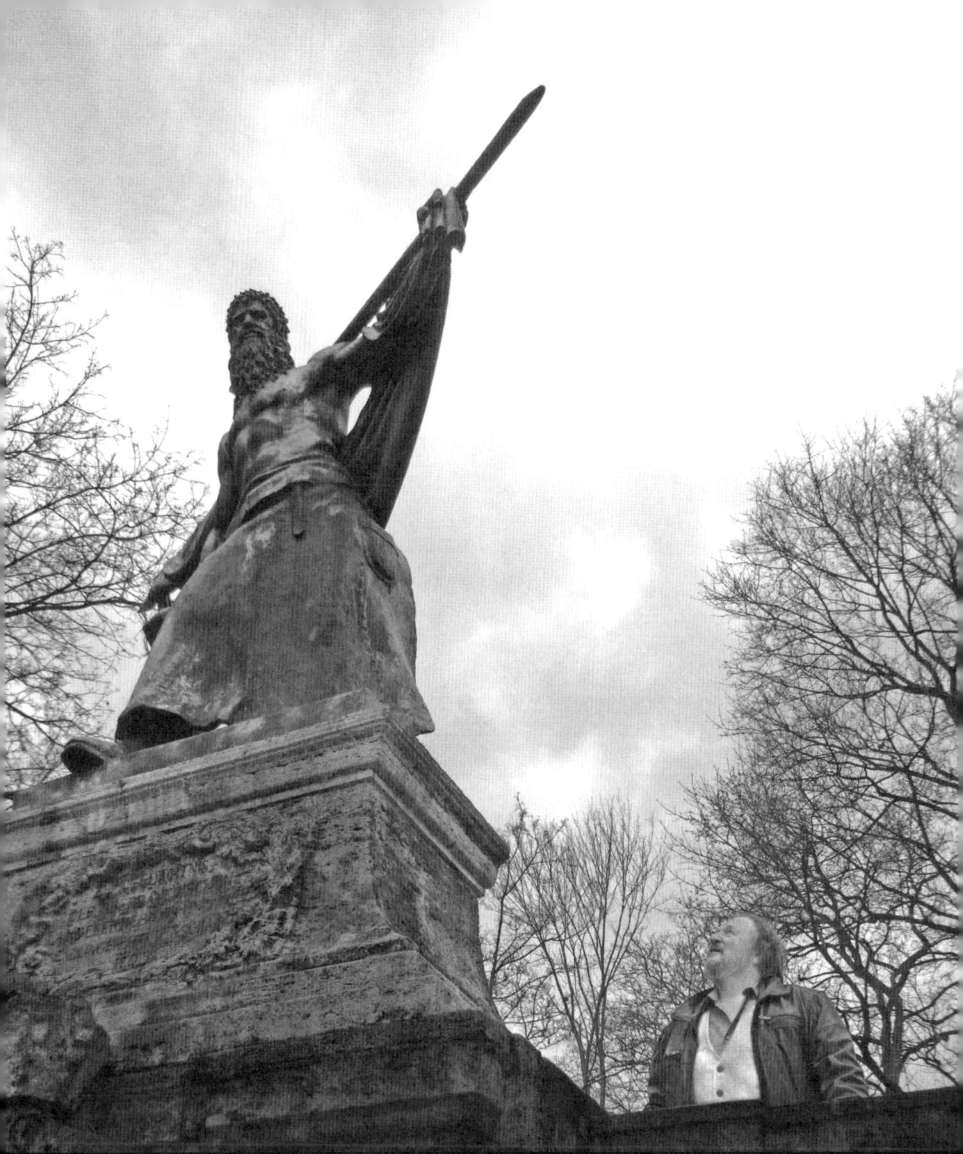

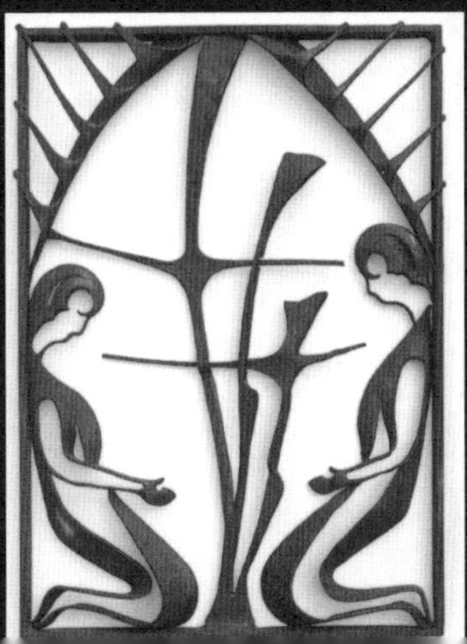

Das Denkmal vom Schmied von Kochel in München-Sendling. Da mein erlernter Beruf Kunstschmied ist, sehe ich ihn als Kollegen an. Außerdem hatte er in etwa die gleiche Figur wie ich.

Mein Gesellenstück, links abgebildet, stellt die betenden Jungfrauen vor den Kreuzen dar. Eine Zeit lang hatte ich auch eine eigene Kunstschmiede in Freising, die ich allerdings wegen meiner Musik aufgab.

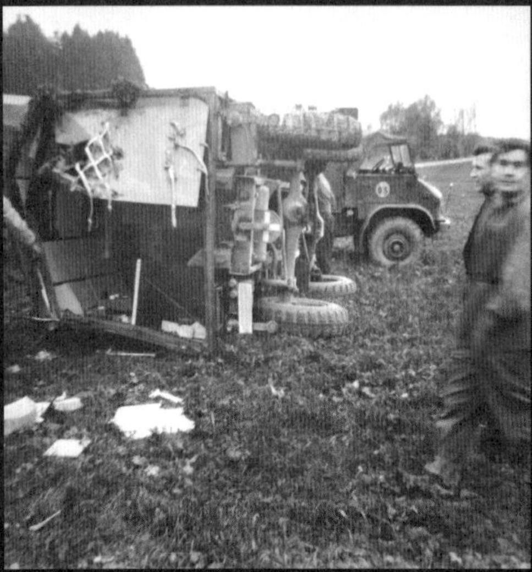

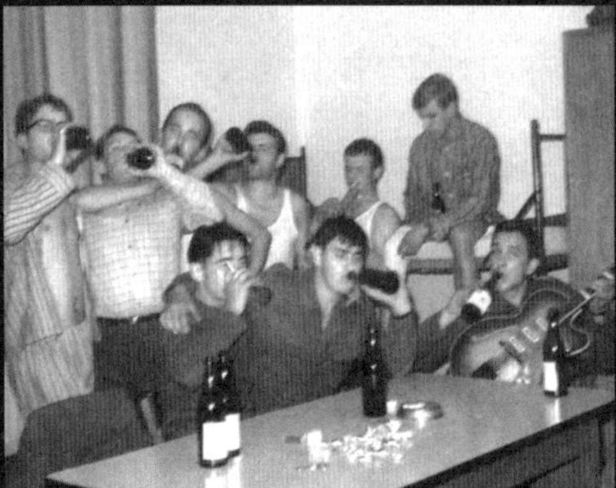

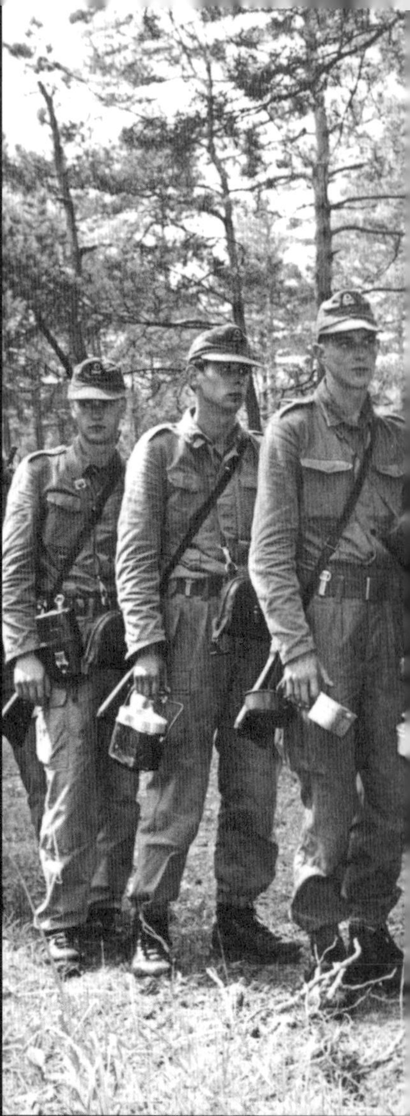

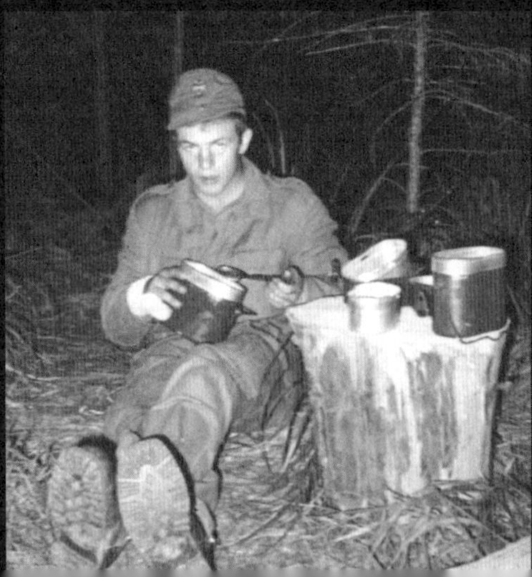

Das Bild links oben zeigt meinen Beitrag zur Abrüstung: einen Haufen Schrott!

Die Elitetruppe bereitet sich in der Kaserne auf einen schwierigen Einsatz vor. Während meine Kameraden sich am Bier labten, spielte ich mit der Trompete das Lied von der toten Sau.

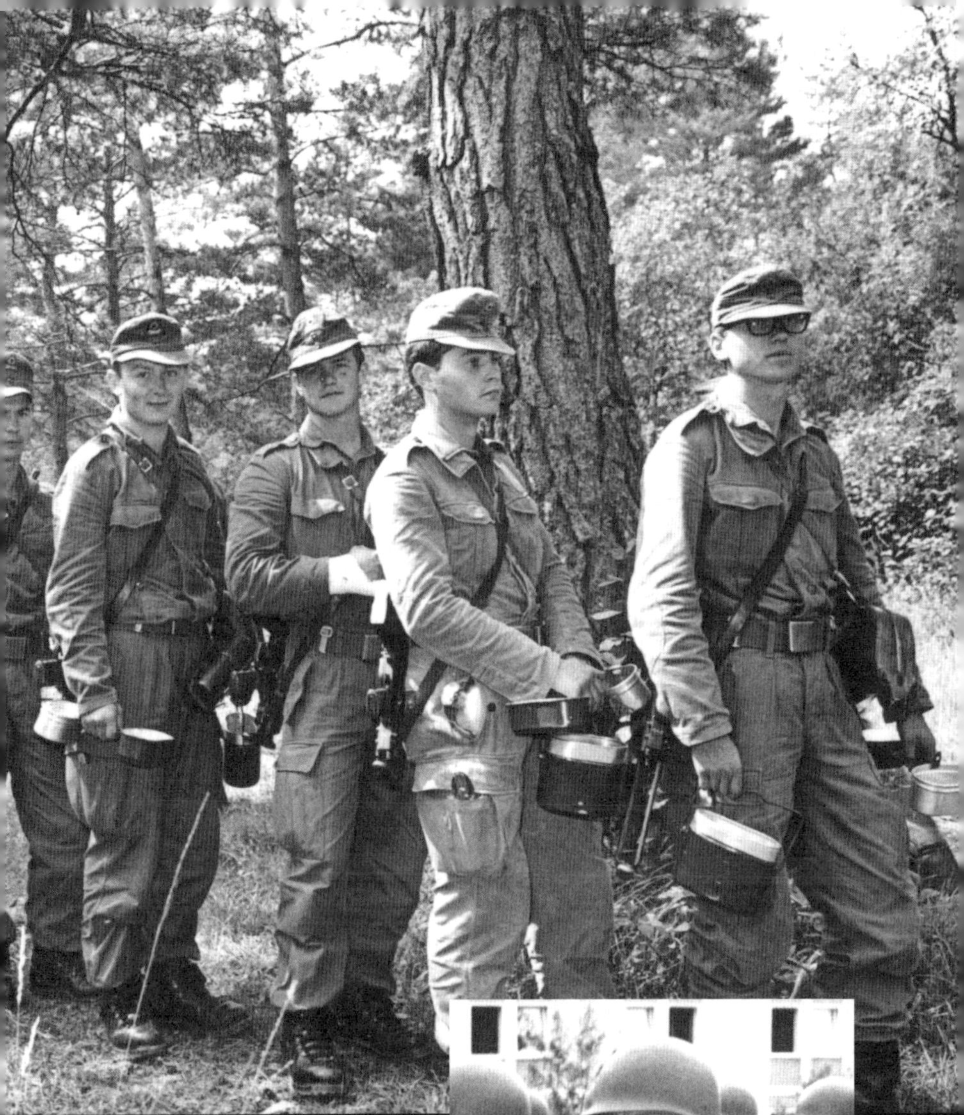

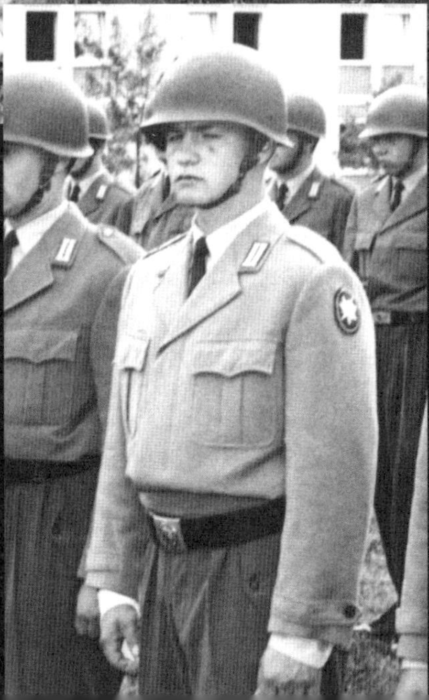

Einen gestauchten kleinen Finger sollte man nicht unterschätzen, noch dazu an der rechten Hand. Man erkennt mich auf den Bildern immer an dem eingegipsten Finger. Wenigstens konnte ich als Linkshänder vernünftig essen.

Mit Gitarre oder ohne

Einhundert Mark in der Jacke, damit könnte ich es packen! Das reicht auf jeden Fall, um den Arthur zu finden. In seiner Stammkneipe war er heute noch nicht gesichtet worden, aber ein Gast, der ihn kannte, gab mir einen heißen Tipp. Vor etwa zwei Stunden hatte er Arthur gesehen, und zwar in der Nähe vom Ringstüberl. „War er mit Gitarre unterwegs oder ohne?“, fragte ich ihn, denn das hatte Einfluss auf meine Überlegung, wo er sein könnte. Mit Gitarre hätte ich ihn eher im Englischen Garten gesucht, ohne Instrument eher in Schwabing. Der Typ war sich anfangs nicht ganz sicher, dann fiel ihm aber plötzlich ein, dass er Arthur mit Gitarrenkoffer gesehen hatte, denn er hat sich noch gewundert, dass er die Gitarre über der Schulter trug und nicht am Griff. Der Griff ist ihm irgendwo verloren gegangen.

Die Suche nach Arthur begann damit, dass ich zuerst zum Ringstüberl ging, das nicht sehr weit entfernt war. Ich wunderte mich, als ich spanische Flamencoklänge vernahm. Der Arthur war's! Ich hatte ihn schon gefunden. Er war gerade dabei auszuprobieren, wie es klingt, wenn man das urbayerische Lied vom „Wirt von Stoa“ in Flamenco-Art singt. „Gar nicht so schlecht“, sagte ich. „Aber du singst so egoistisch, ‚i bin da Wirt von Stoa, i sauf mei Bier ganz alloa, ganz alloa'. Möchstas wirklich ganz allein saufa, dei Bier?“ „Naa, wennst ma oans ausgibst, na sauf i aa mit dir.“ „Das nenne ich großzügig“, sagte ich darauf. Ich bestellte zwei Bier und zwei Apfelkorn. Apfelkorn war damals überall in München das angesagte Getränk. „Hast jetzt den Scheißbarras hinter dir?“, fragte mich Arthur. „Gott sei Dank“, sagte ich und versicherte, dass ich so einen Blödsinn nicht mehr machen würde.

Mittlerweile hatte sich das Ringstüberl mit Gästen gefüllt. Arthur nahm seine Gitarre, stimmte sie kurz einmal durch und legte los. Er spielte vorwiegend bayerische Lieder, die mir zum Teil bekannt waren und zu denen ich dann die zweite Stimme sang. Schließlich war ich in Ingolstadt im Auswahl-Chor des Internats gewesen. Mit einiger Erleichterung sah ich, dass meiner Strichliste, auf der all die Biere und Schnäpse, die ich ausgegeben hatte, angeschrieben wurden, eine Pause vergönnt war, denn jetzt waren die Gäste mit dem Zahlen dran.

Das Zusammenspielen machte uns beiden Spaß und es wurde immer später. Der Wirt rechnete ab: 61,50 DM brachte er zusammen. „Gib mir an Fufzga, dann stimmt's scho", sagte er und ich war etwas erleichtert. Ja, München war eine teure Stadt, da musste ich mir noch etwas einfallen lassen.

Einer der Gäste bot uns an, uns nach Hause zu fahren. Gerne nahmen wir das Angebot an, obwohl Arthur im Lehel wohnte und ich in Sendling. Zu allem Überfluss musste ich zuerst noch meinen Koffer am Bahnhof abholen. Auch diesen zusätzlichen Umweg nahm der Typ lachend in Kauf und dann fuhren wir los.

Als wir in der Adelgundenstraße ankamen, versuchte Arthur gleichzeitig mit seinem Gitarrenkoffer auszusteigen, was ihm aber nicht gelang. „Lass halt dei Gitarr aus, i gibs dir dann scho, wennst draußen bist." Er ließ sein Instrument los und stieg mit dem Hintern voran aus dem Auto. Ich reichte ihm seinen Gitarrenkoffer, den er mit Schwung über seine rechte Schulter warf. Dann drehte er sich um und steckte seinen Kopf noch einmal in das Auto, um sich zu verabschieden. Zuerst wollte er mir seine freie linke Hand geben, aber der Bubi kriegt, weil er so schön mitgesungen hat, natürlich die schöne rechte Hand. Das war aber die Hand, die bis dahin die Gitarre auf seiner Schulter festgehalten hatte. Mit lautem Krachen fiel das Instrument über Arthurs Buckel zu Boden. Für ein paar Sekunden waren wir alle über dieses Missgeschick entsetzt, aber Arthur hatte den Fall rekonstruiert und fing an zu lachen. Wir lachten mit, und hätten nicht Anwohner in der Adelgundenstraße zum Fenster raus gerufen: „Ruhe da unten!", wir wären gerne noch etwas geblieben. So aber halfen wir Arthur dabei, die

Teile seines baufälligen Gitarrenkoffers aufzusammeln, verabschiedeten uns ein weiteres Mal und fuhren dann lachend weiter zum Hauptbahnhof und dann nach Sendling.

Mit kleinem Kratzer

Was ich jetzt ganz dringend brauchte, war eine Gitarre. Ich fragte Arthur um Rat. Der empfahl mir eine japanische Gitarre, eine Suzuki Nr. 31. „Gebn tutses beim Hertie am Münchener Hauptbahnhof im ersten Stock in der Musikabteilung", sagte er mir, und dass er die gleiche hätte. „Ordentlich verarbeitet ist sie und spottbillig, nur die Saiten, die drauf san, die schmeißt glei runter, denn die taugn nix, da hast koa Freid damit." Das hörte sich alles gut an, aber was bedeutet „spottbillig", wollte ich wissen. „Die meine hat vor einem Jahr 35 Mark kost, des is doch wirklich koa Geld für so ein Instrument." „Naa", sagte ich, „aber trotzdem muasdas zuerst amoi habn". Ich sah nach, zwei Zwanziger fand ich in der Hosentasche und in meiner Jacke für etwa 4 Mark Kleingeld. Das war der Rest vom Entlassungsgeld. „Was machst du", fragte ich Arthur, „wenn du keine Kreuzerle mehr hast?" „Dann lasse ich anschreiben", meinte er ganz selbstverständlich. Ich überlegte: 35 DM würde ich noch zusammenbringen, aber die Gitarren sind bestimmt mittlerweile im Preis gestiegen.

Nach Arthurs Erzählungen geschah Ende der sechziger Jahre in Spanien Folgendes: Die Japaner durchforsteten das ganze Land nach bestem Holz, das lange abgelagert war für den Bau edler spanischer Gitarren. Ganze Schiffsladungen gingen von Spanien aus nach Fernost. Die Japaner zahlten fast jeden Preis und die spanischen Holzhändler verdienten sich dumm und dämlich. Dann aber merkten sie plötzlich, dass kaum mehr gut abgelagertes Holz zum Bau guter Gitarren da war. Das hatten jetzt die Japaner und sie bauten wertvolle Instrumente, die natürlich auch ihren Preis hatten. Die ganz billigen, aber durchaus brauchbaren Gitarren, hatten vorwiegend den Zweck, neue Kunden zu erschließen, die sich vielleicht später eine teurere kaufen würden.

Das leuchtete mir ein, doch mein Problem war: Ich brauchte eine möglichst gute Gitarre, möglichst billig und möglichst bald. Ja, und ich kriegte sie schon am nächsten Werktag im Kaufhaus am Hauptbahnhof. Vier Exemplare waren noch da, allerdings zum Einzelpreis von 81 DM. Soviel hatte ich nicht bei mir, doch vielleicht könnte man etwas handeln. Ich dachte mir, dass diese Gitarren nicht aus dem guten, abgelagerten, spanischen Holz sind. Die Lackierung war auch nicht die beste, denn es zeichneten sich sofort hässliche Kratzer ab, wenn man nur ein wenig mit dem Schlüsselbund dagegen stieß.

Ich rief nach dem Verkäufer der Musikabteilung und zeigte ihm die Kratzer im Holz und sagte: „Die Gitarre da, die möcht i gern habn, aber die is wahrscheinlich beim Transport von Japan rauf zerkratzt wordn, und jetzt hab i mir denkt, a bisserl a Preisreduktion müaßat schon drinn sei." Zuerst meinte er, ich könnte mir doch von den restlichen drei Instrumenten eines ohne Kratzer raussuchen. Ich habe ihm aber versichert, dass ich alle vier immer wieder ausprobiert und verglichen habe und dabei hätte ich festgestellt, dass diese hier, die mit dem Kratzer, die Beste von den Vieren war. Der Verkäufer sah das ein, wollte es aber nicht allein entscheiden und rief seinen Vorgesetzten an. Der gab grünes Licht, und ich bekam eine Suzuki Nr. 31 zum halben Preis – 40,50 DM, und sogar diese Summe haben sie mir noch auf 40 DM abgerundet.

Ich zog meine letzten zwei Zwanziger aus der Hosentasche, bedankte mich freundlich, nahm meine Gitarre und ging zur Trambahnhaltestelle. Bis auf ein wenig Kleingeld war ich praktisch pleite, doch mit meiner neuen Gitarre war ich stolz und glücklich. Die Fahrscheine habe ich damals nicht kontrolliert, denn ein „Kontrolletti" mit Gitarre hätte irgendwie schräg gewirkt.

Läuft doch wie geschmiert

Einen guten Freund von Arthur lernte ich im Biergarten am Chinesischen Turm kennen. Er hieß Wolfram Kunkel und war Schauspieler. Außerdem spielte er Balalaika und die Dreh- oder Radleier. Er war ein großer und kräftiger Mann, der ebenso laut sang wie Arthur, was auch wichtig war, denn die Radleier war ein lautes Instrument, gegen das er ansingen musste. Im Klang ähnelte es einem Dudelsack.

Der Wolfram war mit seinen Sauf- und Trinkliedern, Balladen und Landsknechtliedern eine echte Bereicherung für unser Repertoire. Wenn ich irgendwelche Lieder nicht kannte, schaute ich bei Arthur nach, was er für Harmonien verwendete, in was für Lagen er spielte, wie er griff, und so verbesserte ich mein Gitarrenspiel in kurzer Zeit ganz beachtlich. Es machte sehr viel Spaß. Aber nicht nur wir drei, sondern auch die Leute um uns herum haben sehr viel Freude an unserer Musik gehabt.

Doch da gab es für mich plötzlich ein Problem: Das Publikum dachte leider nur an den gewaltigen Durst, den Musiker angeblich alle haben und so gab es immer wieder drei frische Maß für die Musik. „Wo man trinkt, lass dich ruhig nieder, böse Menschen trinken keine Liter." Es ist falsch, dass alkoholisierte Musiker besser spielen und singen als nüchterne. Ist ein Musiker besser als die anderen, hat es nichts damit zu tun, dass er vielleicht am meisten getrunken hat, sondern dass er wahrscheinlich mehr Talent als die anderen hat oder mehr übt oder eine bessere Ausbildung genossen hat. Dass auch ein Musiker gelegentlich etwas zum Essen braucht oder etwas zum Anziehen, das ist den Leuten nicht bewusst. Ich habe es in meinem gesamten Musikerdasein nie erlebt, dass jemand im Publikum zu mir gesagt hätte: „Da hast an Fufzga, kauf dir a Paar Schuh." Aber Bier gab es in rauen Mengen, und das musste schließlich auch bezahlt werden. Kurz gesagt, ich brauchte Geld.

Was ich noch brauchte, war ein guter Job. Mein Freund Arthur kannte da einen, der Beleuchter und Bühnenarbeiter in die Bavaria-Filmstudios nach Geiselgasteig vermittelte. „Da kann ma guad verdiena, und wenn a Filmproduktion vorbei is, dann is mit der Arbeit a vorbei, dann schickas de wieder hoam bis zum nächsten Mal.“ – „Und wann is as nächste Mal?“, fragte ich ihn. Arthur sagte, dass man beim Vermittler anrufen müsse, um zu erfahren, wann wieder Arbeit ansteht. Das konnte in wenigen Tagen, aber auch erst in ein paar Wochen sein. Man musste halt immer wieder anrufen. Und was is des für eine Arbeit?“, wollte ich noch wissen. „Nägel krumm schlagn und mit da Zanga wieder grad biagn. Des zeigens dir scho“, beruhigte mich Arthur. „Übrigens: Meterstab, Bleistift und an Zimmererhammer sollst selber dabei habn.“

Gleich am nächsten Tag rief ich unter der Nummer, die Arthur mir gegeben hatte an, um zu erfahren, dass spätestens in einer Woche sich was in der Bavaria in Geiselgasteig täte. Ich sollte morgen nochmals anrufen, dann könne er mir vielleicht schon Genaueres sagen. Am nächsten Tag erfuhr ich, dass es am nächsten Montag endlich richtig losgehen würde. Ich sollte mich in der Vorbauhalle beim Herrn Zollner melden, und falls er fragt, was ich von Beruf bin, sollte ich sagen, Schreiner oder Zimmerer. Es hatte nämlich schon Ärger gegeben, weil sich Arbeitssuchende gemeldet hatten, die nicht in der Lage waren, einen Nagel in ein Brett zu hämmern. Immer am Freitag um 17 Uhr würden wir unseren Lohn erhalten. Er wünschte mir alles Gute zu meinem Einstand, denn ich war ja ein Neuer, und ich wünschte mir, dass er nächsten Freitag, Punkt 17 Uhr mit meinem Geld da sein würde.

Am Montagmorgen pünktlich um sieben Uhr meldete ich mich mit Hammer, Meterstab und Bleistift in der Vorbauhalle und wurde mit noch zwei anderen in die Halle 4/5 geschickt, zum „Ausnagln“. Das hieß im Klartext Kulissenabbau. Dazu musste man nun wirklich kein Schreiner oder Zimmerer sein, aber einer der anderen Neulinge, offensichtlich ein Student, der Kohle brauchte, hatte ein kleines Hämmerlein dabei, und um sich nicht dauernd auf die Finger zu hauen, nahm er das Hämmerlein nicht beim Stiel, sondern vorne beim Eisen. Wir halfen ihm so gut es ging, aber schon gegen Mittag wurde er wieder heimgeschickt.

Ich war neugierig und so kriegte ich im Lauf der Zeit mit, wie die Zusammenhänge und Arbeitsstrukturen bei so einer Filmproduktion sind. Ich durchschaute die Hierarchie, wusste also sehr bald, wer wem was zu sagen hatte. Als der Kulissenbau erledigt war, wurden die sogenannten Freischaffenden in der Regel alle bis zum nächsten Mal heimgeschickt. Das gefiel mir gar nicht, gerne hätte ich noch einige Wochen oder Monate gearbeitet, denn die Bezahlung war nämlich sehr ordentlich. Zehn Mark für die Stunde, und zudem gab es das Doppelte für Überstunden und die Arbeit an Samstagen und Sonntagen. Arthur war übrigens nur ganze zwei Tage bei der Bavaria, anscheinend konnte er mit dem plötzlichen Geldstau nicht umgehen.

Weil ich die richtigen Leute kannte und weil ich von Beruf eigentlich Kunstschmied war, der hervorragend Schweißen und Löten konnte, wurde ich nicht heimgeschickt, sondern in die Schlosserei gesteckt, wo ich von nun an bei den Special-Effektlern mitarbeitete. Das kam einer Beförderung gleich. Ich brauchte keinen Vermittler mehr anzurufen, denn ich machte meine Arbeitstermine selbst mit der Bavaria oder der jeweiligen Filmproduktionsgesellschaft aus. Außerdem bekam ich jetzt meinen Lohn ohne Abzug für den Vermittler, was ich auch als gerecht empfand.

Meine erste Arbeit in der Schlosserei war gleich ein Großauftrag für eine TV-Produktion. Für die Oper „Der Barbier von Sevilla" wurden im Studio aus Kulissen eine Straße und ein Platz der andalusischen Stadt nachgebaut. Meine Aufgabe war es, nach Zeichnungen des Filmarchitekten schmiedeeiserne Gitter, Treppengeländer und Balkone zu fertigen, und zwar so, dass aus ein paar Meter Entfernung alles gut aussah. Wäre man näher daran gekommen, hätte man gesehen, dass hier einer furchtbar gepfuscht hat.

In meiner Lehrwerkstatt hätten sie mich dafür hochkantig rausgeschmissen, hier hingegen wurde ich gelobt – es hätte nicht viel gefehlt und ich wäre „der Kunstschmied von Sevilla“ geworden.

Langeweile gab es nie in Geiselgasteig, ständig gab es neue Probleme. So brauchte ein amerikanischer Regisseur einmal jede Menge Seifenblasen zwischen Schauspieler und Kamera. Uns Spezial-Spezialisten war es nun überlassen, wie wir das hinkriegten. Aus anfänglich kleinen Seifenblasen-Maschinchen (more bubbles please!) wurden nach und nach riesige Maschinen, die auch eine gigantische Menge Seifenblasen produzierten. Zunächst war der Regisseur glücklich und zufrieden, doch niemand hatte daran gedacht, dass eine Seifenblase aus Seifenwasser und Luft besteht und beim Zerplatzen einer solchen sich die Luft in Luft auflöst und nur noch ein kleiner Fleck schmieriges Seifenwasser übrigbleibt. Bei ein paar Dutzend Blasen (more bubbles please!) ist das zu vernachlässigen. Bei Tausenden von Seifenblasen aber entsteht auf glattem Untergrund eine Schlittschuhbahn (Vorsicht, Rutschgefahr!). Ältere Menschen wurden von zwei kräftigen Männern über die Gefahrenzone geleitet und die Kameraleute machten sich mit Zellstofftüchern über ihre trüben Linsen her. „Und, läuft doch wie geschmiert“, soll ich noch gesagt haben – und wurde der Halle verwiesen.

Ja, so gab es auch immer wieder was zum Lachen. Ich ging gerne zur Arbeit, verdiente gut, kaufte mir ein gebrauchtes Auto, leistete mir eine Wohnung und ging in meiner Freizeit ins „Song Parnass“ in der Einsteinstraße. Das war Anfang der 70er Jahre die Musikkneipe in München, wo man sich traf. Mein Freund Arthur war natürlich auch da, wenn er nicht irgendwo zwischen Schwabing und Haidhausen dringend hängengeblieben ist.

Irgendwie habe ich ihn darum beneidet, denn egal, wo er sich gerade befand, er konnte tun und lassen, wonach ihm gerade war. Seine Wünsche durften aber nicht zu viel kosten, denn Geld hatte er keines. Und was er sonst so machte? „Saufa und Musik.“ Es ist nicht so, dass er es nicht schon mit Arbeit versucht hätte, aber wahrscheinlich ist ihm dabei aufgefallen, dass man mit Arbeit sehr viel Zeit verplempert, und die war ihm für Arbeit zu schade. „Saufa und Musik."

Niederbayerische Lieder aus meiner niederbayerischen Heimat Niederbayern

So, jetzt hatte ich alles was ich wollte, einen gut bezahlten Job, bei dem ich meiner Phantasie freien Lauf lassen konnte, und nach der Arbeit fuhr ich mit meinem alten Opel Rekord mit Weißband-Reifen und Dreigang-Lenkradschaltung nach Berg am Laim zum Gewichthebertraining. Dort hatte ich aufgrund meiner konstant guten Leistung einen festen Platz in der ersten Mannschaft und übernahm zudem noch das Training der Jugendmannschaft.

Mein Auto war mein Kleiderschrank. Auf dem Rücksitz lagen rechts die frischen Sachen (Hemden, Hosen, Socken und Unterwäsche) und links die verschmutzten und verschwitzten Kleidungsstücke. Damit alles seine Ordnung hatte, stellte ich auf die Trennungslinie zwischen frischer und verschwitzter Wäsche meine Trainingstasche, und im großen Kofferraum lag noch die Gitarre. Also: alles was der Mensch so braucht, war immer mit dabei. Nach dem Training konnte ich mich duschen und frisch anziehen. Danach schaute ich noch im „Pan", so nannten wir das „Song Parnass", vorbei.

Die Gitarre hatte ich eigentlich nur aus dem Grund dabei, um ohne Eintritt zu zahlen in das Lokal zu gelangen. Ich hatte das vor einiger Zeit einmal beobachtet, dass einer mit einem Gitarrenkoffer hereinkam, von dem Schulmädchen an der Kasse sofort als Musiker erkannt und freundlich durchgewunken wurde. Seitdem ich eine eigene Gitarre besitze, habe ich in Musikkneipen keinen Eintritt mehr bezahlt. Im Krankenhaus hat man mit einem Arztkittel übrigens ähnliche Privilegien.

Als ich später bereits Stammgast war und wahrscheinlich auch ohne Instrument freien Einlass bekommen hätte, habe ich trotzdem immer brav meine Gitarre dabei gehabt und gesagt, dass ich erst noch den Waschke Klaus, den für das Programm zuständigen Mann, fragen müsse, ob ich heute spielen sollte. Wenn der Klaus schon da war, fragte ich ihn, ob und wann ich spielen müsse, und er antwortete: „I muas noch an Plan holn, da steht alles drin." Damit war unsere Begrüßung erledigt.

Danach ging ich in den Musikeraufenthaltsraum, stellte meine Gitarre in die Ecke und machte mich am Flipper zu schaffen. So lernte ich die Musiker alle kennen, kannte ihren Stil, ihren Humor und ihr Geschick am Begleitinstrument. Manchmal waren erstklassige Musiker da, die auf der Durchreise waren, und im „Pan" etwas von ihrer Kunst daließen.

Doch eines Tages sagte ich wie immer: „Klaus, muaß i heit spuin?" Und Klaus darauf: „Ja, heit scho! Bin froh, dassd do bist. Die Gitarre hast ja a immer dabei." Er sagte noch, dass das ganze Lokal voll wäre, aber dass er leider keine Musiker mehr hätte. Eine ganze Gruppe (fünf Leute aus dem Allgäu, die den restlichen Abend gestalten sollten) hatte angerufen, dass sie bei Landsberg mit Motorschaden festsitzt und so schnell wohl eher nicht weiter kommen würde. „Geh bitte naus und mach irgendwas. Wichtig ist nur, dass es recht lang dauert", sagte er zu mir und ging wieder zum Telefon, um vielleicht doch noch den einen oder anderen Musiker zu erreichen.

Vielleicht macht es sogar Spaß, dachte ich und besorgte mir eine Maß Bier, die ich natürlich nicht bezahlte, denn ich sollte ja auf die Bühne gehen, so als Lückenbüßer, und da stand mir mindestens eine freie Maß Musikerbier zu. Meine Gitarre holte ich noch aus dem Aufenthaltsraum und so ging ich zur Bühne: in meiner Rechten den vollen Maßkrug, in meiner Linken meine Gitarre. Äußerst umständlich nahm ich auf der Bühne Platz und suchte einen geschützten Ort für mein Getränk, fand ihn und stellte mein Bier ab.

„Grüaß Gott beianand, ich bin da Fredl und möchte euch heit ein paar niederbayerische Lieder aus meiner niederbayerischen Heimat Niederbayern vorsingen. Des heißt, eigentlich möchte ich nicht, aber der Waschke Klaus, der hat gsagt, i soll auf d'Bühne und irgendwas macha. I daat vui liaba von druntn zuahörn und in Ruhe mein frisches Bier genießen, geht aber nicht, denn wenn i von druntn zuahör, wär auf da Bühne nix los und, weil i da oanzige bin, der a Gitarre dabei hat, muaß praktisch i auf d'Bühne, weil sonst koane Musiker da san. Aber des sagma neamands. – Keinem sagn wir des, weil sonst wieder irgendwelche kranken Gehirne auf die Idee kommen könnten, sich das Eintrittsgeld rauszahlen zu lassen ..."

Das Publikum war begeistert. Es war früher nicht üblich, dass jemand mit dem Publikum spricht. „Guten Abend, ich heiße Herbert Huber, und ich möchte ihnen ein paar Lieder von Franz Josef Degenhart vorsingen. Als erstes das Lied vom deutschen Sonntag." Das zum Beispiel wäre früher schon eine riesige Vorrede gewesen, aber die meisten Musiker verzichteten darauf, stellten sich kurz vor, und fingen an zu spielen.

Dann aber kam ich, dem der Waschke Klaus den Auftrag gegeben hatte, möglichst lange auf der Bühne zu bleiben. Und so erklärte ich umständlich und ellenlang Lied für Lied dem Publikum. Ich weiß nicht mehr, was ich damals alles erzählt habe und welche Lieder ich damals gesungen habe. Ich habe nur noch in Erinnerung, dass das Volk getobt hat und dass ich mindestens eineinhalb Stunden praktisch ohne ein Programm zu haben auf der Bühne improvisiert habe. Der Waschke Klaus war ganz überrascht, was ich alles so drauf hatte, und machte mit mir gleich einige Termine aus. Er hatte mich zwar schon mit Arthur singen gehört, aber das war in einem Nachtlokal, und dort war es sehr laut. Hier im „Song Parnass" zu singen war da schon viel besser. Schade war, dass der Arthur an diesem Tag nicht im Lokal war, ich hätte zu gerne seine Meinung zu meinem Auftritt gehört. Er war gerade für zwei Wochen mit Dreharbeiten im bayerischen Oberland beschäftigt.

Ich kriegte auch noch mit, dass sich Leute aus dem Publikum mit dem Waschke Klaus über mich unterhielten. Sie wollten von ihm wissen, wann ich den nächsten Auftritt im „Pan" hätte. Dazu wollten sie mit all ihren Freunden und Bekannten kommen. Gut, dass der Waschke sich ein paar Termine gesichert hatte, so konnte er schon mit konkreten Daten aufwarten. Ich war mächtig stolz.

Gleich am nächsten Tag sollte ich erneut auftreten. Ich hatte Blut geleckt, mein Ehrgeiz war angestachelt und ich wollte am nächsten Abend nicht wieder das Gleiche erzählen wie beim ersten Mal. Es wurde nicht das Gleiche, aber dem ersten sehr ähnlich und ebenso lustig. Auch zwei oder drei neue Songs habe ich schnell noch im Auto durchgespielt, die ich zwar nicht selbst geschrieben hatte, die ich aber schon des Öfteren beim Wehrdienst gesungen hatte. Für das Publikum waren die Lieder auf jeden Fall neu und lustig. Die Leute lachten und tobten.

Ich dagegen saß ganz cool auf meinem Stuhl, trank andächtig mein Bier und verstand scheinbar nicht, warum sie sich so aufführten. In Wirklichkeit verstand ich es sehr wohl und ich gab ihnen nur wenig Zeit, um sich zu erholen, bevor ich noch einen witzigen Kommentar hinterdrein schickte. Ich war zwar nicht der Größte, der Stärkste, der Schönste und der Beste, aber groß, stark, schön und gut war ich schon. Auf alle Fälle hatte ich alles im Griff.

Wegen Reichtum geschlossen

Jetzt, wo es so gut mit meinen Auftritten im „Song Parnass" lief, hatte ich plötzlich Ärger in Geiselgasteig bei der Bavaria. Ich wollte Urlaub nehmen, den sie mir aber nicht geben wollten. „Wenn so viel Arbeit da ist wie momentan, wird hier gearbeitet bis zum Umfallen." So, oder so ähnlich, erklärten sie mir die Sachlage. In vier oder fünf Monaten würde es bestimmt ruhiger werden, und dann könnte ich Urlaub nehmen – unbezahlten selbstverständlich.

Das passte mir gar nicht. Ich war doch ein freier Mensch und kein Leibeigener, und ein freier Mensch muss selbst wissen, wann er Urlaub braucht. Und so erklärte ich den Herren von der Bavaria, dass sie mit mir nicht mehr rechnen können. Sie bedauerten meine fristlose Kündigung, und ich dachte über Arthurs Haltung nach, dass man sowieso mit Arbeit nur seine Zeit vergeudet. Im Gegensatz zu Arthur fand ich meine Arbeit in Geiselgasteig jedoch interessant und abwechslungsreich. Auch der Lohn war in Ordnung. Nur die Sache mit der Freizeitregelung und dem Urlaub passte mir nicht. Vielleicht ahnte ich auch bereits, dass da noch größere Geschichten auf mich warteten. Auf jeden Fall war ich erst einmal wieder frei.

Über zwei Jahre war ich in der Bavaria beschäftigt gewesen: Mit Überstunden, durchgearbeiteten Samstagen und gelegentlich auch noch Sonntagen verdiente ich viel Geld, hatte aber keine Zeit es auszugeben. Das sollte sich jetzt ändern. In Freising mietete ich eine alte Schmiedewerkstatt, praktisch als Rückendeckung. Für den Fall, dass es mit der Musik nicht so klappen sollte, wollte ich nicht mit leeren Händen dastehen. Die Werkstatt kostete 150 DM Miete pro Monat. Sie blieb jedoch die meiste Zeit ungenutzt, denn ich bekam immer mehr Live-Auftritte, Rundfunksendungen und TV-Produktionen angeboten.

Also schrieb ich ein Schild – „Wegen Reichtum geschlossen!" – und hängte es an das Tor der Werkstatt. Das mit dem Reichtum war natürlich übertrieben, aber ich dachte: Was nicht ist, kann ja noch werden! Im „Song Parnass" bekam ich für den Auftritt 50 DM und drei Maß Musikerbier. Die Gage hatte ich selbst ausgehandelt, das war damals so üblich.

Wegen eines Brandes musste das „Song Parnass" dann von einem Tag auf den anderen zusperren. Die Feuerwehr hatte den Schwelbrand im Keller zwar rasch unter Kontrolle, aber eine Renovierung war unvermeidlich. Wir ahnten jedoch nicht, dass das „Pan" deswegen fast ein halbes Jahr geschlossen sein würde. Wir suchten erstmal nach einer Übergangslösung für ein paar Tage.

Der Ungarn-Peter – er spielte klassische Gitarre und hatte mit seinem Vortrag fast täglich das Programm im „Pan" eröffnet – wurde auch schnell fündig. In seiner überzeugenden Art, mit Wirten zu verhandeln, tat er schnell eine neue Arbeitsstätte für sich und seine arbeitslos gewordenen Musikerkollegen auf. Es war das alte Hackerhaus, Ecke Sendlinger-Hackenstraße, mit einem geeigneten Saal mit mächtiger Mittelsäule. Aus dieser Übergangslösung wurde die angesagte Kleinkunstbühne „MUH". Ich war von Anfang an dabei und trat regelmäßig auf, mal alleine, dann auch wieder mit Arthur. Alle Musiker machten natürlich kräftig Werbung für ihr „MUH", in ihren Stammkneipen, an der Universität, den Hochschulen ...

Die Abkürzung „MUH" stand für „Musikalisches Unterholz". Der Wirt stellte uns Musikern am Mittwoch, Donnerstag und Sonntag den Saal im alten Hackerhaus zur Verfügung. An den lukrativen Tagen, nämlich Freitag und Samstag, hatte er noch alte Vereinbarungen mit kroatischen Gruppen, die da drinnen Hochzeiten, Kindstaufen und Beerdigungen feierten.

Der Wirt war überrascht, dass das „MUH" jedes Mal bis zum letzten Platz belegt war. Auch unser enormer Durst beeindruckte ihn schwer, und so dauerte es nicht lange, da erhielten wir auch noch die Tage Freitag und Samstag dazu. Unser Licht- und Tontechniker Helmut Bauer bastelte noch schnell einige Kasterl mit vielen kleinen Schaltern, Buchsen und Steckern, die, wenn sie richtig bedient wurden, die Bühne vom „MUH" ins rechte Licht rückten und den Künstlern dort oben ordentlich Gehör verschafften.

Ohne Zuschuss oder Kredite wuchs da mitten im Zentrum von München eine Kleinkunstbühne der besonderen Art. Sie gehörte eigentlich niemandem. Oder sie gehörte uns allen. Auf keinen Fall gehörte sie dem Ungarn-Peter, denn der hatte sie schon nach kurzer Zeit wegen zu viel Arbeit und Stress an den Uwe Kleinschmidt veräußert. Ob dabei und wenn ja, wieviel Geld geflossen ist, ist nicht bekannt – in Geldangelegenheiten hatte Uwe sowieso sehr eigene Vorstellungen.

Er ging der Arbeit möglichst aus dem Weg, Stress prallte an ihm ab. Solche Leute gefielen mir, und so es dauerte nicht lange, da waren Uwe und ich gut befreundet. Wenn der Uwe am Eingang des „MUH“ stand, die Gäste begrüßte und die Musiker einteilte, dann spürte man seine Anwesenheit im ganzen Saal. Manche Leute sahen in Uwe Kleinschmidt nur den großen Chaoten, doch er war der Boss!

Blamage gerade noch verhindert

Einmal kam ich gerade im „MUH“ von der Bühne herunter. Mein Auftritt war gut gewesen und wie meistens ging der Applaus in rhythmisches Klatschen über, was soviel hieß wie: „Du willst doch nicht schon gehen, jetzt wo es gerade so schön ist.“ Da sah ich vorne beim Uwe an der Kasse eine Gruppe von jungen Leuten in bayerischer Tracht stehen. Es waren die „Sechs von der Schanz“, eine fast ausschließlich aus Geschwistern bestehende Volksmusikgruppe aus der Gegend von Fürstenfeldbruck zwischen München und Augsburg. Sie sagten, dass sie extra wegen mir nach einer Trachtentänzerei noch ins „MUH“ gekommen waren. Auf meine Frage, ob sie wirklich alle Geschwister wären, haben sie gelacht und gesagt, dass es daheim bei ihnen noch zehn von der Sorte gebe. Lediglich der Akkordeonspieler Max sei kein Mitglied der Well-Familie mit ihren fünfzehn Kindern.

Weil das Publikum im „MUH“ immer noch eine Zugabe forderte, kam ich auf eine Idee, für die ich mich eigentlich heute noch schämen müsste. Ich bat Stofferl, den Jüngsten der Gruppe, mit mir für eine „Landlersession“ auf die Bühne zu gehen. Ich hatte ihm aber nicht gesagt, dass ich mir anschließend seine Trompete ausleihen wollte, um eine Dixie-Improvisation über die von ihm gespielten Landler zu machen. Ich stellte mir vor, damit das Publikum zu überraschen, da ja kaum einer wusste, dass ich eigentlich

Trompete gelernt habe. Zum Stofferl hätte ich dann gesagt, dass man so etwas natürlich im Trachtengewand nicht spielen kann.

Aber es ist ganz anders gekommen. Der Stofferl entpuppte sich als wahres Wunderkind und spielte mich in Grund und Boden. Das war meine erste Begegnung mit den Well-Buam, der noch unzählige folgen sollten. Mit Hans, Michael und Stofferl, der späteren Biermösl-Blosn, verbindet mich bis heute eine echte Freundschaft.

Eine echte Sauerei

Um uns noch bekannter zu machen und auch um den Leuten auf dem Lande Münchner Kultur bieten zu können, pachtete Uwe Kleinschmidt in der Nähe von Vilsbiburg die Gaststätte Höhenberg. Gleichzeitig mischte der Uwe auch noch im „Fraunhofer“ in München mit und in der „Drehleier“ in der Balanstraße. Das waren alles Wirtshäuser, in denen auch Musik gemacht werden konnte. Mit der Unterstützung von Beppi Bachmeier und Werner Winkler lief das Ganze eine Weile lang recht ordentlich. Doch dann entschieden die drei Wirte, die Lokalitäten aufzuteilen, um sich nicht zu verzetteln. Werner Winkler brachte die Drehleier auf Vordermann, Beppi Bachmeier blieb in der Gaststätte „Fraunhofer“, zu der auch noch ein kleines Theater mit knapp hundert Plätzen gehört, und Uwe Kleinschmidt blieb im „MUH“ und in Höhenberg, seiner Außenstelle auf dem Land. In Planung hatte er bestimmt schon weitere Filialen.

Er organisierte auch Floßfahrten mit Musik auf der Amper, wo die Fahrgäste alle paar hundert Meter das Floß ans Ufer ziehen mussten, da die Amper nicht genügend Wasser führte. Man könnte ein dickes Buch über Uwes Pläne schreiben, was er davon verwirklichte und was davon übrig blieb.

Seine Ideen waren zum Teil schon sehr skurril: Er baute Bio-Öko-Häuser in der Größe einer großen Hundehütte, organisierte Flohmärkte und das großartige HOK-Rennen in Höhenberg, das bald schon bis weit über die Landkreisgrenzen hinaus bekannt wurde. Uwe wurde zu diesem Rennen inspiriert, als er im Fernsehen einen Bericht über ein hochdotiertes Pferdewettrennen sah. Pferde hatte der Uwe nicht, aber drei Zuchtsauen und denen wurde mit Lebensmittelfarbe jeweils ein Buchstabe auf den Rücken gepinselt, ein H, ein O und ein K. H für Hamlet, O für Omelett und schließlich K für Kotelett.

In einem Gehege konnte man die drei Schweine vor dem Wettrennen noch fachmännisch begutachten, um anschließend seinen Tipp abzugeben. Die Wetteinsätze waren erschwinglich. Irgendeine weibliche Schönheit durfte das HOK-Rennen eröffnen. Die drei Schweine, inzwischen von ihrem Gehege zum Start auf die Wiese vor dem Gasthaus gelockt, hatten allerdings irgendwie noch nicht die richtige Lust auf einen Wettkampf. Drei Assistenten mussten versuchen, die drei Sauen mit Futter über die circa fünfzig Meter weit entfernte Ziellinie zu locken. Ich gab Uwe den Rat, ans Ziel doch den Mann von der Besamungsstation mit seiner großen Spritze zu stellen. Uwe meinte dazu nur: „Eine echte Sauerei geht nur mit einem echten Saubärn."

Modeschmuck und Münchner Isarkiesel

Olympiade 1972 in München: Klar, dass wir dabei waren! Und zwar mit einem zusammenklappbaren Tapeziertisch, einem schwarzen Moltontuch als Tischdecke, einem gewaltigen Rucksack und zwei großen Taschen vollgestopft mit Modeschmuck aus versilberten Kupferdraht, den uns zwei Münchner Mädchenschulen zentnerweise lieferten. Wir hatten von einer Industriefirma enorm günstig im Spritzguss-Verfahren aus Zink-Bleilegierung bestehende, galvanisch vernickelte und mit echten Halbedelsteinen aus dem Abfall von Idar-Oberstein mit Spezialkleber beklebte Halsketten, Armbänder, Ringe und Ohrringe, dann noch Gürtel mit riesigen Schnallen aus Messing, Damenhandtaschen aus dickem Leder – sehr unpraktisch, aber sehr schön und rustikal – und jede Menge Kieselsteine, original Münchner Isarkiesel.

Tagelang und nächtelang hatten wir uns vorbereitet auf das Ereignis „Olympische Spiele 1972 in München“. Und das haben wir auch auf all unsere Isarkiesel gepinselt. Das war eine Sauarbeit, besonders bei den kleineren Steinen. Bei den kleinsten Steinchen hatten nur noch die fünf olympischen Ringe und „M72“ Platz. Leute, die nicht mehr so gut sehen konnten, mussten uns einfach glauben, dass die schussergroßen Steinchen wirklich bemalt waren, oder sie kauften die größeren Steine. Die waren zwar um fünf Mark teurer, dafür waren sie aber für uns viel einfacher und schneller herzustellen.

Als wir mit handwerklichem Geschick und mit viel Liebe unser Modeschmuckgeschäft auf dem Olympia-Gelände aufbauten, sahen uns eine Menge interessierter Leute zu. Einige fragten sogar schon nach den Preisen. Aber irgendwie spürten wir auch verstohlene Blicke, so nach dem Motto: „Ja, dürfen die das!“ oder „Wenn die das machen, machen wir auch unseren Laden auf!“ Und schon wurde eilig ein Tuch in der Größe von vier Taschentüchern auf die Wiese gelegt. Ein Griff in die Hosentasche und die Ware kam zum Vorschein, billigster Modeschmuck zum Preis von noch billigerem Modeschmuck.

„Hast du gesehen, der hat die gleiche Industrieware wie wir“, sagte Uwe empört. Ich beruhigte ihn und meinte, dass der doch keine Konkurrenz für uns sei, und wenn doch: „Konkurrenz belebt ja bekanntlich das Geschäft!“ Ich musste Uwe aber recht geben, vor allem als ich sah, wie sich gerade ein zweiter fliegender Händler auf unserer Wiese breit machte. Ich stellte fest: „Die sind ja wie die Schmeißfliegen. Wie wird es da erst morgen und die nächsten Tage gehen? Das gibt Krieg hier draußen, um die besten Verkaufsplätze.“ „Die Polizei, dein Freund und Helfer“, sagte Uwe verschmitzt. „Wir zeigen sie einfach an, und dann müssen sie das Feld beziehungsweise die Wiese räumen." „Wir aber auch, gerade jetzt, wo alles so schön aufgebaut ist", sagte ich noch, als sie auch schon ankamen. Nein, nicht die Polizei, sondern der Sicherheitsdienst der Olympia-Gesellschaft, vier in dunkelblaue Uniformen gekleidete Leute vom Studentenschnelldienst, die nach einer kurzen Einweisung während der Spiele für Ruhe, Sicherheit und Ordnung zu sorgen hatten. Es gehörte auch zu ihrem Aufgabengebiet, fliegende Händler zu vertreiben und deren Ware zu konfiszieren.

Doch deren Schmuckgeschäfte waren längst schon wieder in den Hosentaschen der Inhaber verstaut. Nach einer gehörigen Verwarnung für das Händlerpack kamen die vier auf uns zu und Uwe hieß sie herzlich willkommen. Ob wir denn für unser Geschäft eine Genehmigung hätten, fragte uns ihr Anführer. „Aber selbstverständlich", sagten wir wie auf Kommando und zeigten unsere Reisegewerbekarte.

Ich war mir sicher, dass die vier Hilfspolizisten so was noch nie gesehen hatten. Sie wollten aber so tun, als ob sie täglich damit umgingen, prüften die Reisegewerbekarten ausgiebig und genau, grüßten freundlich, wünschten gute Geschäfte und zogen weiter. Das heißt, drei gingen los, der vierte musste noch seinen Ledergürtel, den ich ihm in der Zwischenzeit verkauft hatte, bezahlen. Dann eilte auch er seinen drei Kollegen nach. Eine Reisegewerbekarte ist nur gültig in Verbindung mit einem ordentlichen Pachtvertrag oder einem Mietvertrag mit dem Besitzer des Geländes. So einen Vertrag hatten wir aber nicht und hätten wir auch nicht bekommen. Wir verkauften unsere Waren also genauso illegal, wie unsere Konkurrenten, nur stellten wir uns besser dabei an.

Die rustikalen Lederhandtaschen, die Gürtel, die Isarkiesel und der Modeschmuck, alles zusammen machte einen seriösen Eindruck auf den Betrachter. Bei den Konkurrenzunternehmen war es ganz anders. Sie sahen aus wie auf der Flucht und also ob sie nur die kleine Pause nützten, um schnell noch einen Ring oder eine

Halskette zu verkaufen. Während des Handels blickten sie ständig rundum, ob nicht vielleicht die „Blauen“ unterwegs waren. Und die waren ständig unterwegs, was wiederum bedeutete, dass der Schmuckladen der kleinen Einzelhändler in deren Hosentasche verschwand und der Besitzer wegrannte.

Logischerweise hatte plötzlich auch der Fastkäufer ein schlechtes Gefühl im Bauch. Stammt vielleicht die Ware von einem Diebstahl und mache ich mich durch den Ankauf derselben gar zum Hehler? Auf jeden Fall war das Vertrauen zwischen Händler und Käufer zerbrochen und das Geschäft im Ar… Eimer. Uns dagegen ging es prächtig. Wir hatten das Vertrauen der „blauen Ordnungshüter“ und das der Kundschaft.

Um 22 Uhr packten wir zusammen, die Taschen voll mit Geld, zufrieden mit dem Umsatz und die Köpfe voll mit neuen Ideen. Uwe ließ mich am nächsten Tag mit dem Laden am Olympiagelände allein und versuchte, weitere Verkaufsstände in Schwabing und in der Fußgängerzone zu errichten. Das ging eine Woche lang gut. Ich steigerte den schon guten Umsatz vom ersten Tag um mehr als das Doppelte. Doch dann kam plötzlich ein gewaltiger Einbruch: Die Menschen waren wie ausgetauscht, keiner lachte mehr und vor allen Dingen kaufte kaum jemand Modeschmuck.

Was war geschehen, was war los? Nach und nach erfuhren wir, dass es einen Anschlag gegeben hatte, und zwar von Palästinensern gegen die Olympia-Mannschaft aus Israel. Die Olympiade München 1972 hätten fröhliche und heitere Spiele werden sollen, aber wieder einmal zeigte sich, dass man noch soviel an Sicherheit einplanen kann, die Gewalt hat eine Eigendynamik.

Und wir, wir bauten kurz entschlossen unseren seriösen Verkaufsstand ab, sperrten ihn in unseren Keller und fuhren noch am gleichen Tag los in Richtung Spanien. Genauer gesagt: ich fuhr mit Freunden nach Spanien. Uwe konnte nicht mitfahren, denn der musste sich um seine Zweigstellen kümmern. Ich war bis dahin noch nie in Spanien gewesen und freute mich schon darauf.

Durch die Nacht in Richtung Südfrankreich

Ich war bereits in Luxemburg, Frankreich, Österreich und der Schweiz gewesen, denn dort fanden die Wettbewerbe im Gewichtheben statt, die unser Abteilungsleiter so gerne organisierte. Dann war ich noch in Ungarn, Italien und in Jugoslawien. Meine weiteste Reise ging nach Costa Rica. Ich hatte also schon ein klein wenig von der Welt gesehen, aber Spanien war für mich Neuland. Noch in der Nacht fuhren wir los. Das Auto – ein 1600er BMW – gehörte dem Herbert Schmidtbauer. Er war mit mir bei der Bundeswehr gewesen und durch ihn hatte ich Arthur Loibl kennengelernt. Noch mit dabei war Richard Wagner, ein Spezl vom Arthur Loibl und vom Schmidtbauer, und natürlich ich, der arbeitslose Modeschmuckhändler. Schließlich trafen wir im „Fraunhofer" auch noch den Arthur, der schon etwas high war. Er wollte unbedingt mit und musste nur noch schnell daheim seinen Pass und etwas Unterwäsche holen. „Hast auch Geld dabei?", fragte ich ihn. „Viel is net", meinte er, „aber wennst ma vielleicht a bisserl was leihn kanntst?" Sicher konnte ich, waren doch meine Geschäfte in der letzten Woche bestens gelaufen, und so ein paar Olympia-Kiesel war mir die Gaudi schon wert. Entgegen unseren Befürchtungen brauchte Arthur gar nicht lange, um Reisepass und Wäsche zu holen, und dann ging es los.

Herbert hatte das Auto noch nicht sehr lange und so machte ihm das Fahren – oder besser gesagt das Rasen – sichtlich gewaltigen Spaß. Richard war Beifahrer, lobte ständig das tolle Auto und fragte alle fünf Minuten, ob Herbert nicht allmählich müde sei. Er selbst sei fit und hellwach und ihm würde ein Fahrerwechsel nichts ausmachen. „Die Strecke ist lang, da gibt es noch genug Möglichkeiten, das Steuer zu übernehmen", tröstete ihn Herbert. Außerdem habe er den Führerschein bei der Bundeswehr gemacht, da werde auf beste Ausbildung Wert gelegt.

Ich sparte mir einen Kommentar zum Thema Bundeswehr und schaute nach, warum Arthur nichts sagte. Arthur schlief, in der Hand eine Flasche Bier, halbvoll und den Bügelverschluss geöffnet. Ich machte ihm die Bierflasche vorsichtig zu, damit er nichts verschüttete und gab ihm die Flasche wieder in die Hand. Arthur wachte schlaftrunken auf, brauchte ein paar Sekunden um sich wieder zurechtzufinden, dann öffnete er seine Bierflasche und nahm einen kräftigen Schluck daraus.

„Wo san ma denn?", wollte er wissen. „Luxemburg san ma scho durch, jetzt geht's weiter nach Amsterdam", sagte ich zu ihm. Arthur: „Des is ja in Holland, i hab gmoand, wir fahrn nach Spanien." Herbert und Richard konnten das Lachen kaum noch unterdrücken. Arthur war es wurst, ob nun Spanien oder Holland, er legte sich wieder bequem in seine Ecke, nahm noch kurz einen Schluck aus seiner Flasche und machte den Bügelverschluss zu. Dann fragte er mich, ob ich ihn wecken könnte, wenn er wieder Durst hätte. „Woher soll denn ich wissen, wann du Durst hast?" „Egal", sagte Arthur, „wenn du mich aufweckst, werde ich immer Durst haben."

Ich dachte darüber nach und fand: Er hatte recht. Arthur war halt ein bayerischer Philosoph. Und Philosoff kommt von dem bayrischen Begriff „Vielsoff". Das ist einer, der viel saufen kann. Oder anders gesagt: Was ein Vielsoff im Trinken leistet, kann ein Vielfraß im Essen bewältigen. Mit diesen etwas komplizierten Gedanken schlief auch ich ein, während wir vier durch die Nacht in Richtung Südfrankreich rasten.

Als ich am nächsten Morgen aufwachte, befanden wir uns auf der französischen Autobahn von Lyon nach Marseille. Richard fuhr jetzt das Auto und Herbert sollte eigentlich inzwischen versuchen, sich auszuruhen oder ein bisschen zu schlafen. Doch der Herbert war so überdreht, dass er ständig dem Richard gute Ratschläge bezüglich der Fahrerei gab. Das nervte schon gewaltig, aber ich dachte mir, dass die beiden auf diese Weise wenigstens nicht so leicht einschlafen würden. Draußen wurde es hell. Die Sonne ging auf. Links und rechts der Straße standen Orangenbäume soweit man sehen konnte. Ich konnte die beiden BMW-Närrischen überzeugen, dass es jetzt Zeit war zu frühstücken. „Die nächste Raststätte fahren wir raus. Was ist mit Arthur?“, fragte Richard. „Ich soll ihn wecken, wenn er Durst hat, und ich glaube, er hat bestimmt einen gemeinen Durst, wenn ich ihn jetzt aufwecke“, erklärte ich ihm.

Es war gar nicht einmal so schwer, ihn zu wecken, denn der Herr Loibl hatte ja bereits von München weg geschlafen. Auf meine Frage, ob er nun Durst hätte, meinte er: „Des deafst glauben, und bieseln muas i aa.“

Das Frühstück war nicht schlecht, aber die durchgemachte Nacht und das angespannte Fahren unter Rennbedingungen machte sich bei allen bemerkbar. Arthur und ich plädierten dafür, eine längere Pause einzulegen. Unsere beiden Rennfahrer stimmten zu und wir verließen die Autobahn. Wir waren irgendwo zwischen Narbonne und Perpignan. Hier im südlichen Südfrankreich kamen wir immer wieder an Stauseen vorbei, die in dieser trockenen Gegend das Wasser aus den Bergen zurückhalten sollten. „Da kannt ma doch wunderbar baden“, sagte Arthur, und ich war sofort mit dabei. Unsere beiden Kilometerfresser waren nicht sehr begeistert, stimmten aber nach einigem Zögern zu, denn schließlich waren wir nicht auf der Flucht, sondern im Urlaub.

Bald hatten wir auch einen schönen Badeplatz gefunden. Das Auto ließen wir oben am Straßenrand stehen. Richard hatte nur noch seine Unterhose an und rief: „Wer als erster im Wasser is, der is da King“, streifte seine Unterhose ab und sprang ins Wasser. Arthur, Herbert und ich standen noch oben beim Auto. Während ich mir ein Handtuch suchte, überlegte Herbert, ob er die Unterhose anlassen sollte oder nicht. Er ging zum Ufer hinunter, um wenigstens noch den zweiten Platz hinter dem „King“ zu ergattern.

„I geh nackert eine, is doch weit und breit koana da“, sagte Arthur zu mir und warf seine Unterhose ins Auto. Dann ging auch er zum Seeufer hinab, und zwar so, wie Gott ihn schuf. Ich hatte endlich mein Handtuch gefunden. Nachdem Arthur gerade ins Wasser sprang, blieb mir nur noch der undankbare vierte Platz. Gerade als ich mich ausziehen wollte, hörte ich ein Motorgeräusch. Es war ein Bus, der unmittelbar hinter unserem Auto parkte und etwa sechzig Schülerinnen und Schüler im Alter von zehn bis zwölf Jahren ausspuckte.

Panik war angesagt, denn Arthur und Richard waren beide ganz nackt im Wasser. Herbert hatte wenigstens eine nasse Unterhose an. Ich arbeitete schnell einen Plan aus, was zu tun war. Beobachtet von sechzig Zuschauern ging ich an das Ufer, um Richards Unterhose zu holen. Ich brachte sie zum „King", der schon etwas schnatterte, denn das klare frische Wasser aus den Bergen war sehr kalt. Als ich gerade zum Auto wollte, um auch Arthurs Unterhose zu holen, ertönte eine Trillerpfeife und die Schülerinnen und Schüler stiegen in ihren Bus, der bald darauf losfuhr. Ein Mann mit Jeans und T-Shirt, zwei Männer in nassen Unterhosen und ein ganz nackter Mann konnten nun unbehelligt zu ihrem Auto zurückkehren.

Jodeln in Figueras

Wir fuhren nun nicht mehr auf der Autobahn und entsprechend langsam kamen wir voran. Die Fahrt durch die Dörfer und Städte war aber schön und interessant. Bei einer kleinen Rast haben wir die Karte studiert, um nachzusehen, wo wir waren und wo wir hinwollten. Da bemerkten wir, dass die riesigen Berge vor uns schon die Pyrenäen waren und dass Spanien gar nicht mehr weit sein konnte. Unsere beiden Fahrer versicherten uns, dass sie durch das Baden im Stausee wieder total frisch und munter wären. Bis zur spanischen Grenze wäre es gar nicht mehr weit, und außerdem wäre Spanien auch viel billiger als Frankreich. Arthur und ich stimmten ihnen zu, und ich überlegte schon, wie wir zukünftig abstimmen würden. Bei vier Leuten ist das gar nicht so einfach, wenn es dann zwei gegen zwei steht. Vielleicht sollte der älteste von uns, nämlich Arthur, zwei Stimmen haben. Ich wollte das bei Gelegenheit vorschlagen.

Ich hatte den Eindruck, dass Herbert und Richard BMW-süchtig waren. Von München weg waren wir praktisch durchgefahren, abgesehen von ein paar kleinen Pausen.

Wenn Arthur gerade einmal nicht schlief, sang er traditionelle bayerische Lieder und Jodler. Er hatte ein großes Repertoire, für das ich ihn bewunderte. Mir fiel meine Jugendzeit ein, wo ich neben meinem Vater Trompete oder Flügelhorn spielte, einmal die zweite Stimme, dann eine Gegen-Melodie. So sang ich jetzt die zweite Stimme, bloß beim Jodeln hielt ich mich zurück. Arthur ermutigte mich, auch beim Jodeln die zweite Stimme zu bringen, er jodelte vor und ich zurück. Wir waren beide überrascht, wie gut unsere Stimmen harmonierten. Arthur sagte: „Wenn ma wieder zruck in Minga san, müas ma unbedingt amoi auf der Bühne mitanand jodeln."

Inzwischen hatten wir die spanische Grenze erreicht. Es war schon dunkel draußen und ich wünschte mir nur noch was zu essen und dann ein Bett. In Figueras bekamen wir beides. Herbert und Richard witzelten, dass man auch durchaus noch bis Barcelona hätte weiterfahren können. Doch dann waren sie die ersten, die sich schon beim Essen müde zeigten und kurz danach Schlafen gingen. Arthur und ich sind noch etwas sitzen geblieben. Wir lästerten über die anderen Gäste. Fast alle aßen sie Tintenfischringe mit Pommes und Salat und Gambas vom Grill. Die Kellner tanzten flink durch die Reihen und jonglierten die bis zum äußersten Rand gefüllten Teller geschickt von der Küche zu den hungrigen Gästen.

Ein Paar betrat das Restaurant, suchte missmutig nach einem freien Tisch, und als sie sahen, dass nichts mehr frei war, deuteten sie auf die beiden leeren Stühle von Herbert und Richard. Ihr Spanisch konnte ich nicht verstehen, aber es war klar: sie fragten, ob die beiden Stühle noch frei wären. Arthur nickte und sagte „sí", sie nahmen Platz. Der Ober brachte ihnen die Speisekarte und fragte höflich nach dem Getränkewunsch. Da müsse sie erst wissen, was sie essen möchte, um sagen zu können, was sie dazu trinken will, erklärte sie dem Kellner auf Spanisch, was der Kellner aber nicht verstand. Aber irgendwie ahnte er, dass sie wohl aus Deutschland kommen müsste. Er sprach ein fast tadelloses Deutsch. Ihr Begleiter sagte die ganze Zeit kein Wort und überließ die Konversation seiner zickigen Partnerin.

Ich sagte zu ihr, dass ich Gambas gegessen hätte, und die wären sehr gut gewesen – wenn jemand so etwas mag. „I hab ma Gambas bstellt, die warn sehr guat – wenn wer so was mag." „Lassen Sie mich raten, Sie kommen aus Österreich", entgegnete sie. „Falsch, wir kommen aus Bayern, das ist ein Freistaat im Süden Deutschlands." „Ist doch sowieso alles gleich, Österreich, Bayern, Südtirol", meinte sie.

Sie hatte auf meine Empfehlung hin Gambas bestellt, die auch schon kurze Zeit später vom Ober gebracht wurden. Ihr Partner aß ein Schnitzel mit Pommes. Sie, nennen wir sie die „Zicke", betrachtete Ihren Teller mit Argwohn. „Wie soll ich denn das essen", fragte sie. „Ja mit de Finger halt. Wern's seng, die schmeckan guad", meinte ich. Vorsichtig nahm sie eins der Viecherl vom Teller, um es mit spitzigen Fingern an ihren Mund zu führen und mutig hineinzubeißen. Bekanntlich isst man nur die geschälten Schwanzerl von den Gambas, den Kopf dreht man ab und legt ihn wieder auf den Teller zurück. Auf meine Frage, wie es denn schmeckt, sagte die Zicke: „Schon gut, etwas knusprig vielleicht, aber doch nicht so ganz mein Fall." Dabei pulte sie sich, mangels Zahnstocher, die Krebschenfüße mit den Fingern aus den Zähnen. Ich beschloss, dem Trauerspiel ein Ende zu bereiten. Noch bevor sie dem Kellner den ganzen Teller fast unberührt zurückgeben konnte, zeigte ich ihr, wie ich meine Gambas zu essen pflegte.

Wir zahlten, und Arthur wollte noch gerne schauen, ob es außer Speiselokalen auch normale Kneipen in Figueras gibt. Wir brauchten nicht lange zu suchen, denn schon zwei Straßen weiter war eine Bar, die uns gefiel. Arthur bestellte sich ein Bier und ich ein Glas Rotwein. Da kam ein junger Mann herein, legte seinen Motorradhelm vor sich auf den Tresen und bestellte sich einen Kaffee. Arthur machte ihm deutlich, dass er gerne einmal ausprobieren möchte, wie ihm so ein Helm steht, und der Spanier nickte.

Es war ein Bild für Götter, der Herr Loibl mit seinen langen Haaren, dem Rauschebart und seiner Knollennase, und obendrauf der Helm. Arthur setzte sich auf seinem Barhocker so hin, als müsste er eine Harley zureiten, und dabei jodelte er seinen „Streifenwagen". Der „Streifenwagen" war die Sirene eines Polizeiautos im Einsatz. Er konnte sie mit seiner Stimme hervorragend imitieren. Die etwa zwanzig Leute im Lokal lachten und freuten sich über Arthurs ersten Auftritt in Spanien.

Er spielte gerade die Szene wie die Polizei immer näher kam, man konnte sich das gut vorstellen, denn die Sirene wurde immer lauter, als plötzlich das Motorrad streikte, und trotz emsiger Bemühungen wollte der Barhocker bzw. die Harley nicht mehr anspringen. Bei diesem dramatischen Höhepunkt fiel Arthur von seinem Barhocker und knallte ungebremst mit seinem Kopf an den hinter ihm angebrachten Heizkörper. Dieses Ding war schon etwas älter, aus Gusseisen, und jedem war sofort klar, dass ihm ohne Helm der Heizkörper den Kopf gespalten hätte.

Doch Arthur war unverletzt, setzte sich wieder auf seinen Hocker und prostete den Gästen zu. Diese waren aber jetzt nicht mehr so gut drauf wie vor dem Sturz. Ich beobachtete sogar einige, die sich bekreuzigten. Der junge Spanier, dem der Wunderhelm gehörte, forderte ihn zurück, bekam ihn auch und ging wortlos und stinksauer aus dem Lokal. Ich konnte ihn nicht verstehen, hatte er doch jetzt einen Wunderhelm, zugegeben mit einem gewaltigen Kratzer mehr als bisher, aber was sind schon Kratzer gegen ein echtes Wunder. Nichts!

Feste feiern in Granada

Das war jetzt die Schilderung von ganz normalen Tagen, wo nichts Außergewöhnliches passierte. Aber bei Typen wie Arthur Loibl gibt es eigentlich keine normalen Tage, er war einfach ein Unikum. In diesem Sinn fuhren wir weiter, quer durch Spanien, bis Granada. Es gab da nämlich einen Ortsteil, in dem fast ausschließlich Gitanos – damals sagte man noch „Zigeuner" – lebten. Arthur wollte einige davon besuchen, und zwar eine Flamenco-Gruppe: Tänzerinnen, Tänzer, Sängerinnen und Sänger und vor allem erstklassige Gitarristen. Etwa zwei Jahre vor unserem Besuch in Granada hatte Arthur sie in München kennengelernt, wo sie im Konzertsaal des Deutschen Museums aufgetreten waren.

Doch jetzt war keiner von ihnen da, nur der Tscheppo, ein Unikum wie Arthur. Er litt an Rheuma, das er zuerst kurieren wollte, bevor er wieder mit den anderen auf große Tournee gehen konnte. Er freute sich ehrlich über den unerwarteten Besuch aus München, grinste breit und meinte: „I lad euch alle ei." Diesen Satz hat ihm vor etwa zwei Jahren der Loibl in München beigebracht, leider ohne ihm den näheren Sinn zu erklären. Tscheppo war dafür bekannt, dass er des Öfteren Leute eingeladen hat, die dann später ihre Zeche selbst bezahlen mussten und die vom Tscheppo noch dazu. Er konnte sich jedoch freuen wie kaum ein Zweiter.

Momentan freute er sich, weil er zum fünften Mal Papa geworden war. Er hatte schon zwei Buben, zwei Mädchen und hatte sich noch ein Kind dazu gewünscht. Er hätte daheim ein neues Zimmer für den Familienzuwachs aus dem Felsen meißeln sollen, denn solange das nicht fertig war, durfte er nicht in die Kneipe. An diesem Tag aber bekam der Tscheppo wegen uns eine Sondergenehmigung.

„Sacra Monte", also Heiliger Berg, heißt der Hügel in Granada, der von den Gitanos bewohnt wird. Er ist innen durchlöchert wie ein Emmentaler Käse. Unterlagen und genau vermessene Pläne von den Höhlen gibt es kaum. Vor die selbstgegrabenen Höhlen werden meist zwei Zimmer gemauert mit Erkerchen, Zinnen und Türmchen. Vor diesen gemauerten Zimmern ist meist ein runder Platz von etwa zehn bis zwölf Metern Durchmesser. Dann kommt zur Straße hin die äußere Mauer mit der Haustüre.

Wenn also jetzt Nachwuchs daherkommt, und der Platz immer enger wird, dann bleibt den Leuten nichts anderes übrig, als sich Hammer und Meißel zu besorgen, um an die bereits vorhandenen Höhlen noch weitere zu graben. Von großem Vorteil ist es, sich mit den Nachbarn vor dem Baubeginn nochmals über das Bauvorhaben zu unterhalten, denn sonst heißt es später: „Du, Papa, was will denn unser Nachbar mit Hammer und Meißel in meinem Zimmer?"

Allmählich wurde es voll in der Höhlenkneipe und ich sah, wie die Kinder Gitarren anschleppten. Und was für Exemplare! Ich holte mir eine davon her, die nicht so kaputt aussah wie die anderen, und versuchte einen Akkord anzuschlagen. Ich schwöre, dass ich noch nie eine dermaßen verstimmte Gitarre in meiner Hand hatte. Ich gab sie den Kindern gleich zurück. Dann kamen die Mädel, stolz und froh, dass ihre Garderobe nach vierzig Jahren immer noch passte, auch wenn das Anziehen des geschnürten Korsetts ständig mehr Zeit und mehr Helfer erforderte, um die Fettpölsterchen, die immer wieder irgendwo hervorquollen, zurückzuschieben und zu fixieren.

Die Gitarristen nahmen ihre Plätze ein und dann ging es los, das Flamenco-Spektakel. Arthur meinte nur: „Die ganz guadn Künstler, die san auf Welttournee, die guadn san auf Europatournee, die weniger guadn san in de Touristenorte an der Küstn, ja und dann gibt's no welche, die gar koa Talent ham, ned tanzen, ned singa, ned Gitarre schpuin könnan, und die schpuin heit für uns." Es war aber trotzdem ein tolles, interessantes Fest bis weit in den nächsten Morgen hinein.

Die Zeit verging rasend, jeden Tag war etwas anderes los. Die Feste wurden nicht organisiert, die passierten einfach so. Wir fragten uns, wie diese Menschen ihr Leben planten, und wir stellten letztlich fest: gar nicht. Die warten ab, was auf sie zukommt, und dann entscheiden sie, ob sie es annehmen oder ausweichen. Sinti und Roma kennt man auch unter dem Begriff „Nicht-Sesshafte“. Die Gitanos von Granada bewohnen jedoch schon seit Generationen die Höhlen am Sacra Monte. Es ist ein lustiges Volk, das kindliche Freude daran hat, wenn es jemand einen Streich spielen kann – oder mit anderen Worten: Das ganze Jahr über ist bei ihnen der erste April.

Die Kinder schafften Geld heran, die Frauen schafften Geld heran, die Männer schafften Geld heran. Man fragte sich, was tun die mit dem ganzen Geld. Wie bei anderen, sogenannten „normalen“ Menschen auch, haben die Sinti und Roma künstlerische Talente in ihren Reihen, und wie überall auf der Welt werden sie einmal mehr, einmal weniger oder auch gar nicht gefördert. Interessant für mich war, dass viele Leute nicht lesen und nicht schreiben konnten. Aber sie konnten reden – und sie redeten viel.

Schlecht Spanisch sprechen und verstehen konnte ich damals schon sehr gut. Mein Wortschatz ging über das, was auf einer Speisekarte stand, nicht weit hinaus. Man konnte aber sicher sein, wenn ein Gitano einem etwas erklären wollte, dass er nicht aufgab und es aus allen Richtungen probierte. Dabei schaute er einem ständig in die Augen, wo anscheinend irgendwas erschien, was ihm sagte: „Jetzt hat er es begriffen!“

Anisschnaps und Schnupftabak in Almeria

Leider hatten Richard und Herbert nur insgesamt drei Wochen Zeit. Allein mit Arthur und ohne Auto noch etwas hier zu bleiben, erschien mir nicht ratsam, noch dazu wo Arthur fast kein Geld mehr hatte. Auch bei mir wurde es im Geldbeutel allmählich sehr übersichtlich. Wie ich es immer schon gesagt habe: Drei Wochen Urlaub sind nicht genug, um Urlaub zu machen. Drei Monate sind da schon besser geeignet. Drei Jahre wären am besten, aber wer kann sich das schon leisten.

Da unsere Zeit also begrenzt war und wir mindestens noch eine Woche am Meer verbringen wollten, verabschiedeten wir uns von unseren Freunden, die wir am Sacra Monte samt Kindern und Haustieren kennengelernt hatten, grüßten noch einmal zurück nach Granada und fuhren dann nach Süden ans Meer.

In Almeria sind wir hängengeblieben, denn da gab es günstige Zimmer, gutes und preiswertes Essen und heißen Tee mit Anisschnaps. An dieses Getränk musste man sich erst langsam gewöhnen. Wenn die einheimischen Fischer nach einer windigen und feuchten Nacht, vielleicht auch noch erfolglos, zum heimatlichen Hafen zurückkommen, dann schlucken sie vorbeugend ein paar Tassen Anis mit Tee, der wärmt von außen nach innen und von innen wieder nach außen. Gekostet hat dieses Elixier ungefähr sechs Pfennige. „Da werdn ma ja nia mehr krank", sagte Arthur und ich erwiderte: „Nie krank sein is auch net ganz gsund."

Selbstverständlich gab es auch noch viele andere Spirituosen im Wandregal, und die ältere Dame, die den Laden führte, war beim Einschenken alles andere als geizig. Von draußen meinte man, es wäre da ein Geräteschuppen, wie es sie hier im Hafen zu Dutzenden gab. Aber Arthur erkannte sofort die als Lagerraum getarnte Kneipe – eine reife Leistung. In dem Raum waren etwa 15 bis 20 Männer, wahrscheinlich Fischer und Hafenarbeiter, die sich aufwärmten, über den schlechten Fang redeten und literweise dieses Elixier schluckten: heißen Tee mit viel Anisschnaps!

Arthur hatte meistens ein paar Dosen Schnupftabak dabei und gönnte sich wieder einmal eine ordentliche Prise. Er schnupfte das dunkle Zeug, angeblich ein englisches Rezept mit viel Menthol, Schmalz und einer speziellen Tabakmischung. Er wurde dabei von einigen Gästen genau beobachtet. Sie sahen, wie Arthur den Deckel der Dose so lange drehte, bis die beiden Löcher genau übereinander waren und der Schnupftabak durch ständiges Klopfen aus der Dose auf Arthurs Handrücken rieselte. Dort bildete sich allmählich ein imposanter Berg Schnupftabak. Keiner der Zuschauer hätte geglaubt, dass dieser Berg lediglich die Portion für ein Nasenloch war. Doch wie die meisten Menschen hatte der Loibl Arthur ein zweites Loch in der Nase, und das bekam noch einmal die gleiche Menge Snuff wie das erste Loch.

Die Männer, die Arthur zugeschaut hatten, wurden neugierig. Sie glaubten, eine neue Droge kennengelernt zu haben und forderten ihn auf, ihnen eine kleine Probe auf ein Papier zu klopfen. Wahrscheinlich wollten sie es zuerst einmal mit Rauchen probieren. Sie freuten sich auf jeden Fall riesig, dass Arthur ihnen eine ordentliche Portion Schnupftabak abgab, selbstverständlich geschenkt.

Die Stimmung in der Kneipe, die vorher schon nicht so schlecht gewesen war, bekam nochmals Wind in die Segel und Arthur und ich fingen an zu singen und zu jodeln. Ich war mir sicher, die Spanier verstanden kein Wort von dem was wir sangen, aber sie packten es gefühlsmäßig, und das war viel wichtiger, denn es wird außer Text und Melodie noch etwas transportiert, etwas, was man nicht sieht, nicht hört, und doch ist es da: Das Gefühl für Menschen, für Stimmung, für Situationen und für das Leben. Da ist er wieder, der Unterhaltungswert, und so wichtig wie immer. Egal, wo man spielt, für wen man spielt, was man spielt. Und so wurde aus einer windschiefen Bretterbude eine große Showbühne, zwei nackte Glühbirnen ersetzten die Scheinwerfer und zwei Musiker aus München brachten Spanien zum Jodeln und Brodeln.

Solche Nächte kann man nicht organisieren, sie entstehen einfach so. Wir haben sie erlebt, wir waren von Anfang an dabei. Ich werde nie vergessen, wie Arthur zum Abschied noch die Ballade von den Seeräubern von Bertolt Brecht sang und man plötzlich spürte, wie die Bruchbude von Hafenkneipe sich in unser geliebtes und gehasstes Seeräuberschiff verwandelte. Jeder empfindet das ein wenig anders und ich kann nur versuchen zu schildern, wie ich es fühlte. Die Leute in der Kneipe waren die Schiffsbesatzung und sie wussten alle genau, dass heute ihre letzte Fahrt war.

Noch einmal schmeißt die letzte Welle zum Himmel das verfluchte Schiff,
und da, in ihrer letzten Helle, erkennen sie das große Riff.
Und ganz zuletzt in höchsten Masten war es, weil Sturm so gar laut schrie,
als ob sie, die zur Hölle rasten, noch einmal sangen laut wie nie:
O Himmel strahlender Azur! Enormer Wind die Segel bläh!
Lasst Wind und Himmel fahren! Nur Lasst uns um Sankt Marie die See!

Ganz so tragisch wollten wir den Abend und die Nacht nicht enden lassen – bei der Heimfahrt ist uns nichts passiert.

Almeria war damals fest in deutscher Hand und wir lernten einige Exemplare dieser deutschen Spießertypen näher kennen. Weil sie jeden Urlaub hier verbrachten, kannten sie sich bestens aus und gaben uns Tipps und wohlgemeinte Ratschläge, vor allem was das Essen betraf. So weiß ich jetzt genau, wo es in der Gegend die besten Schnitzel mit Pommes gibt und wo spottbillig Keramiksachen angeboten werden. Eigentlich nützten mir diese Tipps sehr wenig, weil ich Pommes nicht mag. Auch die ganze Keramikkunst konnte ich nicht brauchen, hatte ich doch daheim von den Olympia-72-München-Kieselsteinen noch jede Menge volle Schachteln im Keller und die mussten zuerst weg, weil sie ja mit Verbrauchsdatum versehen waren. Ich bedankte mich trotzdem und war insgeheim froh, dass wir nicht mehr lange blieben.

Vom freien Künstler zum freien Bierfahrer

In München war ich sehr bald wieder im üblichen Trott. Ich war zwar ein leidlich bekannter Musiker, doch leben konnte ich davon nicht. Münchens Kleinkunstbühnen bekamen damals keine Unterstützung aus dem Kulturetat der Stadt und mussten ständig ums Überleben kämpfen. Mehr als 20 oder 30 Mark pro Auftritt waren da für einen Musiker nicht drin. Und auch wenn ich an einem Abend im „MUH" und im „PAN" auftrat, konnte ich von der Gage nicht so leben, wie ich es mir vorstellte. Es musste auf jeden Fall Geld ins Haus, ein Job musste her. Dass ich Bierfahrer wurde, ist reiner Zufall. Vielleicht weil die Bezahlung nicht schlecht war und ich auch noch mit Trinkgeld rechnen konnte. Meine Musik konnte ich ja nebenbei weitermachen, dachte ich mir. Die Arbeit war aber nicht so leicht, wie ich es mir vorgestellt hatte. War es im Winter noch angenehm, weil die Leute nicht so viel tranken und die Großbaustellen noch nicht in Betrieb waren, so änderte sich die Situation im Frühjahr von Woche zu Woche. Mit dem Thermometer stieg mein Arbeitspensum und die Arbcit musste im Laufschritt erledigt werden. Ich sah die Schinderei als Ergänzung zu meinem Gewichthebertraining. Doch auf die Dauer ging sie mir an die Substanz und gegen meine Einstellung zur Arbeit. Als ich mich beim Vorgesetzten über den Missstand beschwerte, meinte er, dass man auf diese Weise die Belastbarkeit der Mitarbeiter testen wolle. Ich hätte übrigens bereits hervorragende Ergebnisse. Dann wurde ein zusätzlicher Fahrer eingestellt und wir hatten trotzdem genügend zu tun.

Eines Tages war ich mit meinem Bierlastwagen in Richtung Waldfriedhof unterwegs, wie fast immer ein bisschen zu schnell, aber man war ja nicht zu seinem Vergnügen auf der Straße. An der nächsten Ampel musste ich rechts abbiegen, war schon in der rechten Spur und die Ampel schaltete von Grün auf Gelb. „Das schaffe ich schon noch", dachte ich mir und gab noch etwas Gas. Auch die Rechtskurve meisterte ich elegant. Jedoch das Tempo und die rasante Kurventechnik war einigen Bierträgern auf der Ladefläche zu viel und sie kippten an die Bordwand. Dort verhinderten zwar Eisenstangen das Herausfallen der Bierträger, aber die Flaschen fielen aus dem gekippten Träger auf die Straße, wo sie zerbrachen. Fluchend hielt ich an, kletterte aus meinem Auto, um mir den Schaden zu besehen. Ist ja gar nicht so schlimm, dachte ich, und begann mit dem Fuß die größeren Glasscherben zusammen zu schieben, als plötzlich ein Polizeiauto auftauchte.

Später stellte sich heraus, dass die Polizisten direkt hinter mir gefahren waren. Als ich bei Gelb nach rechts abgebogen war, hatten sie schon Rot und mussten stehenbleiben. Doch dafür hatten sie jetzt einen Logenplatz als erste an der Ampel, wo gerade die Fußgänger drüber eilten. Als die Polizisten wieder fahren durften, bogen sie ebenfalls rechts ab und stellten ihr Fahrzeug hinter meinen Bier-Lastwagen. Der Fahrer stieg als erster aus dem Streifenwagen und schrie mich an: „Habts ihr in euerer Brauerei no mehr so Blöde?" „Nein", habe ich erwidert, „i bin da Letzte, die anderen san alle zur Polizei ganga!" Fünf Mark hat das damals gekostet, wegen „schadhafter Ladung".

Und ich glaube sogar, dass ich ein Lächeln beim Kollegen des vorlauten Polizisten bemerkte, als er mir den Strafzettel reichte. Ja, man sieht auch da wieder, dass ohne Gaudi s'Lebn ernst und grantig wäre – und fad.

Auch auf der Bühne bin ich mit meinem Motto „Ohne Gaudi is ois nix" anscheinend genau richtig gelegen, denn meine Popularität wuchs deutlich spürbar. Man hörte mich auch schon gelegentlich im Radio, auch TV-Sendungen mit mir wurden geplant. Meinen Beruf als Bierfahrer musste ich an den Nagel hängen. Dafür hatte ich jetzt leider keine Zeit mehr.

So live wie möglich

Zwei Mitarbeiter vom Bayerischen Rundfunk, Joe Kienemann und Thomas Brennicke, haben sehr viel mit meinem Erfolg und mit meiner Karriere zu tun. Sie kreierten eine Live-Musiksendung. Das Konzept dafür war einfach und genial. Mit einem kleinen handlichen Aufnahmegerät kamen sie beispielsweise ins „MUH", um dort das Abendprogramm aufzuzeichnen. Aus dieser Aufzeichnung wurde alles Störende herausgeschnitten und Kommentare und Ansagen kamen dazu. Fertig war die Erfolgserie „Radio Mobil".

Plötzlich war ich im Radio zu hören, und zwar genau so, wie ich schon ein paar Jahre auf allen Live-Bühnen zu hören war: Niederbayerische Lieder aus meiner niederbayerischen Heimat Niederbayern – so live wie möglich.

Wenn man sich damals, in den Jahren 1974 oder 1975, irgendwo im Kulturbetrieb mit eigener Schallplatte vorstellte, dann war man schon wer. Heute, in Zeiten von PC und Internet, wo es praktisch jedem möglich ist, sich auf CD oder DVD zu verewigen, haben die alten Tonträger, Schallplatten und Musikkassetten, an Glanz und Wert deutlich eingebüßt. Allerdings hatten die Plattenfirmen keinen guten Ruf in der Szene. Und so war es auch nicht verwunderlich, dass ich sehr zurückhaltend auf die Anfrage reagierte, ob ich nicht eine Schallplatte aufnehmen möchte. Wer das mit mir vorhatte, war kein Geringerer als die CBS, eine amerikanische Firma mit Sitz in Frankfurt und Zweigstellen in München, Stuttgart, Köln und Hamburg. Anscheinend hörten die CBS-Preußen den niederbayrischen Liedermacher, verstanden zwar nicht, was er da von sich gab, aber sie witterten fette Beute. Denn die Leute, die ihn verstanden, und davon schien es in Bayern viele zu geben, liebten ihn.

Ich sagte den CBS-Leuten, dass ich keinerlei Ahnung von Plattenverträgen hätte und dass ich mich auch noch nie mit Musikverlagen und der GEMA beschäftigt hätte. Den ganzen juristischen

Kram wie Künstlervertrag und das mit dem Verlag und der GEMA könnte ich getrost ihnen überlassen, meinte jemand vom Musikmanagement, schließlich hätten sie tagtäglich damit zu tun. Sie schickten mir sehr bald einen Vertragsentwurf, so nach dem Motto: „Schnell unterschreiben und dann geht's los!"

Mir war gar nicht wohl in meiner Haut und so bat ich die Damen und Herren erst einmal um etwas Bedenkzeit. Ich ließ das Vertragswerk von einem Bekannten aus der Gewichtheberszene, der juristische Kenntnisse hatte, anschauen. Er übersetzte den Vertragstext so, dass mir klar wurde, was hinter den schön klingenden Formulierungen eigentlich verborgen war. Gleich am nächsten Tag rief ich die CBS-Leute an und sagte, dass ich nicht bereit sei, unter diesen Bedingungen für sie exklusiv zu arbeiten. Auch möchte ich lieber bleiben wie ich bin. Hoffentlich hätte ich ihnen nicht allzu viel Unruhe ins Haus gebracht. Also: „Servus und seids ma net bös!"

Sie haben zwar nicht sofort auf meinen Anruf reagiert, aber zwei bis drei Tage später bekam ich Post. Es war kein überarbeiteter Vertrag, sondern die schriftliche Bitte, den Vertrag mit meinem Anwalt neu zu erstellen, nach meiner Vorstellung und ohne Zeitdruck. Mein Freund, der Jura studierte, einige aus seinem Semester und selbstverständlich ich machten uns mit viel Fleiß an das Ausformulieren des neuen Schallplattenvertrages. Dieses Mal sah die Sache schon freundlicher aus. Meine Interessen wurden klar und deutlich hervorgehoben und lästige Passagen aus dem ersten Künstlervertrag wurden ersatzlos gestrichen. Der Aufnahme-Termin für die erste LP war Oktober 1975. Na also, geht doch.

So ein Zirkus

Fast zur gleichen Zeit wie der Plattenvertrag entstand, verhandelte ich noch mit einer Firma aus Mannheim. Diese Leute wollten mit mir eine Deutschlandtournee machen, 60 Städte in zwei Monaten. Ich handelte sie auf 30 Städte in zwei Monaten herunter. Mir fiel zunächst gar nicht auf, was das bedeutete, nämlich nicht mehr und nicht weniger, als dass ich jeden zweiten Tag ein Konzert in einer anderen Stadt Deutschlands abliefern sollte. Als ich es merkte, war es schon zu spät. Die Eintrittskarten lagen bereits gedruckt in den Vorverkaufsstellen.

Ich schwor mir, in Zukunft besser aufzupassen. Das war auch dringend nötig, denn plötzlich wollten alle was von mir. Ein Haufen neuer Freunde umschwirrte mich ständig nach dem Motto: „Ich habe ihn schon gekannt, da hat ihn noch keiner gekannt und jetzt, wo sie ihn alle kennen und sagen, den kennen wir schon, da sage ich, aber ich habe ihn schon gekannt, wo ihn noch niemand gekannt hat. Keine Sau hat ihn damals gekannt!" Und was wollten all diese Leute von mir? Ich bräuchte nur ein wenig zu singen und ein wenig rumzublödeln, so wie sonst halt auch. Geld gäbe es natürlich keines, denn es solle ja eine richtige und schöne Benefizveranstaltung werden. Freilich hätte ich mir jemanden suchen können, der all diesen lästigen Kleinkram für mich erledigt und mich dadurch entlastet – ich hatte ja eine Menge neuer Freunde. Um ihnen aber Geld und Termine anzuvertrauen, kannte ich sie zu wenig. Also musste ich in den sauren Apfel beißen und mich selbst managen.

Eines Tages meldete sich ein Veranstalter und bot mir eine zweimonatige Tournee in einem Zelt an. Ich winkte sofort ab, denn ich dachte an ein lautes Bierzelt, in dem meine feineren Darbietungen bestimmt untergegangen wären. Als er merkte, dass wir aneinander vorbeiredeten, klärte er den Irrtum auf und sagte, er meine ein schönes Zirkuszelt, und zwar das große Leinwandzelt vom Zirkus Atlas. Wenn man da zusätzlich Bänke in die Manege stellt, passen leicht an die 1.500 Personen hinein. Wir könnten auf allen gemähten Wiesen spielen, an Orten, wo sonst nie jemand hinkommt, weil kein Veranstaltungsraum für 1.500 Leute da ist. Ein kleines Zelt würde an das große Zelt angebaut werden und als Aufenthaltsraum vor dem Konzert und in der Pause dienen. Es gäbe zwei Toilettenwägen, penibel sauber, und auch das Kassenhäuschen stehe zur Verfügung. Einlasspersonal vom Zirkus wäre auch reichlich vorhanden.

„Da ist doch noch ein Haken“, sagte ich, „das kostet bestimmt ein hübsches Sümmchen.“ „Nein“, meinte er „der Haken ist, man kann das Zelt nur zweimal pro Woche bespielen, weil sie immer mit ihrem eigenen Zirkus von Ort zu Ort umziehen müssen.“ Er fuhr fort: „Sagen wir einmal, du hättest an einem Samstag deine Veranstaltung im Zelt beendet. Nachdem die letzten Gäste weg sind, fangen die Zirkusleute an, die Zelte abzubauen. Diese werden zusammengelegt und in den Anhängern verstaut. Nur das lange Stallzelt für die Elefanten, Kamele, Nil- und normalen Pferde bleibt vorerst stehen. Das bedeutet auf alle Fälle eine Menge kraft- und zeitraubender Arbeit. Der Zirkus hat drei Zugmaschinen und das Umsetzen von einem Ort zum nächsten, maximal 30 Kilometer, ist eine logistische Herausforderung, bei Sturm und Regen fast eine Zumutung.“

Der Zirkus Atlas, erzählte mir der Veranstalter weiter, ist ein Familienbetrieb mit dem Opa, dem Alten oder dem Chef an der Spitze. Wenn er anwesend war, war er der Opa, hinter seinem Rücken war er der Alte, ansonsten war er uneingeschränkt der Chef. Nach ihm kamen seine Söhne Philipp und Carlos und seine Tochter Elfriede mit ihrem Mann Harry Scholl. Diese fünf Leute bildeten den Kopf vom Zirkus Atlas und bestimmten, wo es lang ging.

Der große Familienrat hätte beschlossen, insgesamt 1.500 DM Zeltmiete pro Veranstaltung zu verlangen. Das klang recht ordentlich und fair für beide Seiten. Ich sagte dem Konzertmanager, dass ich großes Interesse an der Geschichte hätte. Zweimal pro Woche ein Fesl-Abend im Zelt mit ordentlicher Gage. Je länger ich darüber nachdachte, umso mehr war ich der Ansicht, das Angebot mit dem

Zirkus wäre extra für mich erfunden worden. Der Veranstalter versprach mir, an der Sache dranzubleiben.

Zuvor wollte ich aber die Leute vom Zirkus persönlich kennenlernen. Die drei Kinder des Alten waren alle bereits über vierzig Jahre alt und dank ihrer fleißigen Kinder selber schon Oma und Opa. Deren fleißige Kinder, also die Enkel vom Alten, befanden sich im Alter von 20 bis 25 Jahren und schon wieder waren jede Menge Kinder und Kleinkinder in den jüngsten Familien zu finden. Die ganze Großfamilie bestand aus etwa fünfzig Menschen. Ich hoffe, dass alles so einigermaßen stimmt, wenn nicht, dann kann ich ja zum Trost sagen, die einzelnen Mitglieder der Sippe wissen auch nicht immer genau Bescheid, da kann ein Sippenfremder schon einmal den Durchblick verlieren. Die für mich wichtigen Leute waren nur wenige, und ich kannte sie bald recht gut.

Der Zirkus gastierte gerade im Großraum Nürnberg, als ich ihn zum ersten Mal besuchte. Die Akteure steckten zum Teil schon in Auftrittskleidung, denn das Zirkusprogramm sollte eine halbe Stunde später losgehen. Das musste ich mir unbedingt anschauen. Momentan war ich noch der einzige Zuschauer. Dann kamen noch eine sichtlich genervte Oma mit fünf quirligen Kleinkindern, einige größere Kinder, Schulkinder und ein paar Rentnerinnen und Rentner. Insgesamt waren wir immerhin an die zwanzig Personen, genauer gesagt sechzehn, eigentlich nur vierzehn. Die beiden jungen Burschen, die gerade versuchten, einem kleinen Mädchen ein Zirkusticket zu verkaufen, gehörten eindeutig zum Zirkus.

Es ging pünktlich los: 15 Uhr. Harry Scholl begrüßte die Gäste und führte durch das Programm, nicht ohne uns zuerst noch die hauseigene Zirkuskapelle vorzustellen. Es waren Joschi Frank am Keyboard und Sabrina Scholl am Schlagzeug. Trotz des musikalischen Lärms, den die beiden Musiker machten, trauten sich vier Pferde in die Manege. Als die Pferde auch noch anfingen hintereinander durch die Manege zu traben, fragte ich mich, ob ich schon je was Sensationelleres gesehen hätte? – Wohl eher schon.

Doch Schluss mit dem Lästern, so hilft man dem Zirkus nicht. Etwas Unterstützung würden sie brauchen. Mich hat das Zirkusprogramm nicht überzeugt. Man merkte den Artisten an, dass sie ihre Nummern lieblos abspielten nach dem Motto: „Für so wenig Leut, da duatses scho." Später redete ich ihnen zu: „Ihr dürft nicht die 15 treuen Zuschauer, die gekommen sind, dafür bestrafen, dass tausend andere weg geblieben sind. Ihr könnt alle wesentlich mehr, als ihr uns heute gezeigt habt. Und auch wenn eure Frustration verständlich ist, man muss so tun, als ob tausend begeisterte Leute da wären, dann geht es mit dem Zirkus wieder aufwärts." Ich redete auf sie ein wie ein Boxtrainer auf seinen Schützling, der vor der zwölften Runde keinen Mut hat, weiter zu fighten. Sie gaben mir alle recht und versprachen, die Situation noch mal gründlich zu überdenken.

Schon beim nächsten Besuch präsentierten sie mir die Lösung. Als Publikumsmagnet und als Freund der Zirkusszene würde ich doch sicher bereit sein, auch dem Zirkus Atlas zu helfen. Sie hätten sich etwas in der Art von „Stars in der Manege" vorgestellt, wo irgendein „Promi" Pferde im Kreis traben lässt, die natürlich auch ohne „Promi" im Kreis traben würden. Ich sollte doch auch in ihrem Zirkusprogramm mitwirken, als Clown vielleicht. Als von mir der Vorschlag kam, in einer Artistennummer mitzuwirken, kamen von allen Seiten Zweifel, das wäre zu schwer und in so kurzer Zeit nicht zu erlernen. Ich aber blieb stur und so nach und nach lösten sich die Widerstände. Philipp und Harry Scholl hatten auch schon einen geeigneten Partner für mich, nämlich Philipps 25-jährigen Sohn Joschi. Der hatte bereits Erfahrung als Artist. Er war mit einer Nummer in einem berühmten Pariser Varieté-Theater aufgetreten, wo er für einen verletzten Artisten eingesprungen war.

Joschi war klein, relativ leicht und arbeitete daher als Obermann. Das ist derjenige, der sich immer wieder erneut in den Handstand drücken muss. Der Untermann, also ich, hatte dafür zu sorgen, dass der Obermann sicher und ruhig rumturnen konnte.

Vater Philipp würde das mit einigen Trainingseinheiten schon hinkriegen. Bei seinem Sohn Joschi hat es ja auch geklappt. Allerdings wog Joschi damals, als er in Paris einsprang, 65 kg und hatte sich mittlerweile auf 72 kg gesteigert. Man empfahl uns beiden, uns beim Essen etwas zu zügeln. Warum auch ich als Untermann hungern sollte, begreife ich bis heute nicht. Ich hungerte aus Solidarität mit dem Joschi aber mit und kam von 85 kg auf 81,5 kg. Joschi nahm 1 kg ab.

Die meisten Menschen machen sich keine Vorstellung, wie die Wirklichkeit in einem Wanderzirkus ausschaut. Auch ich habe mir das Herumziehen früher romantischer vorgestellt. So wie viele Dinge bei genauerer Betrachtung ihren Charme verlieren, so geschah das auch hinsichtlich des Zirkuslebens. Es gab Neid und Missgunst, weil ich mir Joschi als Partner ausgewählt hatte. Joschi ist sehr in Ordnung, ich bin noch heute mit ihm befreundet. Er war ein guter Artist, gut austrainiert und wusste auch in allen Bereichen, die mit dem Zirkus zusammenhingen, bestens Bescheid. Unsere Artistennummer kam bei den Leuten gut an. Sie war nicht weltmeisterlich, aber meisterlich war sie schon. Drei bis viermal pro Woche trat ich mit Joschi tagsüber im Zirkusprogramm auf, zweimal wöchentlich, am Mittwoch und am Samstag, fand ein Abend mit Fredl Fesl statt.

Die Leute vom Zirkus hofften, auch das Zirkusprogramm würde um die tausend Menschen anlocken, wenn bekannt werden würde, dass der Fredl Fesl mitwirkt. Allerdings konnten sie nicht gezielt mit mir werben, denn es stand ja nie fest, ob ich im Zirkus mitmachen konnte oder nicht. Ich hatte damals jede Menge andere Termine wie Interviews oder Foto-Shootings. Es gab Zirkusvorstellungen, da waren auch schon mal an die 250 Personen im Zelt. Nicht sehr viel im Vergleich zu den ausverkauften Fesl-Veranstaltungen am Abend, jedoch weit mehr, als die sonst üblichen rund fünfzig Zuschauer. Die zwei Sommermonate Juli und August waren ein voller Erfolg mit unvergesslichen Momenten für mich. Und ich glaube, auch für den Zirkus Atlas hat es sich gelohnt.

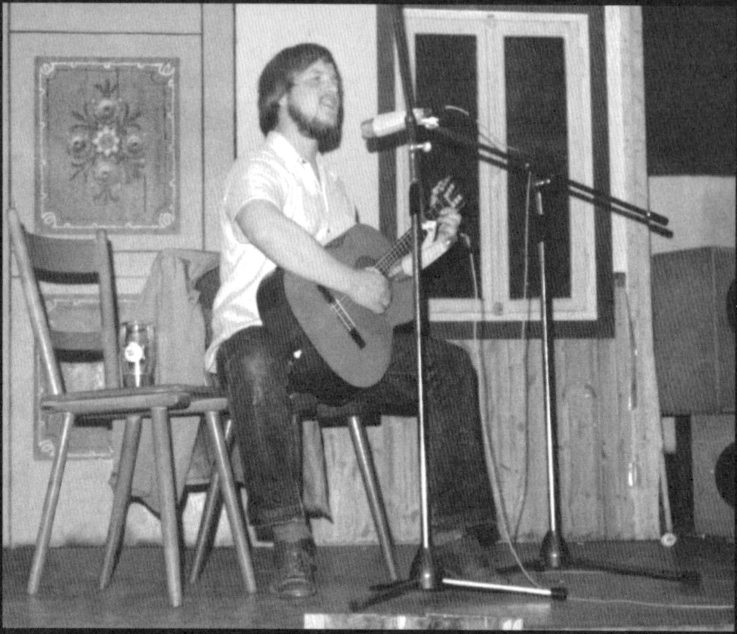

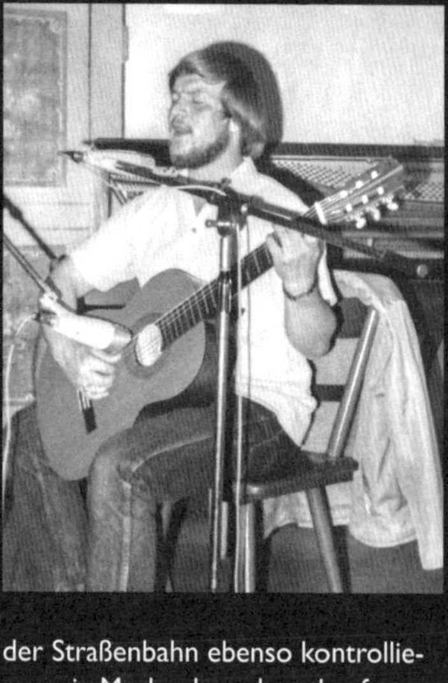

Beide Fotos zeigen mich bei Auftritten im „MUH", dem „Musikalischen Unterholz" in der Hackenstraße in München. Meistens sang und spielte ich alleine, auch wenn die Bühne mit zwei Stühlen hergerichtet war. Manche Leute glaubten, da würde noch jemand kommen, doch ich brauchte den zweiten Stuhl nur, um mein Bier drauf abzustellen.

Tagsüber arbeitete ich im Filmstudio Geiselgasteig bei den Spezial-Effektlern. Das Bild gegenüber oben zeigt mich ganz oben auf dem „Wonkamobil", einem Fahrzeug, das wir speziell für den Film „Charly und die Schokoladenfabrik" gebaut haben.

Der Ausweis mit meinem Passbild und Unterschrift ist eine ganz gewöhnliche Reisegewerbekarte. Man konnte damit Fahrscheine in der Straßenbahn ebenso kontrollieren wie Modeschmuck verkaufen. Menschen sind manchmal ziemlich gutgläubig …

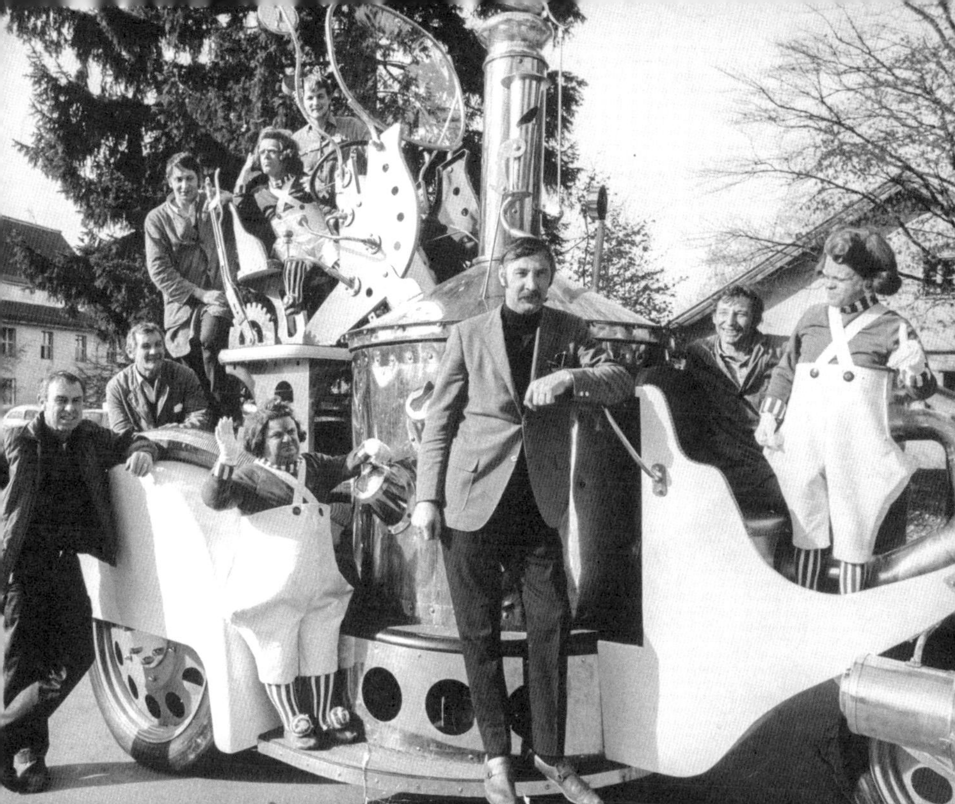

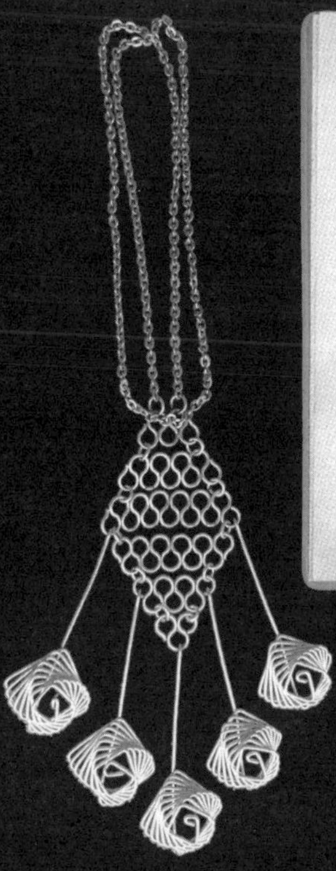

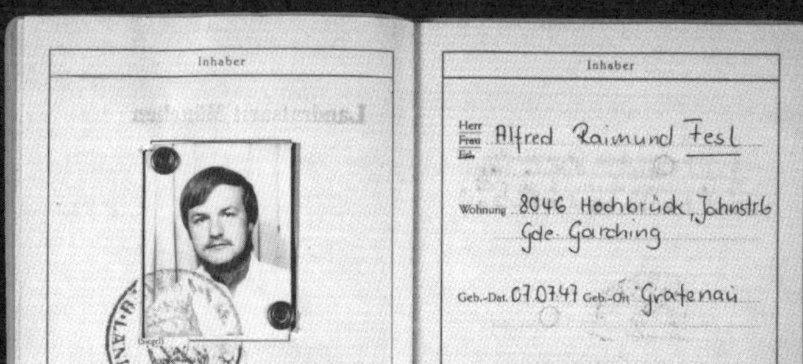

Inhaber

(Siegel)

Alfred Fesl
(Unterschrift des Inhabers)

2

Inhaber

Herr / Frau / Frl. Alfred Raimund Fesl

Wohnung 8046 Hochbrück, Johnstr. 6
Gde. Garching

Geb.-Dat. 07.07.47 Geb.-Ort Gratenau

Staatsangehörigkeit Deutscher

Größe 168 cm Augenfarbe braun

Besondere Kennzeichen keine

3

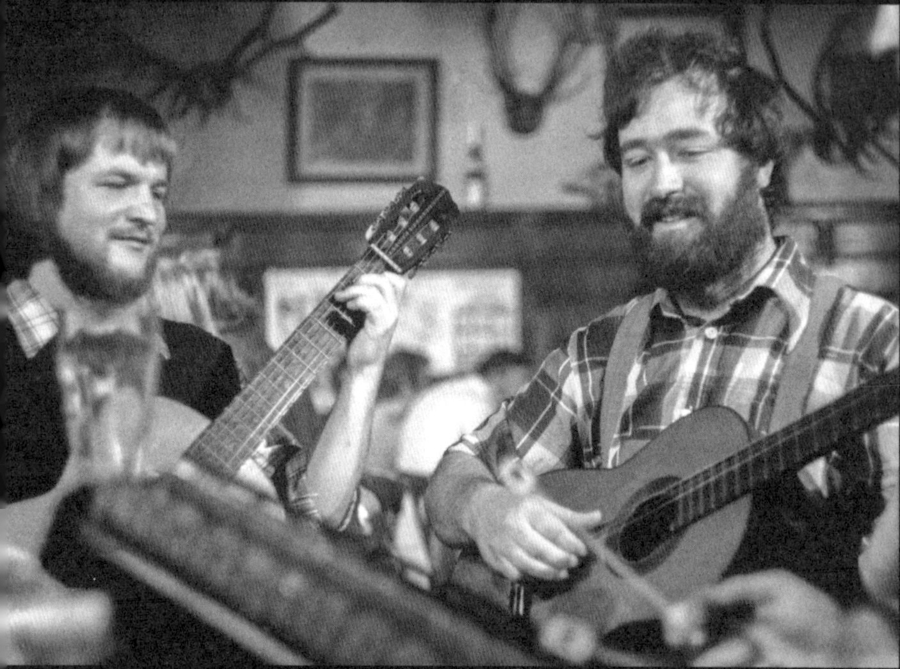

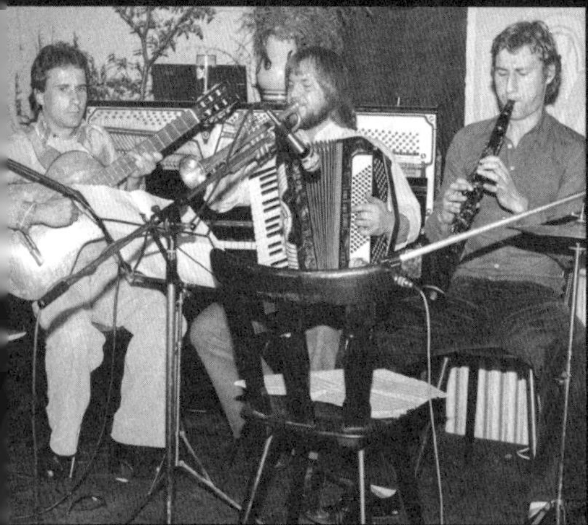

Auf dem Bild oben spielen Uwe Kleinschmidt und ich Gitarre. Wahrscheinlich wird gerade der Hauslandler gespielt, das einzige Stück, das Uwe einigermaßen beherrscht hat.

Ganz anders war es bei den Mehlprimeln, den Panitz-Brüdern. Während Rainer auf seiner Klarinette spielte und Dietmar ihn mit der Gitarre begleitete, spielte ich mit der rechten Hand die zweite Stimme mit meiner Trompete und mit der linken Hand auf dem Akkordeon Bass und Begleitung. Um das so zu bringen, müsste man normal zu fünft sein.

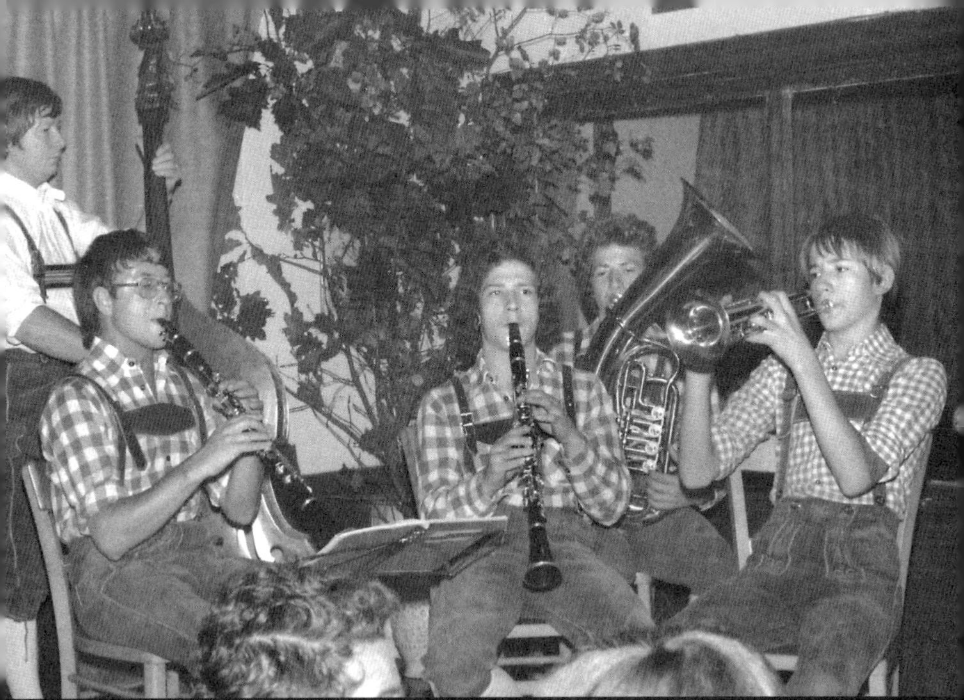

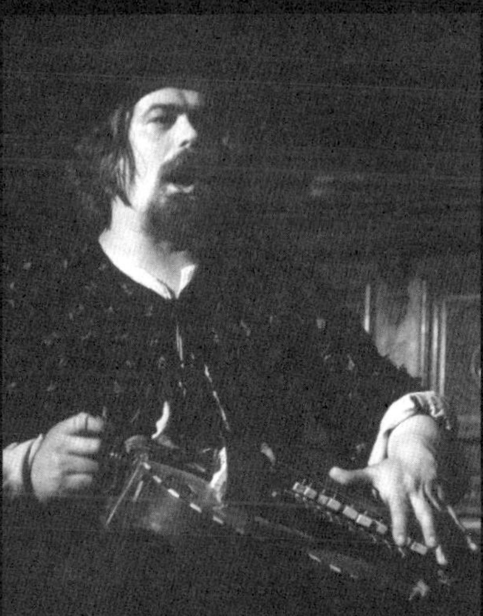

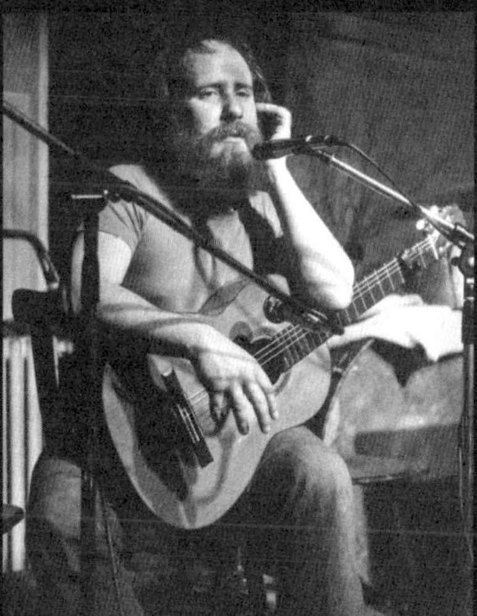

Die „Sechs von da Schanz“ (o.) traten gelegentlich – wie hier beim Montagsbrettl in Hörbach – zu fünft auf. Alle, die man auf dem Foto sieht, sind Brüder der Well-Familie. Der sechste Musiker, der Akkordeonspieler Max Lang, war damals anscheinend nicht dabei.
V. r .n. l.: Stofferl, Michael, Charly, Bertl und Werner Well.

Wolfram Kunkel (u. l.) und Arthur Loibl (u. r.) hatten beide sehr hohe und laute Stimmen. Und das war gut so, denn sie mussten die Radleier, die Wolfram spielte und die wie ein Dudelsack klang, übertönen. Das hörte man dann meilenweit.
Wolfram spielte außerdem noch Balalaika, und Arthur hatte stets einen enormen Durst.

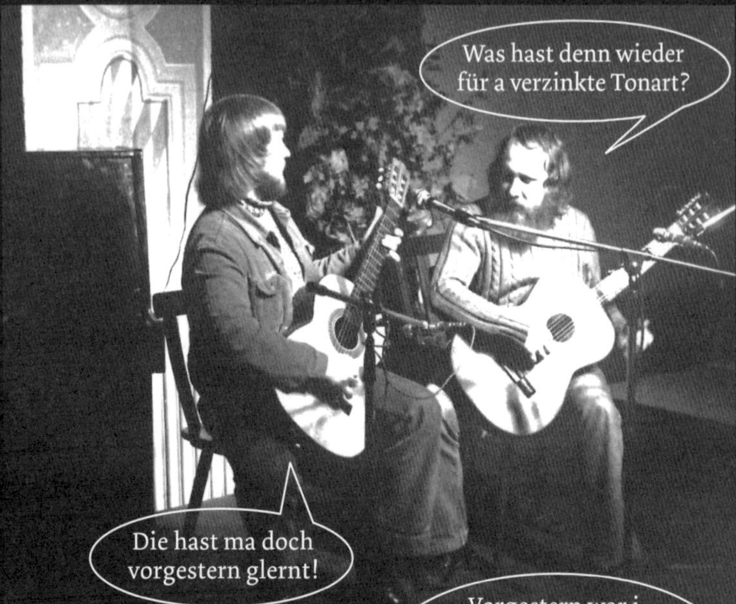
Was hast denn wieder
für a verzinkte Tonart?
Die hast ma doch
vorgestern glernt!

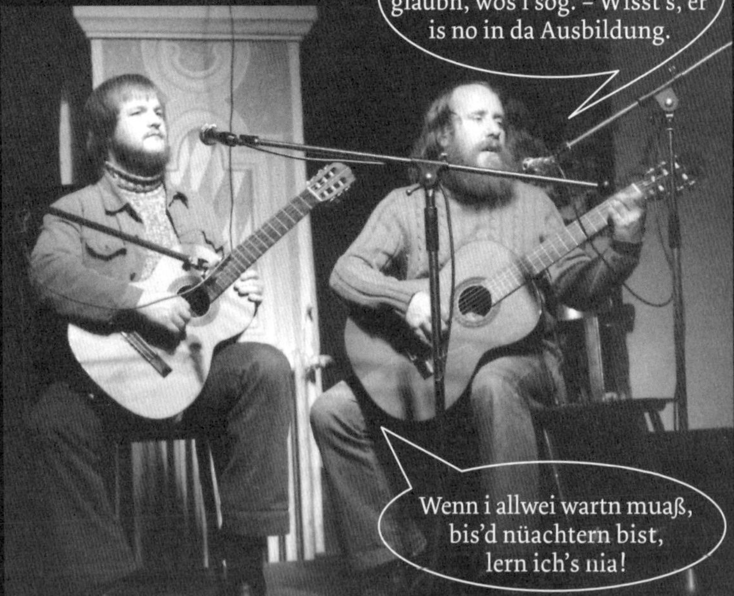
Vorgestern war i
bsuffa, do deafs'd ned oiss
glaubn, wos i sog. – Wisst's, er
is no in da Ausbildung.
Wenn i allwei wartn muaß,
bis'd nüachtern bist,
lern ich's nia!

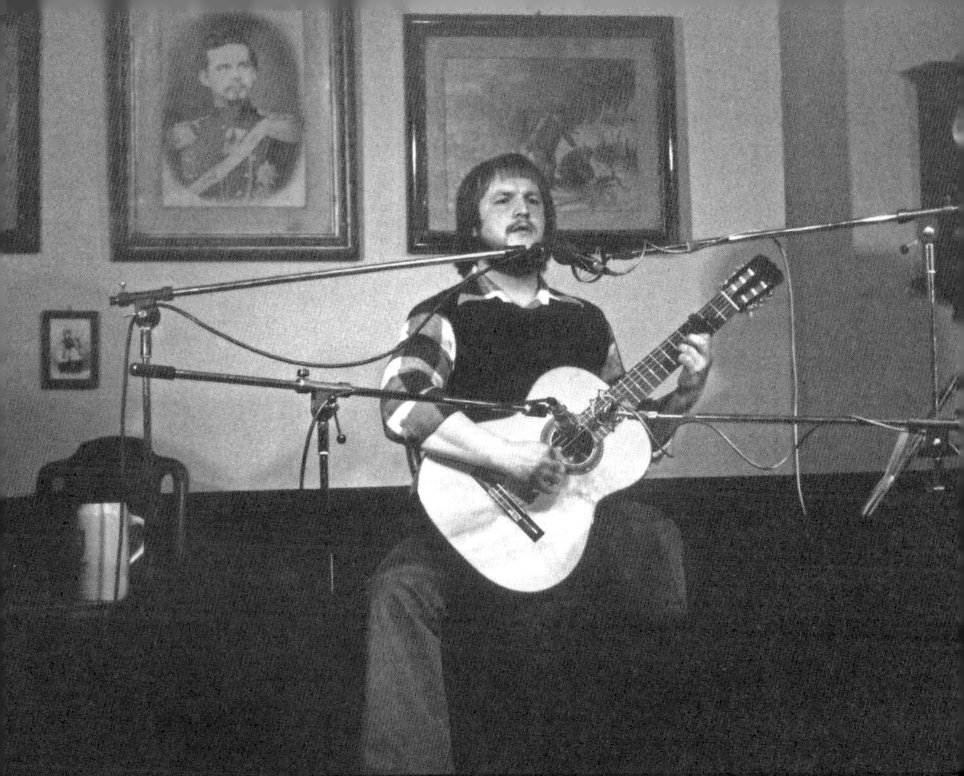

Im Herbst 1975 sang ich zwei Abende im Theater „Fraunhofer". Diese Konzerte wurden mitgeschnitten, um eine Schallplatte zu produzieren. Ich saß inmitten von Mikrophonen und Stativen, denn zum einen wurde das Publikum beschallt, zum andern hatten wir extra Mikrophone für die Plattenaufnahme. So live wie möglich halt.

Die Seite gegenüber zeigt Arthur Loibl und mich bei einem unserer gemeinsamen Auftritte im „MUH". So oder so ähnlich sind die Dialoge zwischen Arthur und mir abgelaufen.

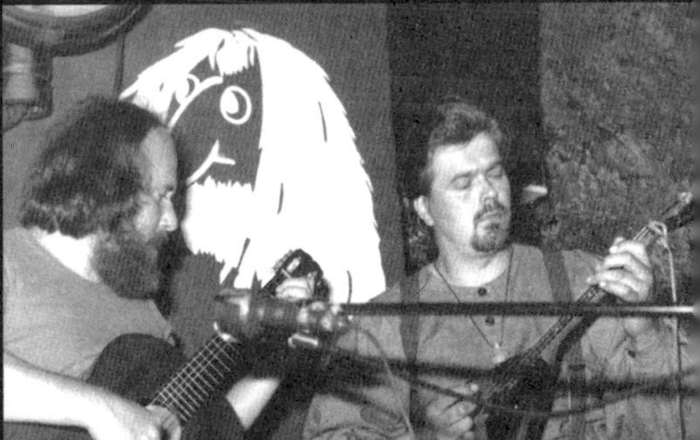

Arthur Loibl und Wolfram Kunkel in der „Liederbühne Robinson". Der Herr Robinson war mit weißer Farbe an die Wand gepinselt. Hier versteckt er sich ein bisschen hinter Arthur und seiner Gitarre.

Fredl Fesl – Ohne Gaudi is ois nix

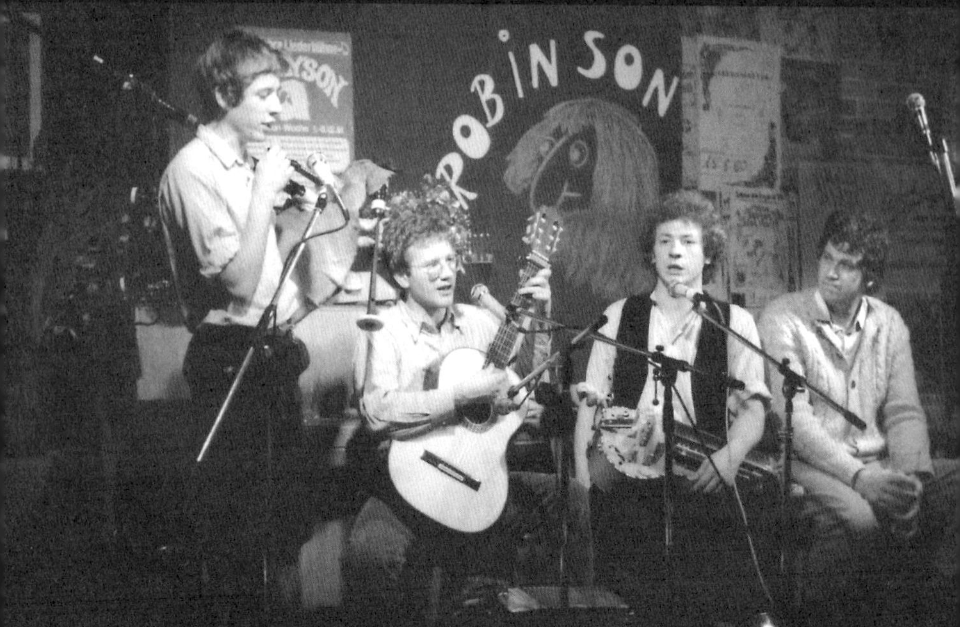

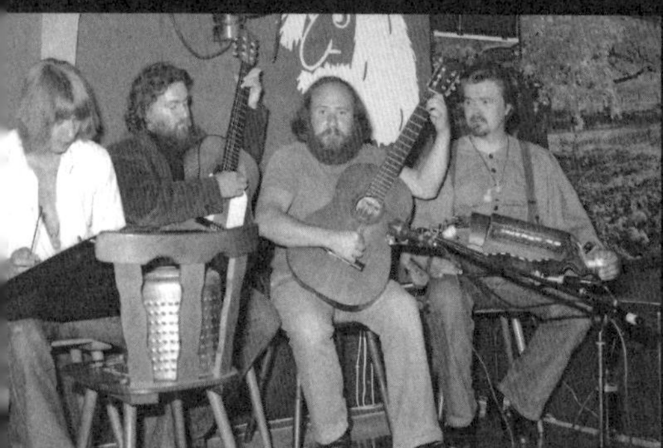

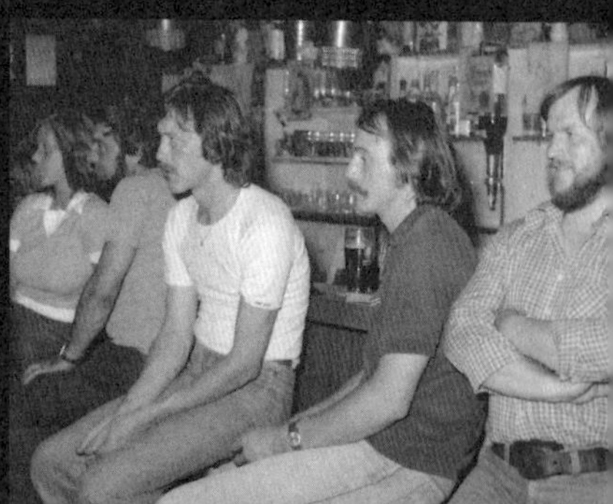

Um 1980 haben Gerhard Polt und die Biermösl Blosn zusammengefunden. Hier einer der frühen gemeinsamen Auftritte in der Liederbühne Robinson. V.l.n.r.: Stofferl, Hansi und Michael Well sowie Gerhard Polt.

Häufig sind dort auch Musiker aus der Münchner Szene zu einer Session zusammengekommen. V.l.n.r.: Richard Kurländer am Hackbrett, Sitka Wunderlich und Arthur Loibl an der Gitarre sowie Wolfram Kunkel an der Drehleier.

„Mal schaun, was der Kleinkunstnachwuchs so bringt". Der rechts auf dem Bild, der an diesem Abend in irgendeiner Stadthalle selber sein Unwesen getrieben hatte, findet: „Gar net amoi schlecht, a bisserl a Gaudi dat's no vertrogn!"

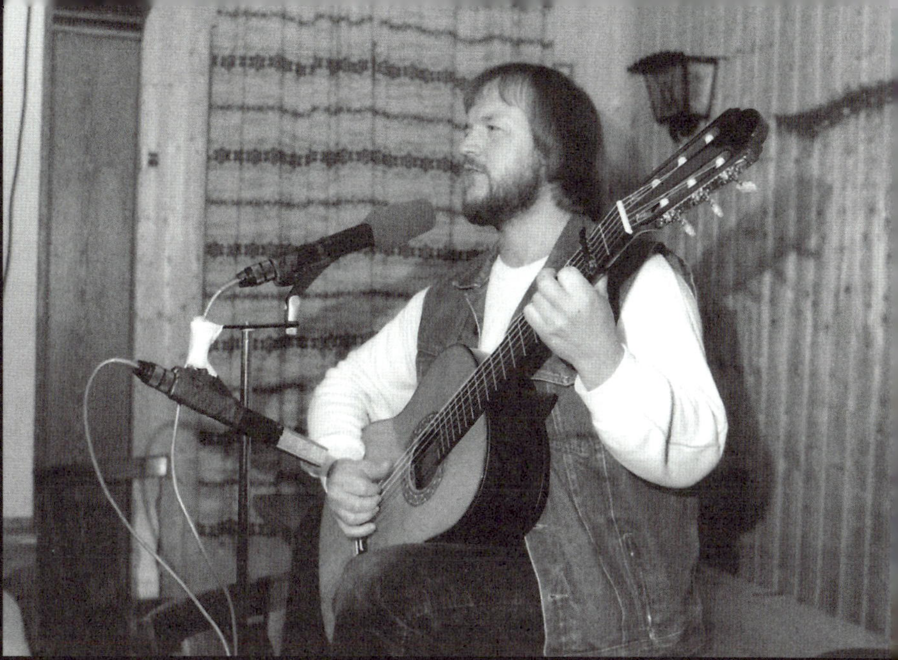

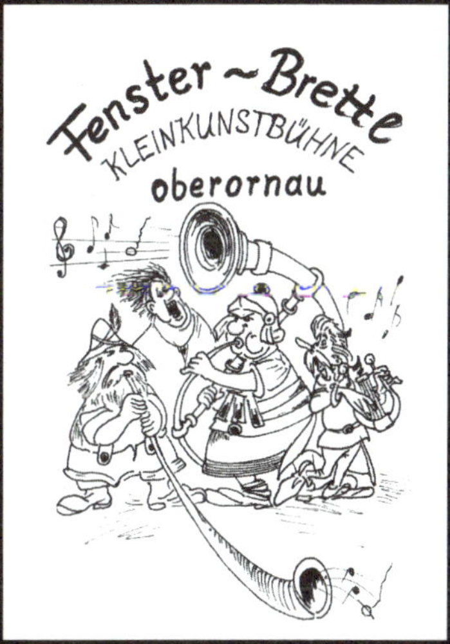

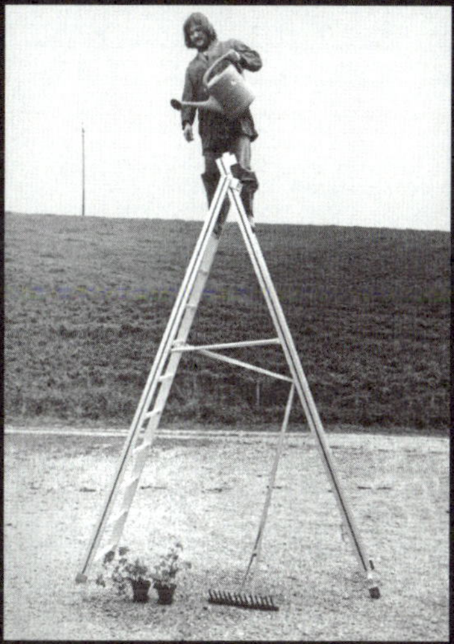

Beim Drexler Toni im „Hörbacher Montagsbrettl“ habe ich natürlich auch gespielt. Eine Kleinkunstbühne, die es sogar im Jahr 2015 noch gibt.

Aber nicht nur im Westen von München, sondern auch im Osten gab es da plötzlich eine neue Kleinkunstbühne: das „Fenster-Brettl“. Das Programmheft habe ich selbst entworfen, allerdings stark beeinflusst durch einen gewissen Herrn Asterix. In Oberornau kaufte ich eine Gastwirtschaft und schrieb ein Schild „Letzte Kleinkunstbühne vor der Autobahn“.

Meine damals erfundene Regenanimationsmaschine wurde leider kein großer Verkaufsschlager. Es hat sowieso den ganzen Sommer ständig geregnet.

Eine Zeitlang war ich auch Zirkusakrobat. Als Gewichtheber gebührte mir die Rolle des Untermanns, der mit Kraft, Witz und Verstand dafür zu sorgen hatte, dass der in der Regel etwas leichtere Obermann beim Rumturnen nicht runterfiel.

Mit zwei Armen heben ist nicht so schwer wie mit einem Arm, doch wenn beide Arme gestreckt sind, kann sich der andere Arm ruhig mal ein bisschen ausruhen.

Zweimal in der Woche gab es einen Fredl Fesl-Abend im Zirkuszelt. Die restliche Zeit brauchte der Zirkus, um von einem Ort in den nächsten umzuziehen. Während meine Abende mit 1.500 Leuten jedes Mal ausverkauft waren, waren es bei meiner Artistennummer im Nachmittagszirkusprogramm viel weniger. Aber Spaß gemacht hat's auf jeden Fall.

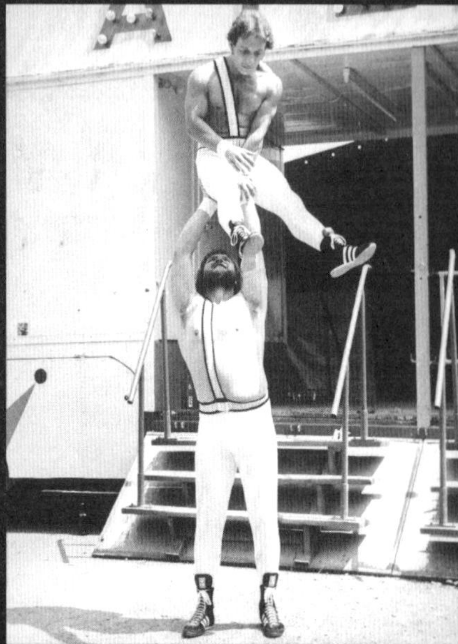

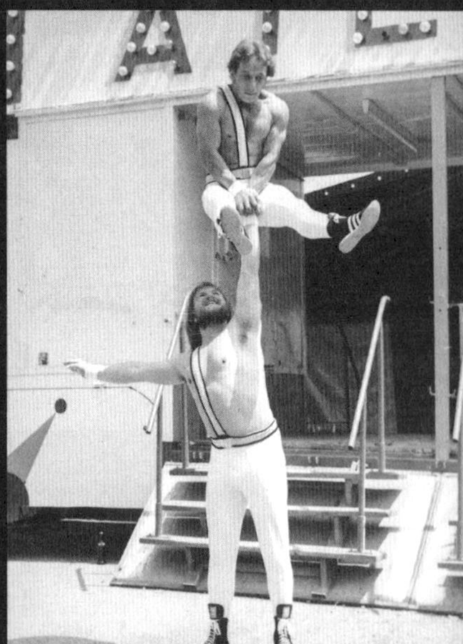

Fast 25 Jahre lang war der Handstand die letzte Zugabe bei meinen Konzerten. Ich kam noch einmal auf die Bühne zurück, schaute kurz meinen Stuhl an, als würde ich etwas überlegen, nahm dann den Stuhl, auf dem ich den ganzen Abend gesessen hatte, fest in die Hände und drückte mich in den Handstand nach oben. Ich verharrte so ein Weilchen, dann knickte ich die Beine und stand wieder neben meinem Stuhl, den ich dankbar und anerkennend präsentierte. Schließlich wäre der schöne Abend ohne ihn nicht möglich gewesen.

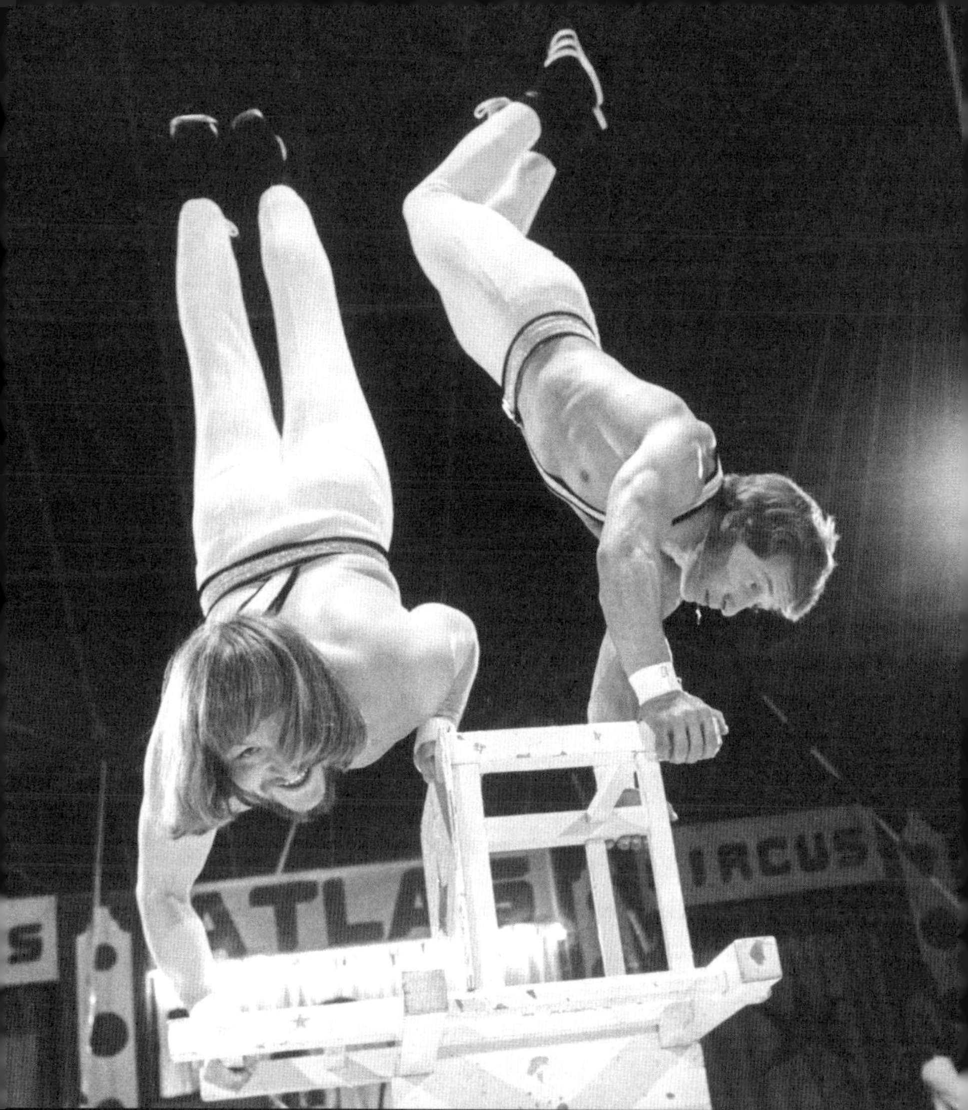

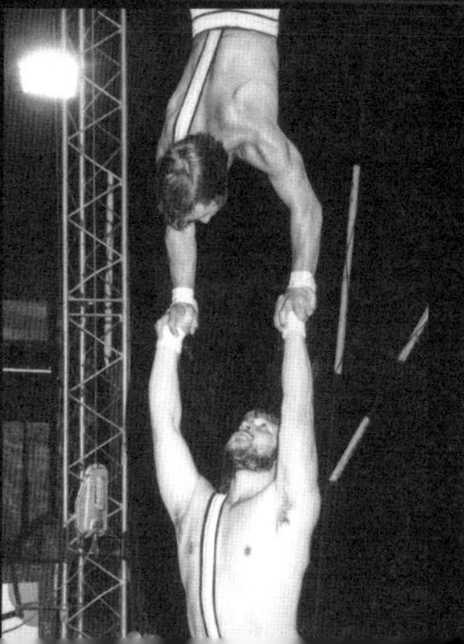

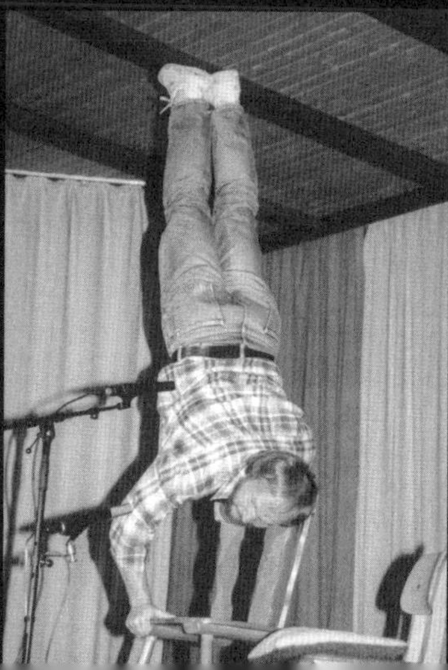

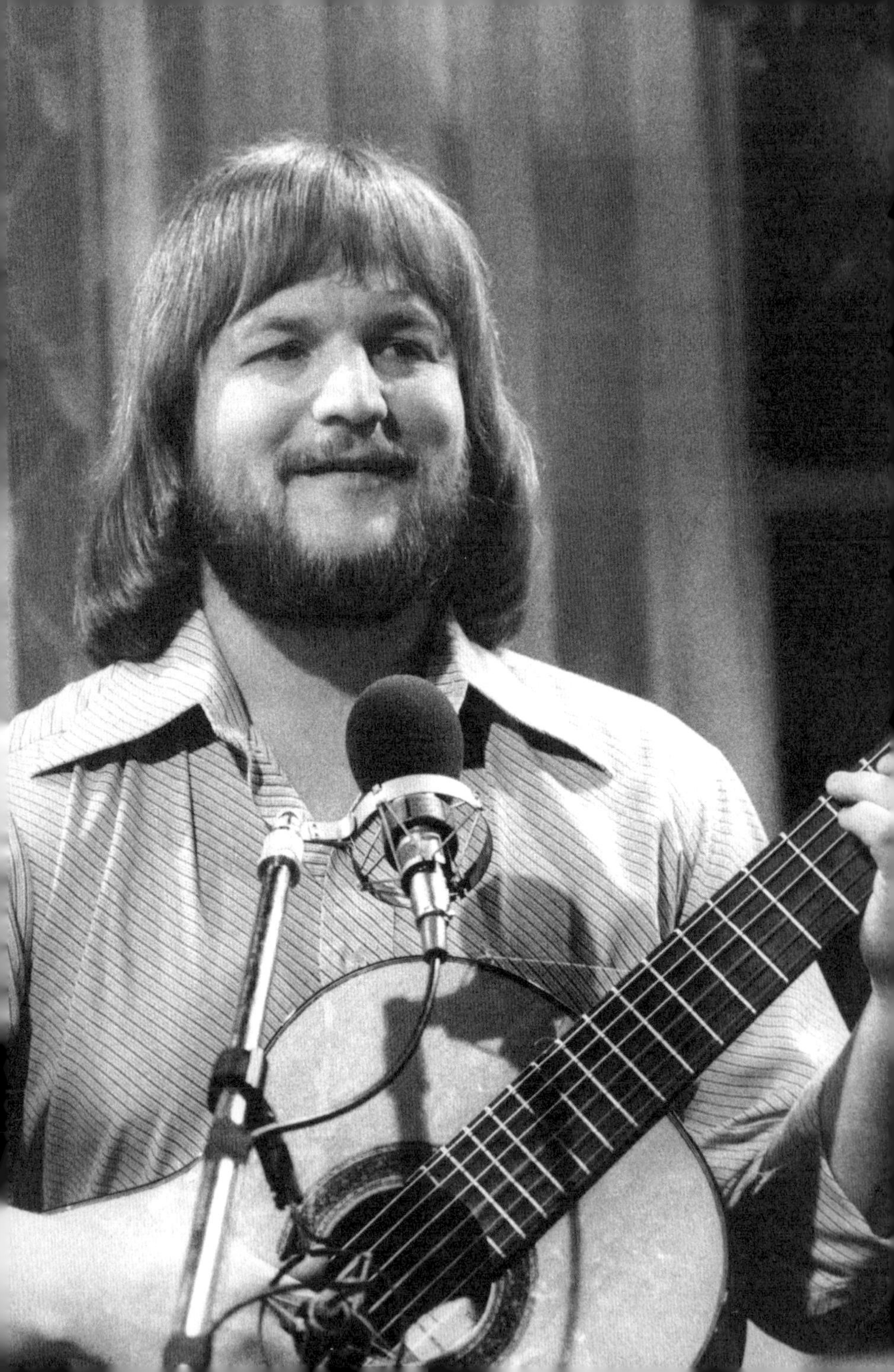

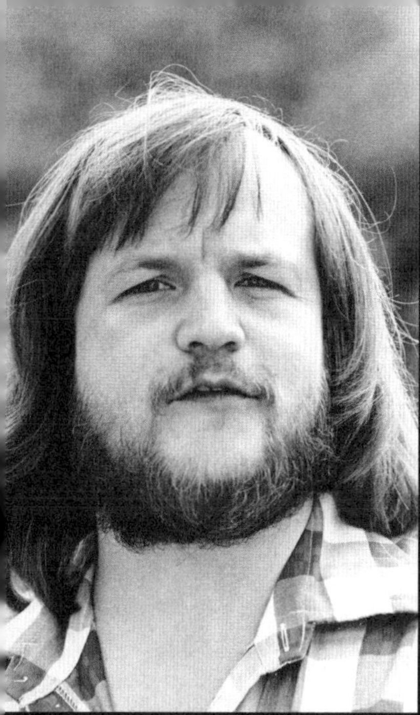

Fredl Fesl

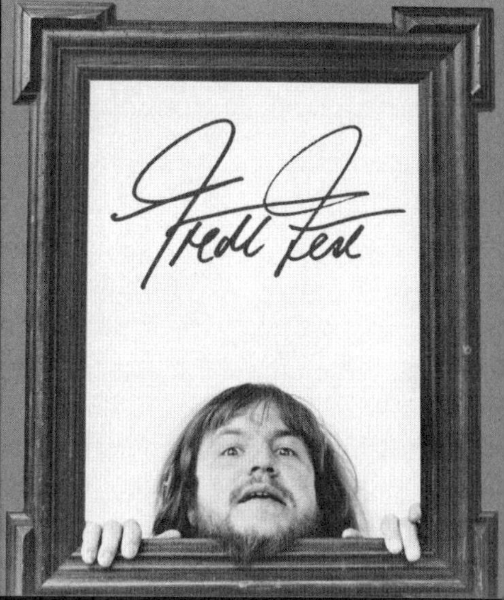

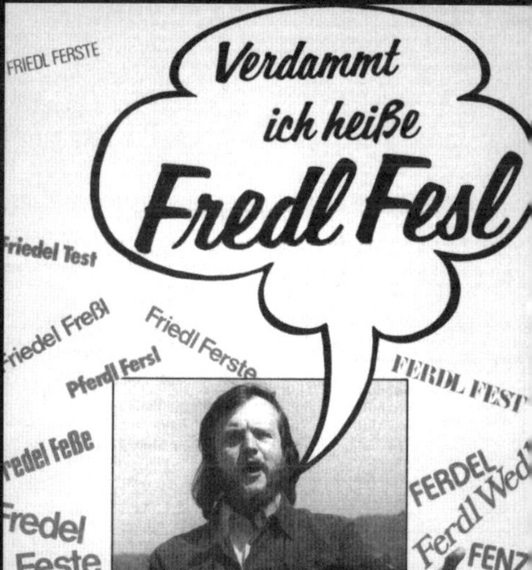

Eine meiner ersten Autogrammkarten stand unter dem Motto „Nur nicht aus dem Rahmen fallen!"

Warum heiße ich ausgerechnet Fredl Fesl? Ich habe mich das früher oft gefragt, denn „Fredl Fesl" wurde meist falsch verstanden. Statt Fredl hörten die Leute Ferdl oder Pferdl und statt Fesl kamen sie auf Fest oder sie verstanden Fenzl. Ferdel Fenzel kam am häufigsten dabei heraus. Das war natürlich sehr ärgerlich, und ich war nahe dran, einen Künstlernamen anzunehmen.

Doch dann fiel mir auf, dass das Problem mit meinem Namen noch einen weiteren Effekt hat, und zwar einen sehr positiven: Wenn man den Namen erst einmal verinnerlicht, also „gefressen" hat, dann geht er einem nie mehr aus dem Kopf, und das ist ja auch nicht schlecht.

Mit freundlichen Grüßen

Ihr Ferdel Fenzel

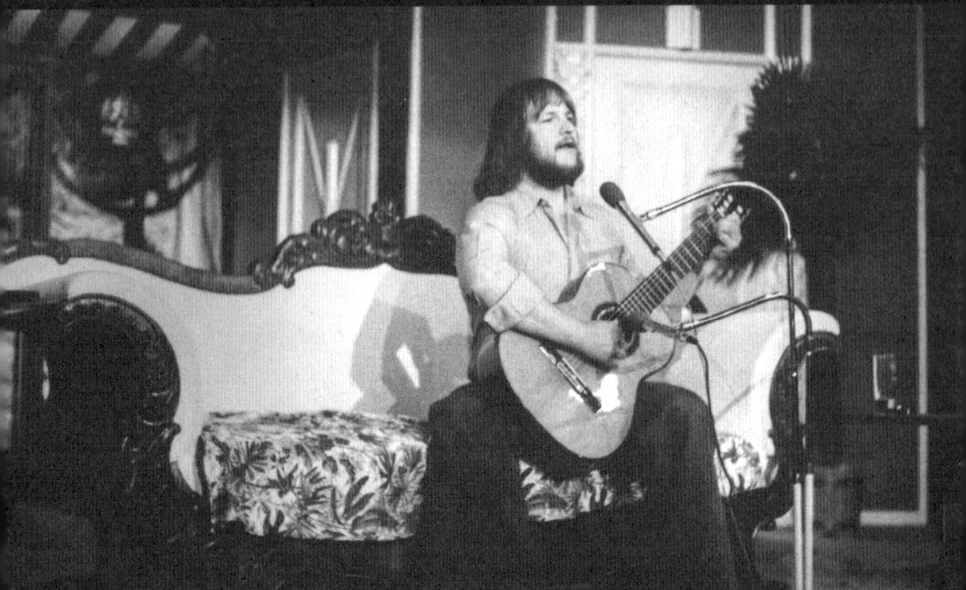

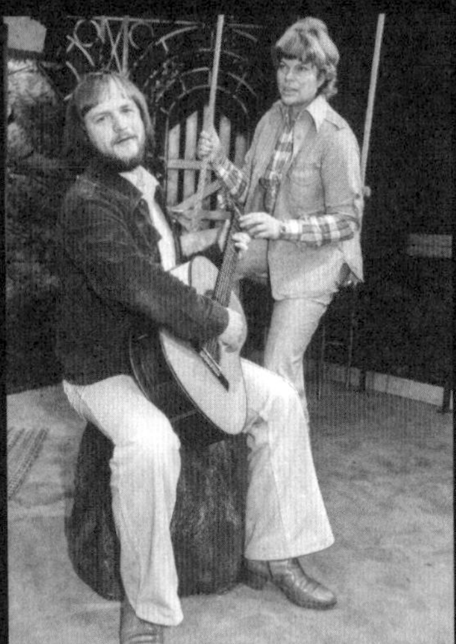

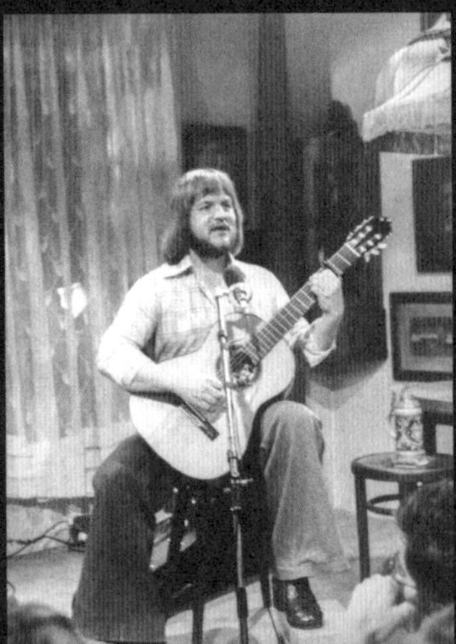

Oben: zu Gast bei Alfred Biolek in Köln. Zuerst haben wir „getoogt", und als das Publikum nicht mehr konnte vor Lachen, habe ich noch einen „gejodelt". Offensichtlich war ich damals gerade auf Promotion-Reise unterwegs, denn am Abend darauf war ich in einer TV-Sendung mit Katinka Hoffmann im Bonner „Contra-Kreis-Theater".
Aber auch zu Hause in München-Schwabing im Lokal „Heppel & Ettlich" war ich durchaus ein gern gesehener Gast.

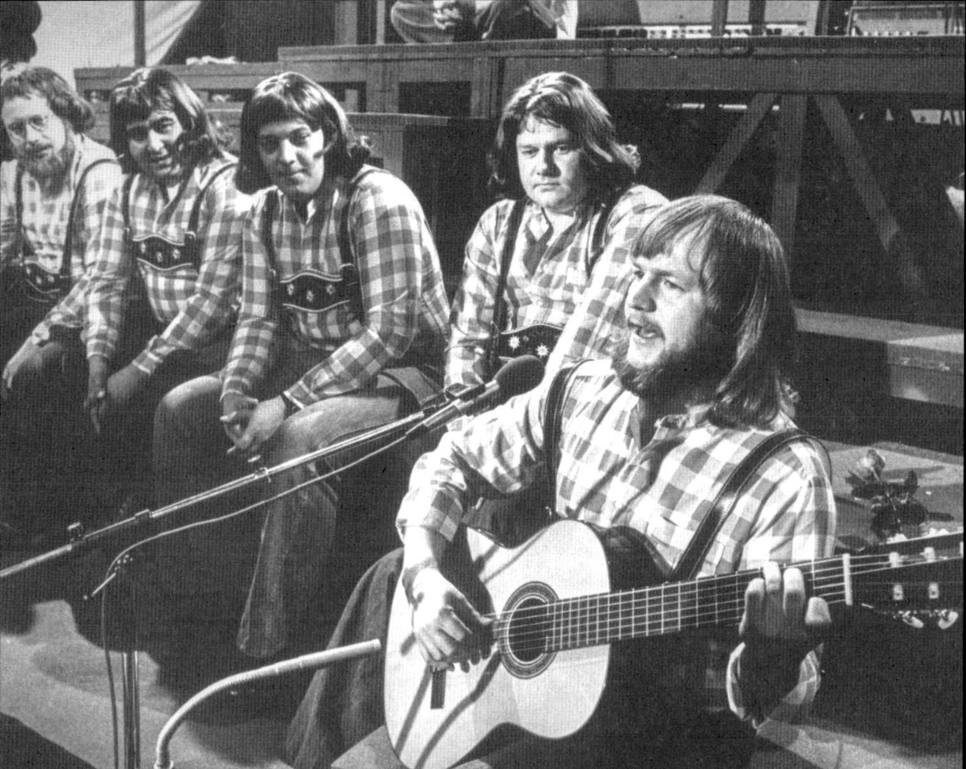

Bei einer Fernsehsendung in Berlin versuchten mich vier jeansbehoste Perückenträger mit karierten Hemden und bajuwarisierten Hosenträgern zu doubeln. Das brachte mir für einige Zeit ein „Sepplhosn"-Image ein, das ich nur schwer wieder loswurde. Dass übrigens meine „Doppelgänger" ebenso wie ich Jeans anhatten, merkte man nur bei den Proben. Bei der späteren Live-Sendung saßen dann Leute davor.

Solche Geschichten wären in Baden-Baden (r.) nie passiert, dort war ich beim „SWF-Studiobrettl". Das war eine Hörfunksendung, da kann man anziehen, was man will.

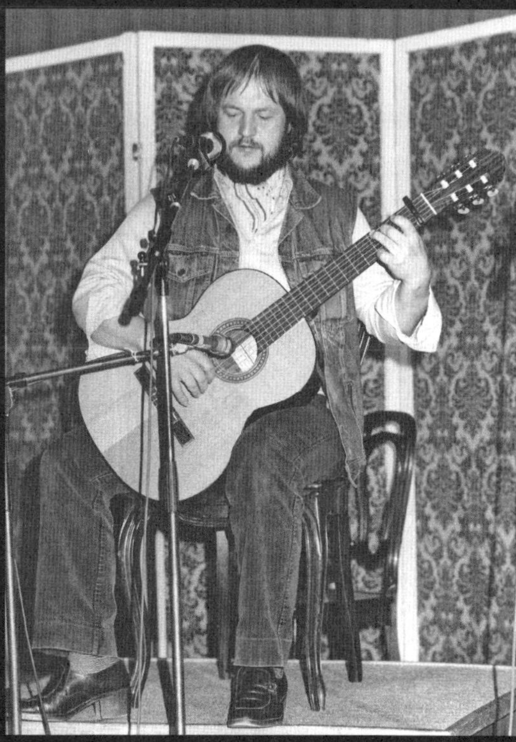

Ohne Sepplhose im Fernsehen

Mein Bekanntheitsgrad stieg kontinuierlich. Auch das Fernsehen fragte immer häufiger an. Das Fernsehen in den 70er-Jahren ist allerdings nicht mit der heutigen Medienwelt zu vergleichen. Es gab nur ARD, ZDF und die Dritten. Der konservative Charakter der Unterhaltungssendungen wurde von Redaktion und Regie vehement verteidigt. Ich weiß noch, dass als erstes immer die Frage kam: „Was ziehen Sie denn zum Auftritt an?" Ein Bayer, der auch noch bayerische Lieder singt, gehörte natürlich in eine „Sepplhose"! Ich dagegen war der Meinung, dass man, wenn ich den Mund aufmache, sowieso schon hört, wo ich herkomme. Da brauchte ich nicht extra eine bayerische Verkleidung. Während ich bei meinen ersten Fernsehauftritten diesbezüglich noch große Überzeugungsarbeit leisten musste, war das später kein Thema mehr.

Ich erinnere mich noch gut an einen Auftritt im „Blauen Bock" in Rüdesheim am Rhein. Das war eine erfolgreiche Live-Sendung in der ARD am Samstagnachmittag mit Heinz Schenk, Lia Wöhr und dem Bembel, einem Steingutkrug für Apfelwein. Ich selber kannte die Sendung nicht so gut, aber nach Meinung der Promotion-Tanten von CBS handelte es sich um eine TV-Sendung mit hoher Einschaltquote – und nur das war wichtig.

Bei den Proben zur Sendung wurde mir klar, dass ich keines meiner eigenen Lieder singen sollte, sondern nur Lieder mit Texten von Herrn Schenk, dem beliebten Showmaster und hessischen Liedermacher. Nur mit dem Zugeständnis, mich wenigstens im Interview auch als Liedermacher präsentieren zu können, konnten mich die Damen von der CBS dazu überreden, doch an der Sendung teilzunehmen.

Ich machte also mit, allerdings mit einer gehörigen Portion Wut im Bauch. Die Sendung ging los und irgendwann kam die Stelle mit unserem Interview. Heinz Schenk stellte mich dem Publikum als Fredl Fesl aus München vor und fragte mich dann, was ich denn sonst so machen würde? Meine Antwort war kurz und präzise: „Jedenfalls ned so an Schwachsinn wie in dera Sendung!“ Ich erntete einige Lacher im Publikum und hatte es geschafft, Herrn Schenk für einen kurzen Moment aus seinem Konzept zu bringen.

Dann machte er rasch mit hochrotem Kopf mit dem nächsten Programmpunkt weiter. Das Interview war zwar nicht im Sinn der Plattenfirma, ich aber konnte wieder befreit durchatmen. Ich hatte mich nicht verkauft. Während die Mitwirkenden am Ende der Sendung gemeinsam das Finale-Lied sangen, saß ich schon im Auto auf dem Weg nach München, wo es abends in der Lach- und Schießgesellschaft noch ein Fesl-Konzert gab. Dabei konnte ich mir meinen Frust so richtig von der Seele spielen. Ich habe diesen Abend noch in bester Erinnerung. Den Bembel, den ich von Lia Wöhr als Erinnerung an die Sendung bekommen hatte, habe ich meinem Vater zu seinem 60. Geburtstag geschenkt.

Solche oder ähnliche Geschichten könnte ich viele erzählen. Kamera, Licht und sekundengenauer Ablauf waren damals stets wichtiger als das, was der Künstler zu sagen hatte.

Beim Bayerischen Fernsehen bekam ich eine eigene Sendung: „Fredl Fesl und seine Gäste“. Ich hatte Künstler eingeladen wie Udo Lindenberg, Marianne Mendt, Evelin Kühnecke, Pfuri, Gorps und Kniri aus der Schweiz, die Panitzbrüder, die sich „Mehlprimeln“ nennen, und Georg Kreisler. Die Sendungen liefen reibungslos und gut vorbereitet ab. Das Publikum war damals eher zurückhaltend und ging bei Weitem nicht so mit wie heute – wohl auch aus Respekt vor dem noch neuen Medium Fernsehen. Ein bisschen bedauere ich im Nachhinein schon, dass ich meine Sendung nicht unter den heutigen Bedingungen produzieren konnte. Es ist heute viel lockerer geworden.

Eine Abschiedstournee nach der anderen

Ich sollte jetzt immer häufiger auftreten, hatte aber nicht die Absicht, jeden Abend vor Publikum zu singen und zu blödeln. Es gab da auch noch andere Sachen, für die ich mir Zeit nehmen wollte. So trainierte ich weiterhin mit viel Eisen und erhielt mir damit einigermaßen meine Kondition. Auch auf das Reisen habe ich nicht verzichtet, wobei es mir dabei gar nicht auf viele Kilometer ankam. Ich wollte Land und Leute kennenlernen.

Meine Plattenfirma in Frankfurt schätzte meine Hobbys nicht besonders. Ich galt als wenig kooperativ. Mir war das wurscht, ich nahm mir die Zeit für meine Hobbys. Freilich hörte ich nicht auf, an meiner Karriere zu arbeiten, ich habe lediglich das Tempo etwas verringert. Das heißt, ich habe bloß noch die Veranstaltungen angenommen, die mir gut und interessant vorkamen, und meistens hat es auch gepasst. Voll Stolz und fast mit etwas Übermut bin ich dann nach einer gelungenen Veranstaltung nach Hause gefahren und dachte bei mir: „Jetzt lerne ich noch das Fliegen und dann hebe ich ab." Ich habe natürlich das Fliegen nicht gelernt und bin am Boden geblieben. Aber nur so geht es vorwärts und aufwärts, wenn man in jedem neuen Konzert das bisher beste Konzert überbieten will. Dass so was nicht ständig geht, ist mir schon klar, aber der Wille dazu muss da sein, sonst wird alles sehr bald billige Routine.

Das Singen mit Arthur war nach und nach eingeschlafen, und zwar aus keinem anderen Grund als seiner Unzuverlässigkeit. Entweder kam er gar nicht zu einer fest ausgemachten Veranstaltung, dann musste ich improvisieren, oder er kam, dann aber meistens einige Stunden zu spät und mit einem Riesenrausch. Dann musste ich unsere Lieder, die nach so manchem Liederabend entstanden waren – arrangiert für zwei Gitarren und fast alle zweistimmig gesungen – alleine singen. Der Unterhaltungswert und die Qualität waren im Vergleich zur „vollen Besetzung" mäßig.

„Ich freue mich, dass ihr den Saal so vollgemacht habt. Ich bin heute hier im Rahmen meiner diesjährigen Herbstabschiedstournee 1978. Nächstes Jahr geht's dann weiter mit der Frühjahrsabschiedstournee 1979 ...“. So ungefähr habe ich damals meine Solokonzerte angefangen, etwa dreißig im Frühjahr und dreißig im Herbst. Von Lindau am Bodensee in den Bayerischen Wald und von Coburg nach Mittenwald über Nürnberg nach Stuttgart weiter nach Karlsruhe via Augsburg nach Basel und Wien, dann von Ulm nach Hof und Freiburg bei Zwiesel ... Eigentlich wollte ich einmal alle Auftrittsorte aufschreiben, aber die Liste wäre bestimmt sehr lückenhaft, weil ich die Veranstaltungen einfach nicht mehr alle weiß. Meine Aktivitäten beschränkten sich in erster Linie auf Süddeutschland, Österreich und die deutschsprachige Schweiz. Da war ich fast in jedem Dorf, aber natürlich kam ich auch nach Hamburg, Bremen, Berlin oder Köln.

Aber an Mühldorf kann ich mich noch genau erinnern. Da habe ich zum ersten Mal in einer Tierzuchthalle gespielt, in der vormittags noch Kälber versteigert worden waren. Der örtliche Veranstalter war Bernt Seelos, der Bruder des bekannten und beliebten Bandleaders Ambros Seelos. Bernt gefiel mir von Anfang an. Und das kam bei mir nicht so oft vor. Wie wahrscheinlich viele Newcomer war ich schon etliche Male von Veranstaltern übers Ohr gehauen worden. Kein Wunder also, dass ich von diesem Berufsstand nicht sehr viel hielt. Aber Bernt ging auf die Leute zu. Er unterhielt sich mit jedem und hatte selbst immer einen lustigen Spruch auf den Lippen. Ich nahm mir vor, meine Meinung noch mal zu überdenken, dass es nur zwei Sorten von Veranstaltern gibt – nämlich kriminelle und halbkriminelle – und dass man nur mit viel Glück einen halbkriminellen erwischt.

Das war der Anfang der jahrelangen, von beiden Seiten sehr geschätzten Zusammenarbeit mit Bernt Seelos. In all den Jahren haben wir viel miteinander erlebt. Bis heute verbindet uns eine enge Freundschaft.

Mein Ein-Mann-Konzern

Aufgrund meiner steigenden Einkünfte konnte ich mich auf die Suche nach einem eigenen Anwesen machen, wo ich mehr Möglichkeiten haben würde, meine Ideen zu verwirklichen. Ich hätte ja am liebsten einen Alleinlagebauernhof gehabt, aber meine damalige Lebensgefährtin Karin konnte sich ein Leben in der Einöde nicht vorstellen und schon gar nicht, wenn wir vielleicht bald gemeinsame Kinder haben würden. Wir waren damals beide Anfang 30.

So habe ich Ende der 70er Jahre in Oberornau bei Haag etwa 50 Kilometer östlich von München eine ehemalige Gaststätte mit Wohnhaus und Nebengebäude gekauft. Im Saal der Gaststätte veranstaltete ich einmal im Monat Kleinkunstabende. „Fensterbrettl" hieß diese Einrichtung, und in Anspielung auf den geplanten Autobahnbau durch das reizvolle Isental gab ich meinem Brettl den Zusatz „Letzte Kleinkunstbühne vor der Autobahn". Sämtliche Stars der Münchner Szene sind auch bei mir aufgetreten. Nachdem die ersten Abende alle ausverkauft waren und wir bereits Wartelisten schreiben mussten, versuchte ich es mit einer Mischung von jungen, noch nicht so bekannten Talenten und routinierten Kleinkünstlern.

Zum eigentlichen Erfolgsrezept wollte ich mich zuerst gar nicht äußern, denn Künstler sind oft sehr von sich überzeugt und neigen zur Eitelkeit, glauben gar, die Leute wären nur ihretwegen so zahlreich erschienen. Die Wahrheit ist: Das Publikum ist damals nicht nur der Künstler wegen gekommen, sondern in erster Linie wegen der Gulaschsuppe, die ich für den jeweiligen Abend gekocht habe. Es soll sogar Leute geben, die im „Fensterbrettl" Eintritt bezahlt hatten, sich aber gar nicht mehr erinnerten, wer an jenem Abend auf der Bühne war. Sie wissen jedoch noch genau, wie gut ihnen die Suppe geschmeckt hat; bei dem Gedanken an Fredls Gulaschsuppe läuft ihnen noch heute das Wasser im Mund zusammen.

Wenn ich so zurückblicke, was ich damals alles gleichzeitig geschafft habe, fällt mir dafür nur der Begriff „Einmann-Konzern" ein. Da war zum einen der Entertainer und Liedermacher, von seinen Fans geliebt und verehrt. Viele Leute haben sich damals in Briefen an mich gewandt und sich bei mir bedankt für die fröhlichen und humorvollen Abende, die ihnen ihre Sorgen vertrieben und an denen sie sich gesund gelacht haben. Außerdem gründete ich bereits 1979 einen Musik- und Buchverlag und drei Jahre später, also 1982, produzierte ich im eigenen Tonstudio den Zither-Rock. Manfred Zick, besser bekannt unter seinem Künstlernamen Zither-Manä, rockte gekonnt fetzige Weisen auf seiner Zither und sang dazu in bayerischer Mundart. Außerdem betrieb ich noch meine Schmiede, die bei den Behörden als „Atelier für kunstgewerbliche Gegenstände“ angemeldet war. Denn ich arbeitete nicht nur mit Metall, sondern mit jedem Material, das so anfiel. Gelernt hatte ich das ja in Geiselgasteig bei der Bavaria, als Spezialeffektler. Ja, und dann war ich eben auch noch einmal im Monat Wirt! Zumindest eine Zeit lang.

Kurz bevor ich anfing, mir auch noch eigene Steuergesetze zu basteln, hat mich mein Steuerberater gestoppt und mir erklärt, dass es so, wie ich meinte, leider nicht ginge. Nach einem langen Gespräch sind wir dann zu dem Schluss gekommen, dass es schon so funktionieren würde, aber nur bei den ganz großen Konzernen, die weltweit Handel treiben und tausende Mitarbeiter beschäftigen. Da konnte ich als Einmann-Konzern nicht mithalten und so musste ich halt Steuern zahlen wie alle anderen auch. Sogar noch ein bisschen mehr, denn die Großen zahlen gar nichts oder in Luxemburg bloß ein Prozent, und diese fehlenden Einnahmen muss ja irgendwer ausgleichen.

Während der zehn Jahre, die wir in Oberornau gelebt haben, kamen auch meine beiden Töchter Daniela (1979) und Stefanie (1984) auf die Welt und haben aus mir einen stolzen Papa gemacht. Diese beiden kleinen süßen Wesen heranwachsen zu sehen, war wirklich eine ganz außergewöhnliche Phase in meinem Leben, die ich hier nicht vertiefen will. Aber es war eine sehr glückliche Zeit!

Mit Bagger und Frontlader

Ich hatte zwar in Oberornau auch schon Grund in Ortsrandlage erworben, um meine Schafe auf die Weide stellen zu können, hatte einen Taubenschlag und Kaninchenställe gebaut und einen Gemüsegarten angelegt, aber ich träumte immer noch von einem Leben auf einem Alleinlagebauernhof. Karin kümmerte sich damals um unsere beiden Töchter und führte unser Büro. Mittlerweile hatte aber auch sie die Vorzüge einer Wohnlage ohne direkte Nachbarn entdeckt, und so fuhr ich damals häufig mit Maklern umher, um eine neue Bleibe zu suchen.

Ich nahm mir fest vor, diesmal keine Kompromisse mehr einzugehen. Ein Makler meinte sogar einmal zu meinen Vorstellungen. „Das was Sie suchen, gibt es nicht. Da müssten wir schon fünf Höfe kaufen und von jedem das Beste zusammentragen." Aber die intensive Suche hat sich gelohnt: Im Frühling 1990 fand ich den richtigen Wohnsitz im Landkreis Altötting. Auf der eigenen, nicht geteerten Zufahrt gelangte man zu einem kleinen herrlichen Anwesen inmitten von Obstbäumen, die extra wegen mir – oder weil es gerade Frühling war – wunderschön blühten. Die an den Obstgarten angrenzenden Wiesen, etwa fünf Hektar, oder 15 Tagwerk, gehören auch dazu, sodass das Haus in der Mitte des Grundstücks liegt. Wenn sich einmal ein Auto nähert, dann will der Fahrer zu mir oder er hat sich verfahren. Um zu verhindern, dass mir das Anwesen „Häuslaign" noch jemand vor der Nase wegschnappte, habe ich sofort einen Vorvertrag unterschrieben, mit dem ich mich verpflichtete, eine satte Summe zu bezahlen, wenn ich ohne triftigen Grund vom Kauf zurücktreten würde. Das gleiche galt natürlich auch für den Verkäufer, wenn er das Anwesen jemand anderem verkauft hätte.

Jetzt musste nur noch „Oberornau" verkauft werden. Aber das war wegen der Nähe zu München und der im Bau befindlichen Autobahn München-Passau kein Problem. Bald begann der Umzug nach Häuslaign. Wir, also Karin und ich sowie drei Freunde aus München, alle Gewichtheber, packten an. Zu Karin sagte ich: „Ganz egal, was du einpackst, du musst nur auf die Faltkartons draufschreiben, was drinnen ist.“

Schon nach drei Tagen waren Haus und Nebengebäude leer geräumt. Selbst meinen alten Traktor fuhr ich mit 25 km/h an seinen neuen Einsatzort. Um einen Stau auf der B 12 zu vermeiden, wählte ich einen Schleichweg, auf dem nur wenig Verkehr war. Auf dem Anhänger habe ich in einem selbstgebauten Gitterverschlag noch etwa zwanzig Schafe transportiert, die sich im Pkw nicht anschnallen lassen wollten.

Wir gewöhnten uns schnell ein. Bald kaufte ich einen gebrauchten Atlas-Kettenbagger und einen Liebherr-Frontlader – nicht für irgendeines meiner vielen Gewerbe, sondern rein zu meinem Privatvergnügen. Je älter ich wurde, umso größer wurden meine Spielsachen. Hatte ich als kleiner Bub noch mit einem Ofenrohr Forellen gefischt, so legte ich mir jetzt mehrere Fischweiher an und spielte mit Bagger und Frontlader.

Weil i ned mog

Ich werde oft gefragt, wie ich denn meine Lieder schreibe, ob ich ein gewisses Umfeld brauche oder meine Texte gleich in die Schreibmaschine hacke oder ob es mir eher wie dem großen Karl Valentin ergeht? Dem ist nämlich nur was Brauchbares eingefallen, wenn er einen runtergespitzten, also sehr kurzen Bleistift benutzte. Mit einem langen Bleistift hat er nie etwas zu Papier gebracht, vielleicht auch noch ein nagelneues weißes Blatt Papier, das dauernd zu fragen scheint: „Na, was ist los? Ich bin ja immer noch ein unbeschriebenes Blatt. Wo bleiben sie denn, deine humorvollen Gedanken?“ Unter solchen Umständen könnte ich auch nichts Originelles schreiben.

Meistens habe ich die Geschichte, die ich in Liedform bringen will, schon im Kopf, und es fehlt nur noch der richtige Moment, in dem ich diese Bruchstücke „aneinanderreime". Dann braucht das entstehende Werk natürlich ein Versmaß und das Lied sollte vielleicht einen Refrain bekommen – eine Textpassage, die in jeder Strophe wiederholt wird und bei der ich die Leute bitten kann, mich gefälligst allein singen zu lassen.

Ja, das war es schon, der Text ist fast immer zuerst da. Dann brauche ich meine Gitarre und probiere einige Harmonien und Harmoniefolgen aus. Auch der Rhythmus ist wichtig und so teste ich so lange, bis ich zufrieden bin und Text und Melodie zu einer Einheit verschmelzen. So einfach ist das also, werden Sie jetzt sagen. Doch so einfach geht es auch wieder nicht, denn auch die Vorrede ist wichtig, denn um das Lied nicht falsch zu verstehen, braucht man noch ein paar Sätze als Vorrede.

Ein neues Lied zu schreiben,
manchmal ist das furchtbar schwer,
Man läuft kauend an der Schreibmaschin
im Bett nachts hin und her.
Plötzlich die Belohnung für die stundenlange Plag
Der Titel ist schon g'fundn, er hoaßt: Weil i ned mog.
Refrain: Weil i ned mog.

Eigentlich sollte ich gar nicht erzählen, wie ich meine Lieder herstelle, aber jetzt hab ich eh schon so viel preisgegeben und meine Zeit als aktiver Liedermacher habe ich bereits zu meinem sechzigsten Geburtstag am 7. Juli 2007 für beendet erklärt, so dass ich die Konkurrenz nicht mehr unbedingt fürchten muss.

Hier noch ganz schnell ein Rezept für ein Liedchen so nebenbei als Zwischenmahlzeit: Man nehme ein gutes Kinderlied, bestens bekannt bei Alt und Jung und äußerst schmackhaft. Diesem Kinderlied mischt man nun eine neue Melodie bei, die wir extra für unseren Ohrenschmaus komponiert haben.

Wenn Sie das nun einmal probieren, werden Sie feststellen, dass der alte Text und die extra neu gemachte Melodie überhaupt nicht harmonieren. Aber keine Panik, mischen Sie einfach einen neuen Text dazu und schon haben Sie ein neues Lied, mit neuem Text und neuer Melodie, das kein Mensch kennt. So ein einfaches Rezept! Mich wundert, dass anscheinend noch niemand auf diese Methode gekommen ist.

Jetzt möchte ich auch noch erzählen, wie beispielsweise mein Fußballlied entstanden ist. Wer sich in den 70er Jahren im Münchner Kleinkunstsumpf verirrt hatte, der wird bestätigen können, dass damals Münchner Musiker vorwiegend nachts ihr Unwesen an der Unterhaltungsfront trieben. Bis sie wieder zu Hause oder in irgendeinem wohlverdienten Bett waren, wurde es nicht selten bereits hell draußen und die Vöglein tirilierten. Wenn dann um acht Uhr oder etwas später das Telefon klingelte, kann man sich schon vorstellen, wie der Münchner Kleinkünstler drauf war.

Es war das Jahr 1974. In München war die Hölle los, Fußball-Weltmeisterschaft und Deutschland stand im Endspiel. Wenn ich es noch richtig in Erinnerung habe, hatte sich die WDR-Redaktion in Köln Folgendes ausgedacht: Man wollte die WM im Kleinen nachspielen, mit genau dem gleichen Ablauf wie die echte WM, nur mit deutschen Schülermannschaften, die für die entsprechenden Länder antreten sollten. Eigentlich eine nette Idee, wenn da nicht jemand unbedingt ein „Fußballlied" zur Auflockerung gebraucht hätte.

Ich weiß nicht, wie er auf mich gekommen war, aber morgens um acht Uhr klingelte mich ein Rundfunkmitarbeiter vom WDR aus dem Schlaf. Er fragte mich, ob ich denn ein Fußballlied schreiben könnte. „Könnte ich schon machen", soll ich gesagt haben „bis wann braucht ses denn?" Er: „Heute Nachmittag!" Ich ließ mir nichts anmerken und bat ihn, mich so gegen Mittag wieder anzurufen. Dann würde ich ihm sagen können, ob es was mit dem Lied wird oder nicht. Ich machte mir einen starken Kaffee und fing an zu reimen. Als mich dann der Mann aus Köln pünktlich um elf Uhr wieder anrief, konnte ich ihm das Fußballlied via Telefon schon vorsingen. Es gefiel ihm so gut, dass er mich bat, zum BR zu fahren und dort das Lied für die ARD-Sender aufzunehmen.

Ja, so geht es auch, das Liedermachen, und man sieht bereits, es gibt viele Methoden, Neues entstehen zu lassen.

Hier noch ein Hilfsmittel an neue Melodien zu kommen: Man nimmt irgendeinen banalen Satz, vollkommen egal welchen, z. B. „Alles Gute zur Hochzeit“. Dann streicht man aus diesem Text alle die Buchstaben weg, die keine Noten sind. Bei unserem Beispiel kommt zuerst ein „A“ und das kann als Note dargestellt werden. Das folgende „l“ gibt es nicht als Ton und wird gestrichen. Ebenso das zweite „l“. Dann folgt ein „e“, und ein „s“, zusammen ergibt das den Halbton „es“. Das war jetzt das Wort „Alles“. Und nun zu dem Wort „Gute“. Hier müssen die Buchstaben „u“ und „t“ gestrichen werden. Wenn man jetzt auch noch mit den Worten „zur Hochzeit“ so verfährt, erhält man eine Reihe Noten, die man nach Lust und Laune mit den unterschiedlichsten Harmonien und Rhythmen in Verbindungen bringen kann: „a, es, g, e, h, c, h, e“. Man wird staunen, was sich hinter so manchem Text für tolle Musik verbirgt.

Soviel zu den unterschiedlichsten Methoden, neues Liedgut zu basteln und für den Fall, dass es jemand ausprobieren möchte, wünsche ich ihm viel Spaß beim Texten und Komponieren.

Vielleicht habt’s Lust, mein Gedicht vom Dart-Pfeil zu vertonen. Schauma amoi, dann hörn mas scho!

Gedanken eines Dart-Pfeils

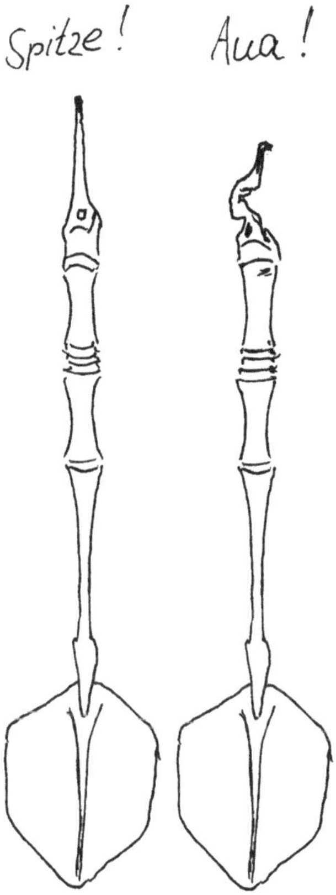

I bin a Dart-Pfeil und i wui
Immer pfeilgrad nei ins Zui.
Ja, i wui in d'Mittn nei
In des Rote vom Bull-Eye.

Alles hab i nochmal checkt,
Ois normal, ois is perfekt.
Jetzt verlass i glei sei Hand,
Jetzt fliag i los, jetzt bin i g'spannt.

Ja wia kanns denn sowas geb'n,
Schmeißt der Depp haarscharf daneb'n.
Mich als Pfeil trifft da koa Schuid,
I bin nur g'flogn, und er hat zuid.

Grad und sauber bin i g'flogn,
Er aber hat den Wurf verzogn.
Bei so was kriag i so a Wuat,
I streng mi o, war heit so guat.

Ja, i war heut so riesig drauf
Und der Saftsack passt net auf.
Bei sowas kriag i so an Hass,
A so macht s'Darten mir koan Spaß.

Normal tätst sag'n, „Scheiß drauf, was sollts"
Als Dartpfeil aber hast dein Stolz.
Des geht an d'Nerven, regt mi auf,
Woaßt was, i mog heut nimmer – i hör auf.

Jetzt kann er werfen, wie er wui,
I fliag jetzt immer knapp nebn's Zui.
Haushoch verliert er, gschiagt eahm recht,
Warum wirft er a so schlecht!

Dieser Double-Triple-Trottel.

D’ Streißlbichler Kathi

Ein Bauerntheater in bairischer Sprache

Ein ursprünglich abendfüllender Dreiakter, der aber während einer Kürzungswahn-Epoche auf wenige Zeilen zusammengestaucht wurde. Alle in diesem Stück geschilderten Personen und Handlungen sind frei erfunden, Ähnlichkeiten mit irgendwelchen Personen wären zufällig und sind nicht beabsichtigt.

Personen
Toni und *Alois*

Der Bürgermeister und dessen zweite Frau, der Herr Pfarrer, der heimlich trinkt, der unangenehm auffallende Preuße, der ständig lästige Fragen stellt und danach den Einheimischen erklärt, wie das in Bayern so zugeht, das naturdumme, aber doch ungemein durchblickende Dienstmädchen, der verschenkte Großvater, die Streißlbichler Kathi und so viele andere Charakter-Darsteller fielen eben diesem Kürzungswahn zum Opfer.

Ort der Handlung
Eine gemütliche Ofenbank im Dorfwirtshaus (wegen der Kürzung nur ca. 0,80 Meter lang)

Toni: Alois, hörst?

Alois: Ja, scho.

Toni: D’ Streißlbichler Kathi, die kennst doch?

Alois: Ah, wen?

Toni: D' Streißlbichler Kathi!

Alois: Ja scho.

Toni: Woaßt scho, dass heirat'n tuat?

Alois: Ob i des woaß?

Toni: Ja.

Alois: Naa.

Toni: Heiratn tuats!

Alois: Ja wen denn?

Toni: Mi!

Alois: Di?

Toni: Ja!

Alois: Ah sooo …

Hinweis
Falls vorhanden, wird im Saal ein Bild von der Streißlbichler Kathi herumgereicht. Ist jedoch kein geeignetes Foto von der Streißlbichler Kathi vorhanden, kann auf diesen Punkt des Ablaufs notfalls auch verzichtet werden.

Taxilied

(Text und Musik: Fredl Fesl)

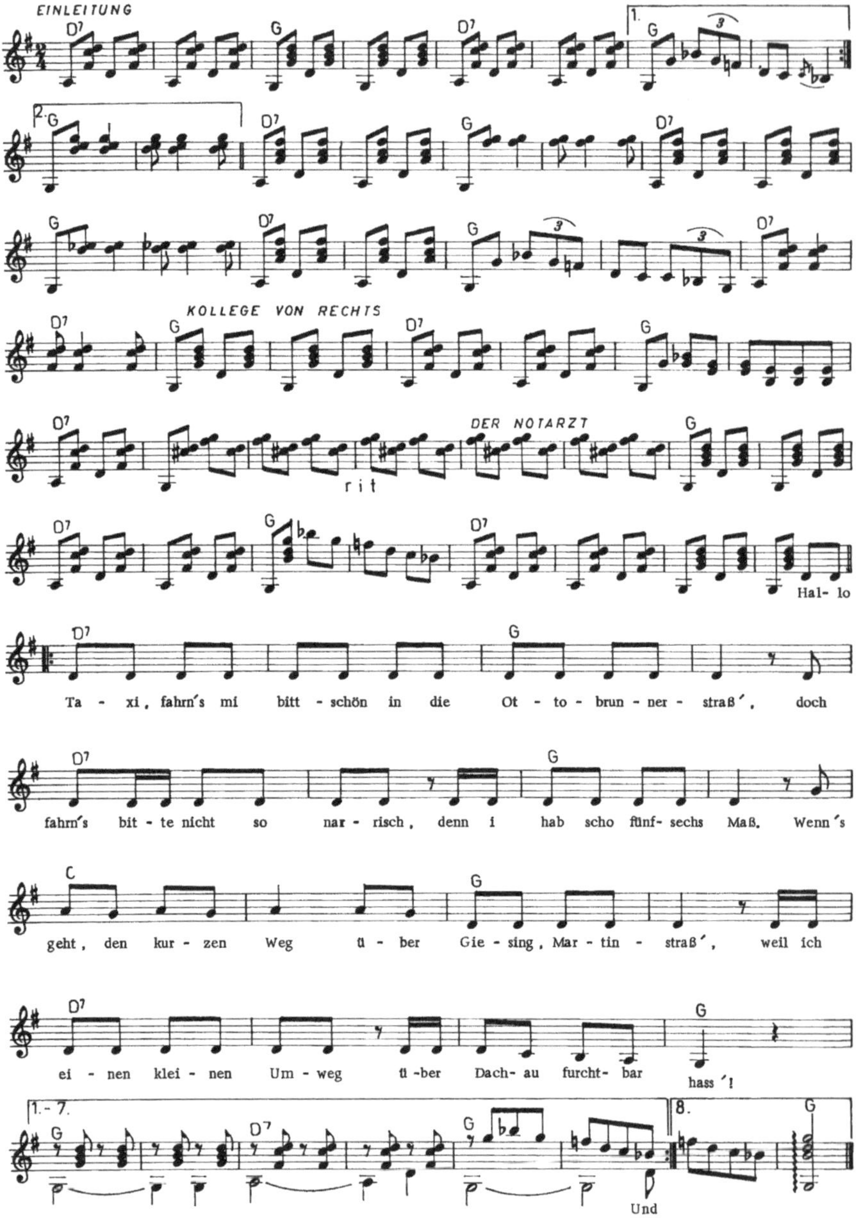

Hallo, Taxi, fahrn's mich bitte in die Ottobrunner Straß
Doch fahrn's bitte nicht so narrisch, denn i hab schon fünf, sechs Maß
Wenn's geht, den kurzen Weg über Giesing, Martinstraß
Weil ich einen kleinen Umweg über Dachau furchtbar haß

Und ich will auch nicht nach Pasing und auch ungern nach Freimann
Weil ich a) schon furchtbar müd bin, b) es mir nicht leisten kann
Der Innungskopf hat d'Tür zug'haut, hat g'wart, bis daß ich schlief
Dann hat er schnell sei Uhr eingstellt auf günstigsten Tarif

Und wie ich in einer engen Kurven mir mein Kopf anhau
Davon aufwach und verschlafen aus dem Taxifenster schau
Da seh ich schlimme Sachen, die san schrecklich interessant
Mancher würde viel bezahlen, wenn er das erleben kannt

In Giesing steht ein Fernsehturm beim Arabellahaus
Und wenn man da links abbiegt, geht's nach Großlappen naus
Dann rechtsherum durchs Siegestor, vorbei an Hellabrunn
Da siegst a Schild nach Allach, doch da kümmerst dich nicht drum

Vorbei am Dom, in Richtung Riem, des kommt dir komisch vor
Seit wann is s'Nordbad denn in Giesing, links vom Isartor
Doch dann, gleich hinterm Waldfriedhof, da kommt ein Krankenhaus
Das ist das rechts der Isar, und da kennst dich wieder aus

Über d'Donnersbergerbrück'n und durchs Leuchtenbergtunnel
Dann die Abkürzung nach Solln naus, denn die is besonders schnell
Die Ludwigstraß nach Sendling, rechts vorbei am Kronebau
Und des oiß so nah bei Giesing, daraus werd ich gar nicht schlau

Beim Haus der Kunst in Moosach drauß, da stell ich plötzlich fest
Der Bahnhof München-Giesing geht ja durch bis Aubing-West
Doch dann kommt schon der Friedensengel, und es fällt mir ein
Von da weg bis nach Ramersdorf kanns nicht mehr recht weit sein

Doch erst kommt noch der Harras, Milbertshofen und Hochbrück
Und ich hab leise den Verdacht, mein Ziel liegt weit zurück
Auf einmal ist es doch soweit, wir sind in München-Ost
Vom MUH bis Ottobrunner-Straß – fragn's nicht, was sowas kost

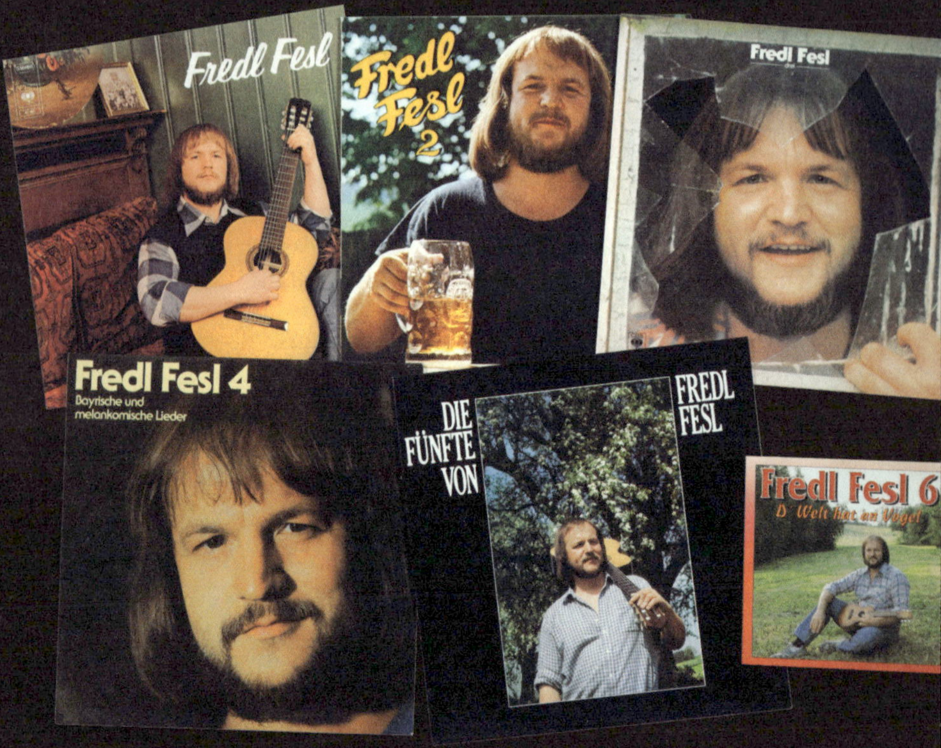

Meine erste Schallplatte habe ich im Herbst 1975 im Theater Fraunhofer aufgenommen. Im Frühjahr 1976 kam sie dann auf den Markt. Vier weitere LPs und eine CD-Produktion folgten.

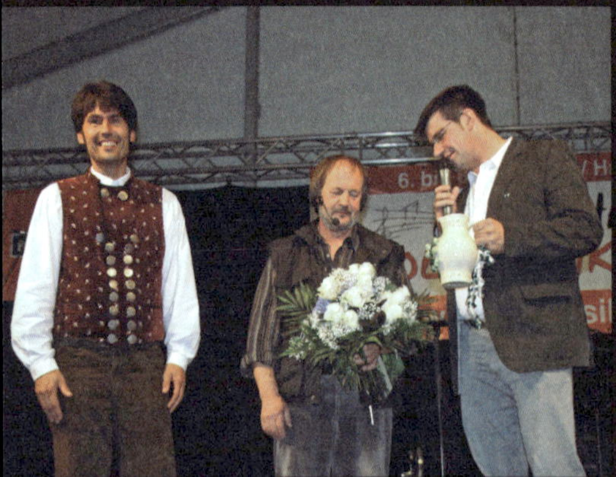

Meine Abschiedstourneen im ganzen deutschsprachigen Raum begannen gleich nach dem Erscheinen meiner ersten LP und endeten einen Tag vor meinem 60. Geburtstag. Um sich von seinem Publikum ordentlich zu verabschieden, braucht man schon 30 Jahre.

In Au in der Hallertau bekam ich nach meinem letzten Konzert vom jungen Bürgermeister Blumen überreicht. Als er mich fragte, ob ich mir vorstellen könnte, anstatt in Rente in die Politik zu gehen, antwortete ich ihm spontan: „Also, das bestimmt nicht, da hab' ich nicht genügend kriminelle Energie!"

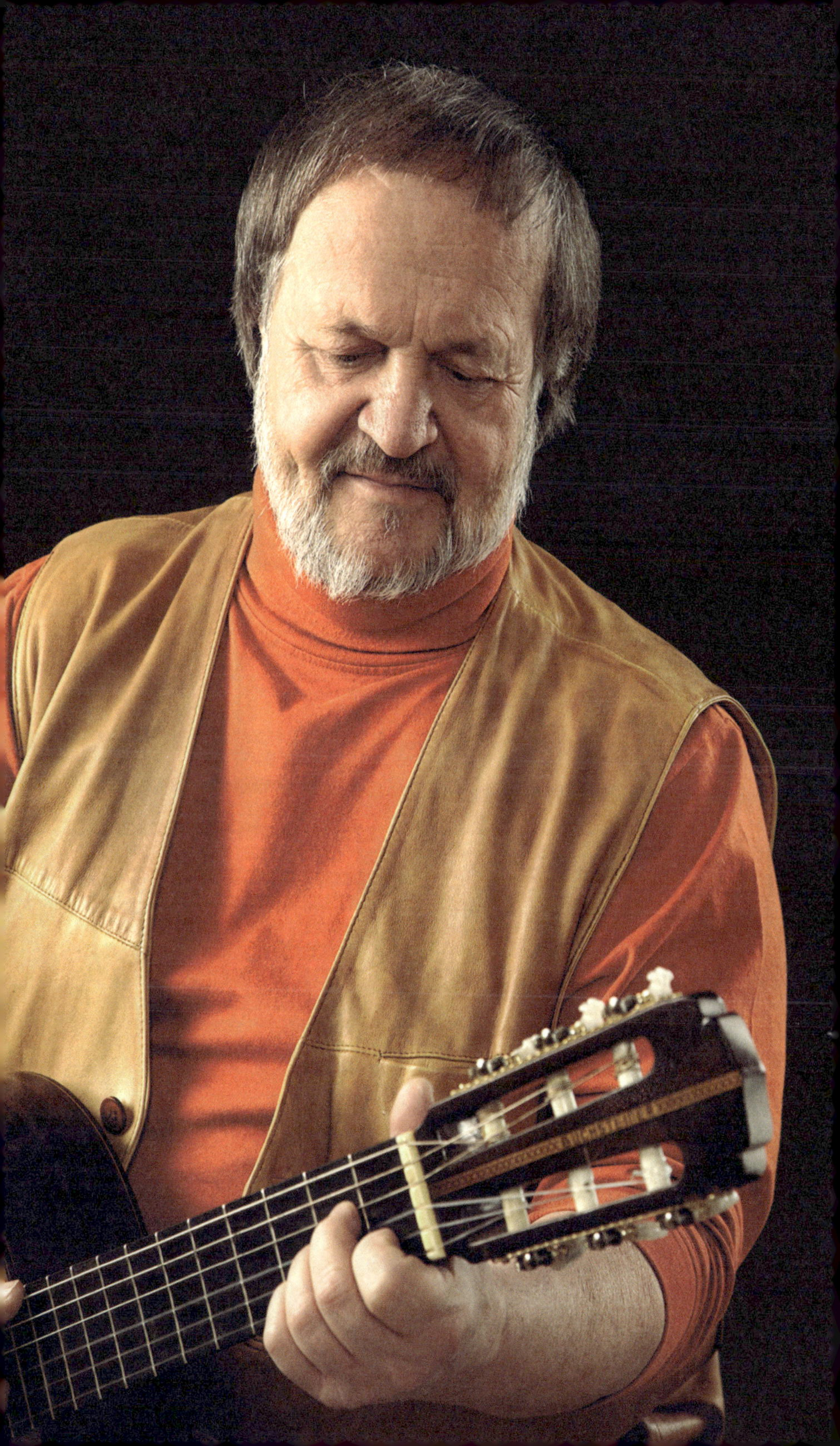

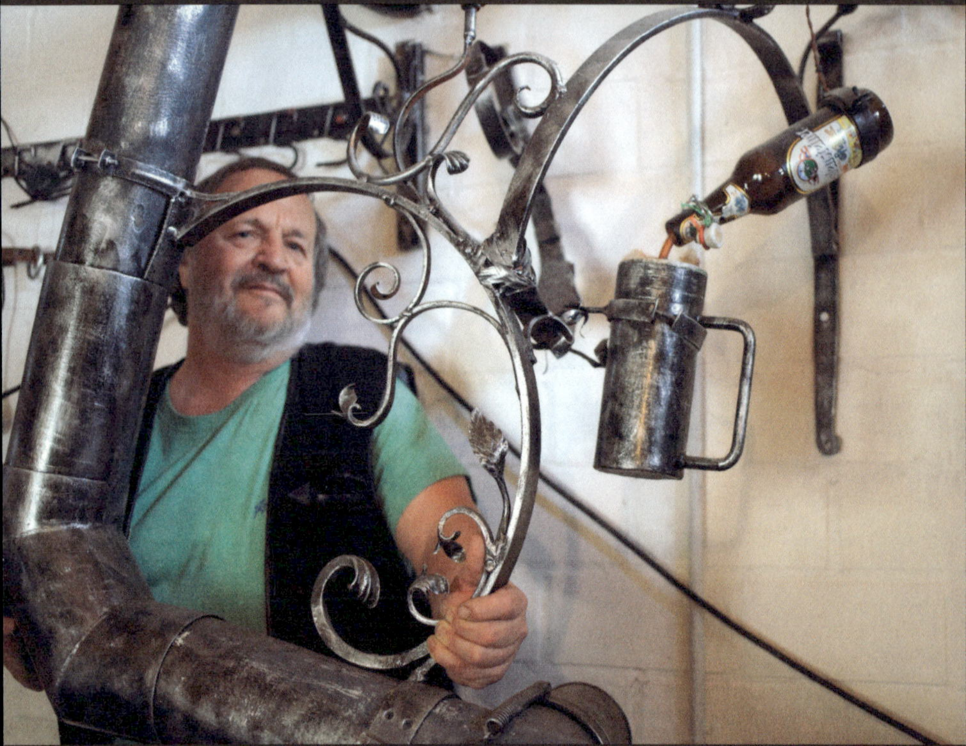

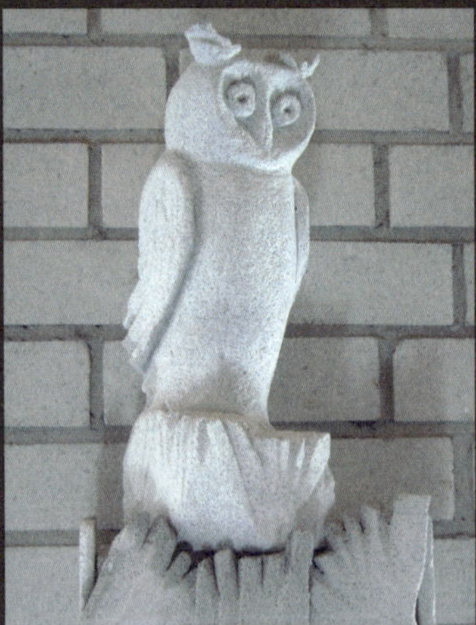

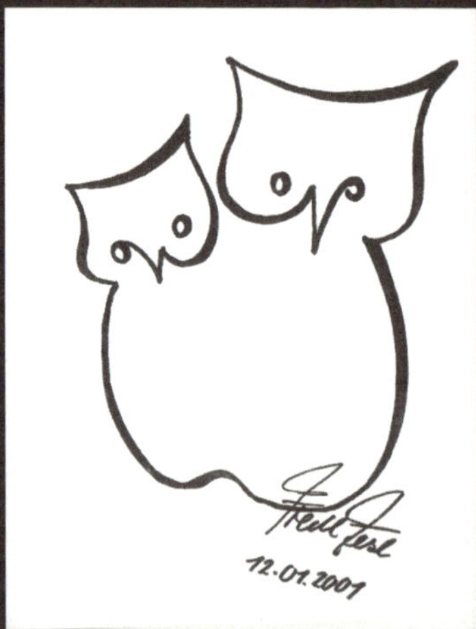
Fredl Fesl
12.01.2001

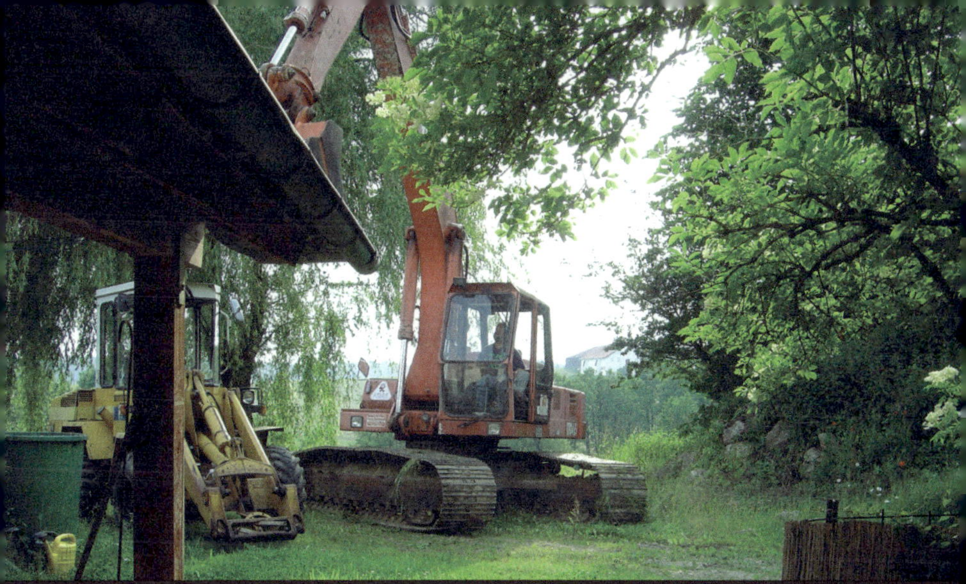

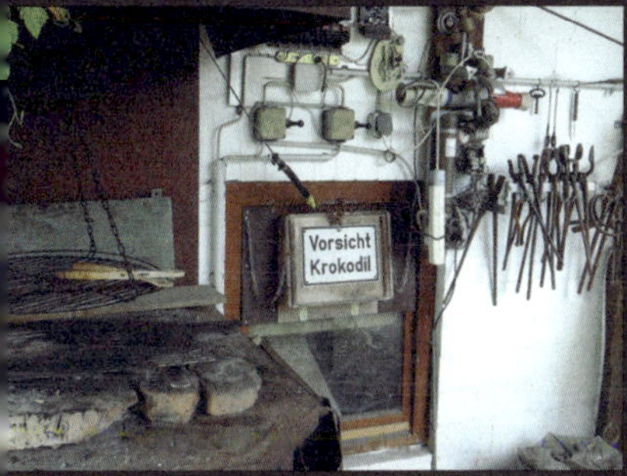

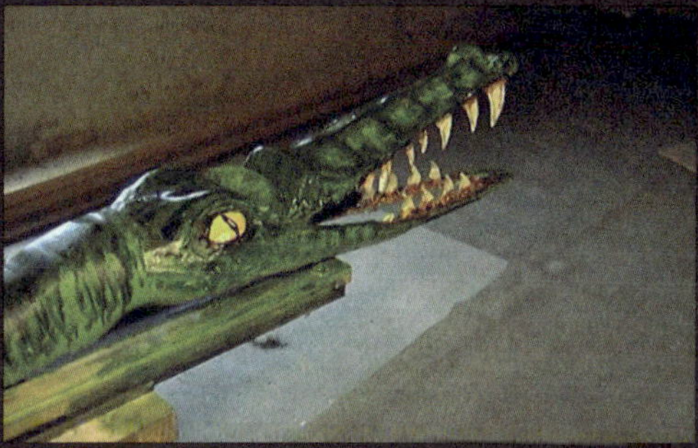

Wer mich schon einmal in Häuslaign besucht hat, weiß es vielleicht, es gibt dort auch noch den Maler, den Zeichner, den Tüftler und Bastler sowie den Bildhauer Fredl Fesl – eine weniger bekannte Seite von mir.

Das Bild links oben zeigt meinen Bierbrunnenofen und mich dahinter mit zufriedenem Grinsen. Der Bierbrunnen funktioniert so, wie ich mir das ausgedacht habe: Ich lasse mir eine frische Maß einschenken, immer aus der gleichen Flasche, und das Bier läuft und läuft und läuft und läuft …

Meine Frau Monika sammelt Eulen, und einige Exemplare stammen auch von mir. Picasso hat einmal mit einer Linie und einem Punkt eine Eule gezeichnet. Einfach genial, meisterlich. Mit einer Linie und zwei Punkten kommen bei mir immer nur zwei Eulen raus. Picasso müsste man halt heißen.

Bagger und Lader werden überwiegend bei größeren und schwereren Arbeiten gebraucht, wie z. B. Fischteiche anlegen. Bei so Verrichtungen wie Bierbrunnen gestalten, Eulen entwerfen, Krokodile bauen oder bei der Entwicklung meiner Schunkelhilfe werden sie aber nicht eingesetzt.

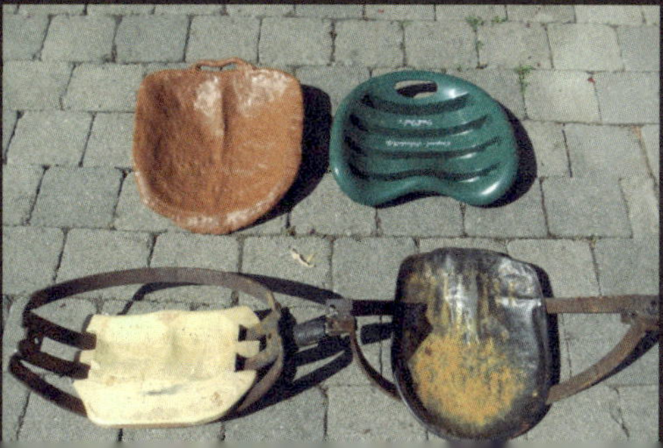

Fredl Fesl – Ohne Gaudi is ois nix

Fischen ist seit Kindheit meine Leidenschaft. Früher habe ich noch ohne Angelschein z. B. mit dem Ofenrohr gefischt. Um endlich der Schwarzfischerei ein Ende zu setzen, habe ich im März 2001, also im zarten Alter von fast 54 Jahren, die Fischerprüfung abgelegt. Bis dahin hatte ich hauptsächlich auf drei kanarischen Inseln, auf La Palma, La Gomera und El Hierro geangelt.

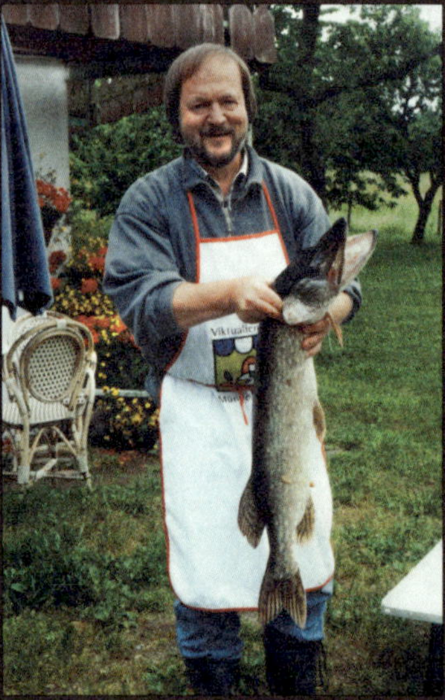

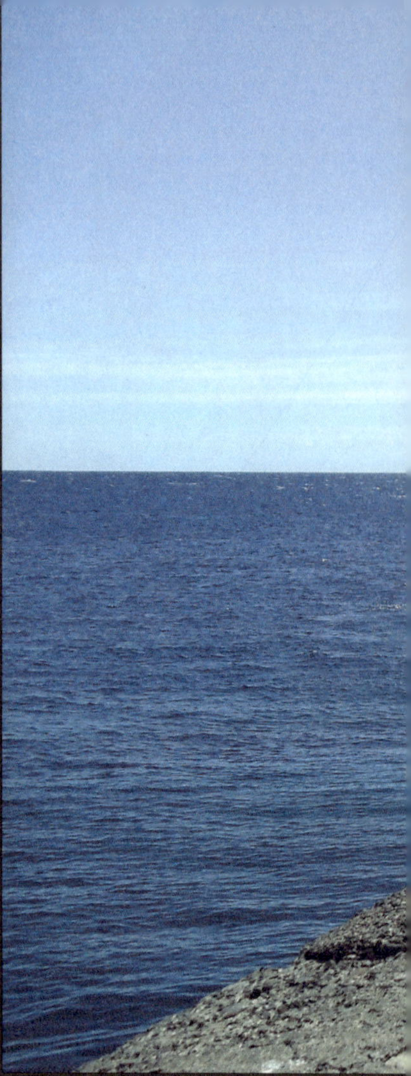

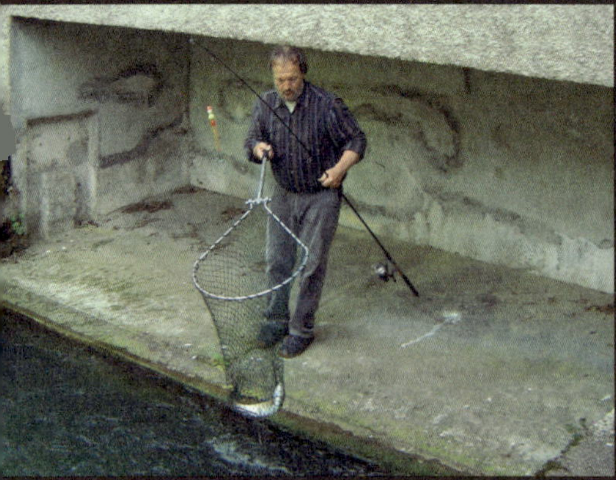

Im Meer sind zwar mindestens genauso viele Fische drin wie am Wehr in Wiesmühl, jedoch ist das Meer viel größer als der Mühlbach, und darum kommen dort die Fische nur sehr selten vorbei.

Am Wehr setzen sich die Fische nicht so sehr zur Wehr, kommt so ein toller Hecht wie ich daher.

Übrigens: Wenn s'Meer übers Ufer steigt, dann is des normal, des braucht's anscheinend. Da Fluss wenn übers Ufer fließt, dann wird er überflüssig und so was braucht man ned.

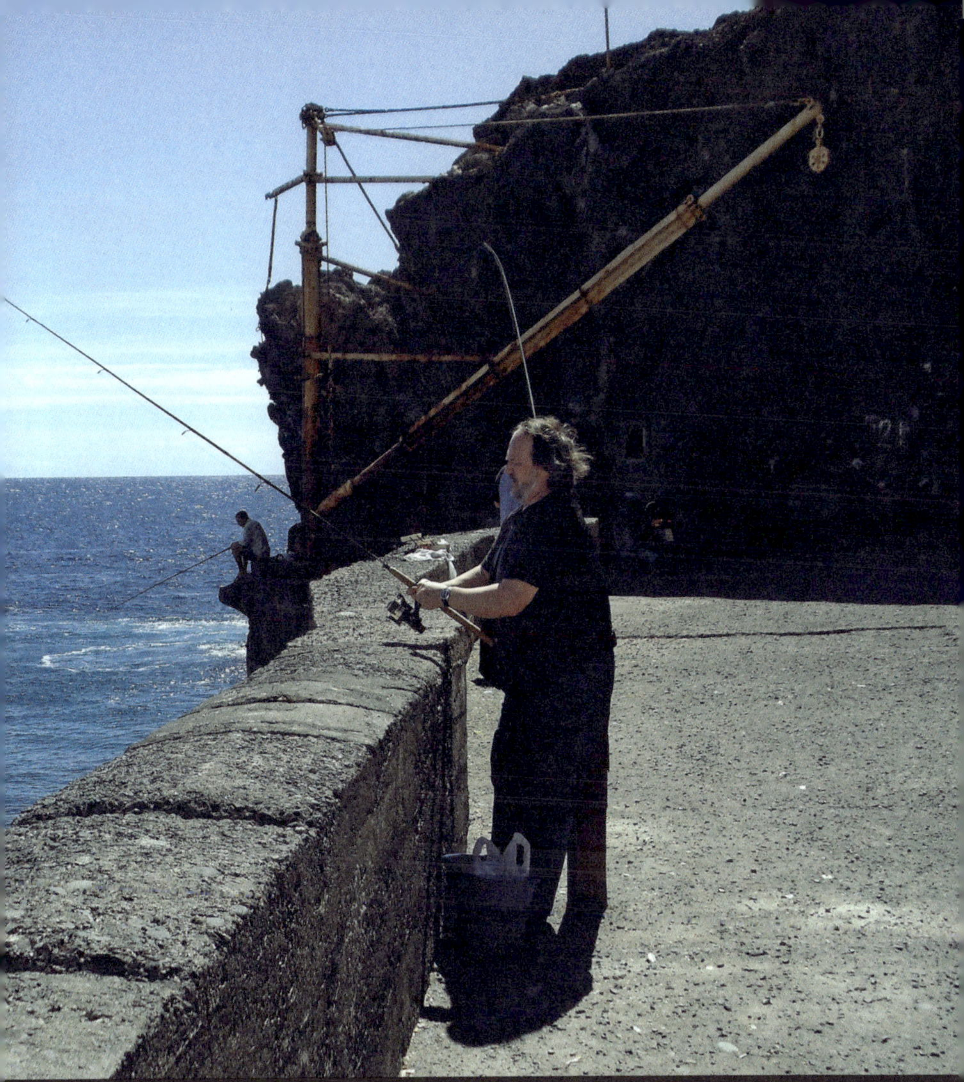

Waller angeln im Team: Der Rainer Müller hat ihn angeleint und ich hab' ihn mit herausgezogen.

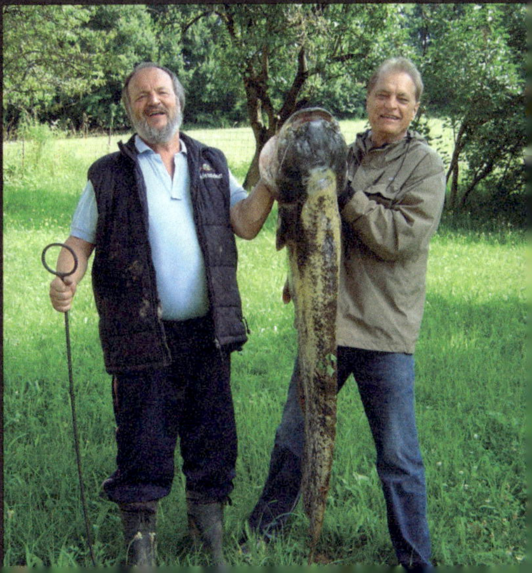

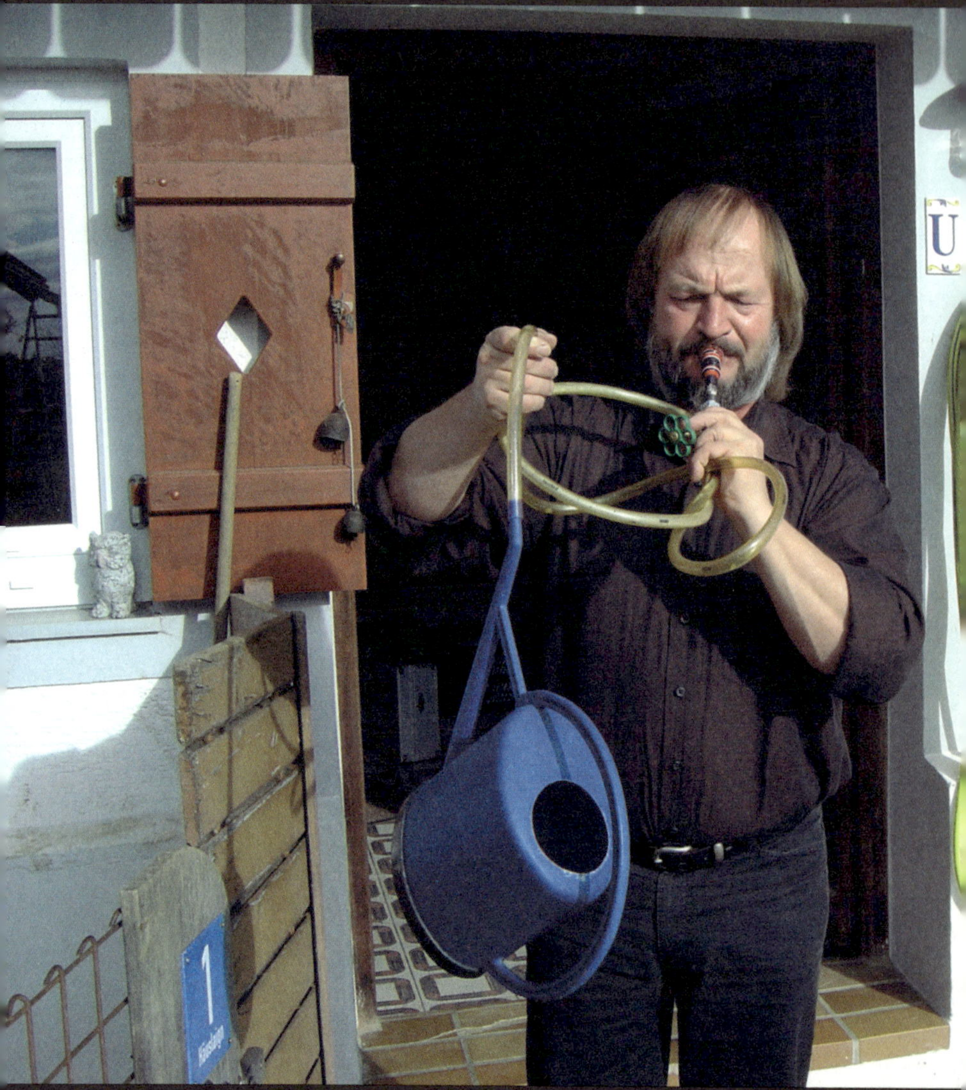

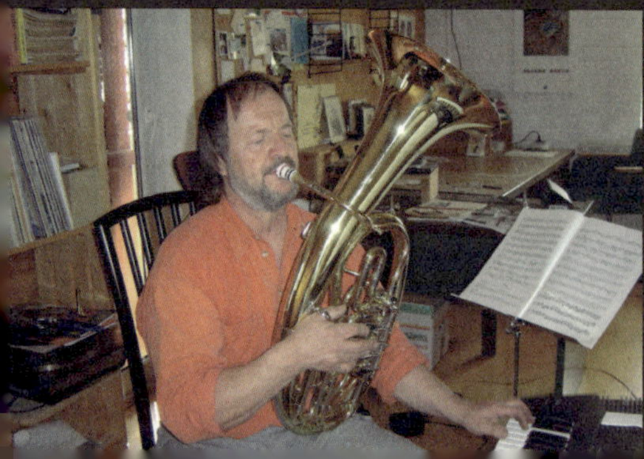

Hier zeige ich, dass man auch aus einer alten Gießkanne noch ganz ordentliche Töne hervorbringt. Manchmal spiele ich aber auch auf ganz normalen Instrumenten wie Keyboard, Tenorhorn oder Plattenspieler.

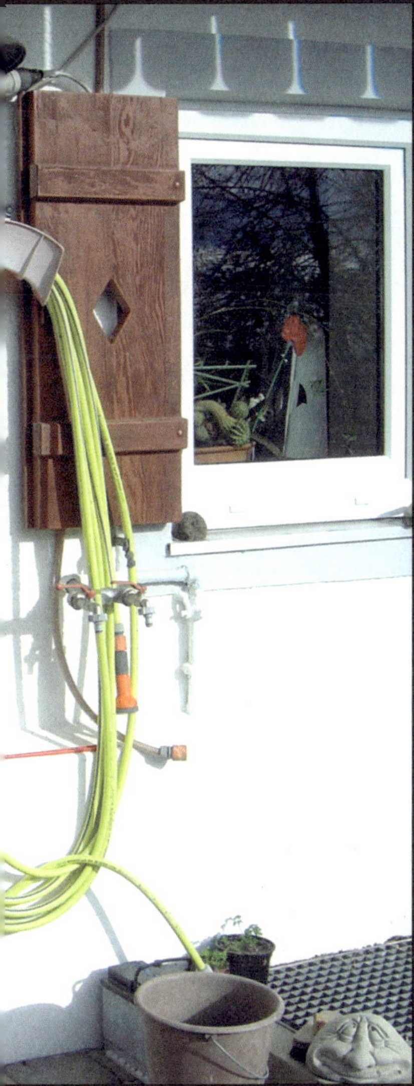

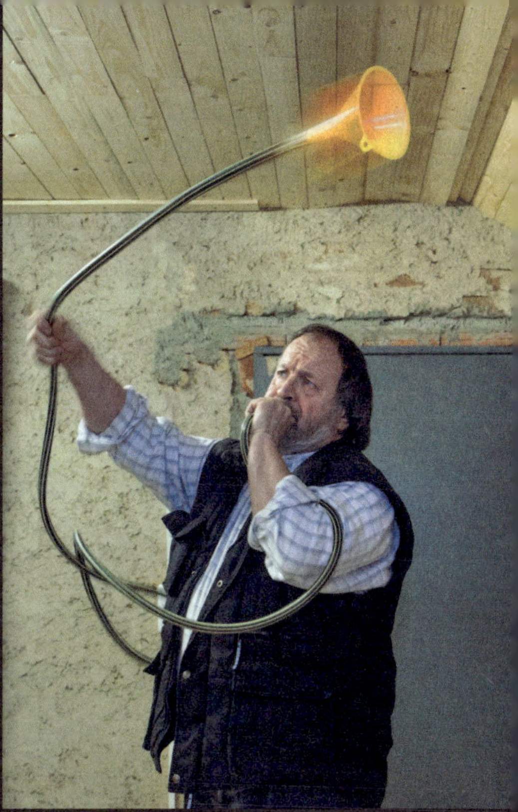

Gute Keyboards und E-Pianos kommen heutzutage ohne den sogenannten Leslie-Effekt nicht mehr aus, aber wer hatte die Idee, mit rotierenden Lautsprechern diesem neuen Sound den Weg zu ebnen? Richtig, der Fredl Fesl war es.

Kein Mensch weiß, dass ich für ganz kurze Zeit einmal den Weltrekord im Alphorn-Weitwerfen innehatte. Ich hatte das Alphorn eine über 200 Meter tiefe, steile Felswand hinabgeworfen und wurde sofort disqualifiziert. Angeblich eine Regelwidrigkeit.

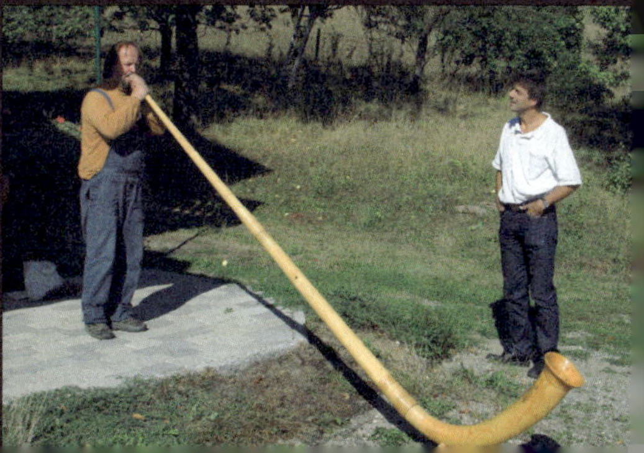

Fredl Fesl – Ohne Gaudi is ois nix

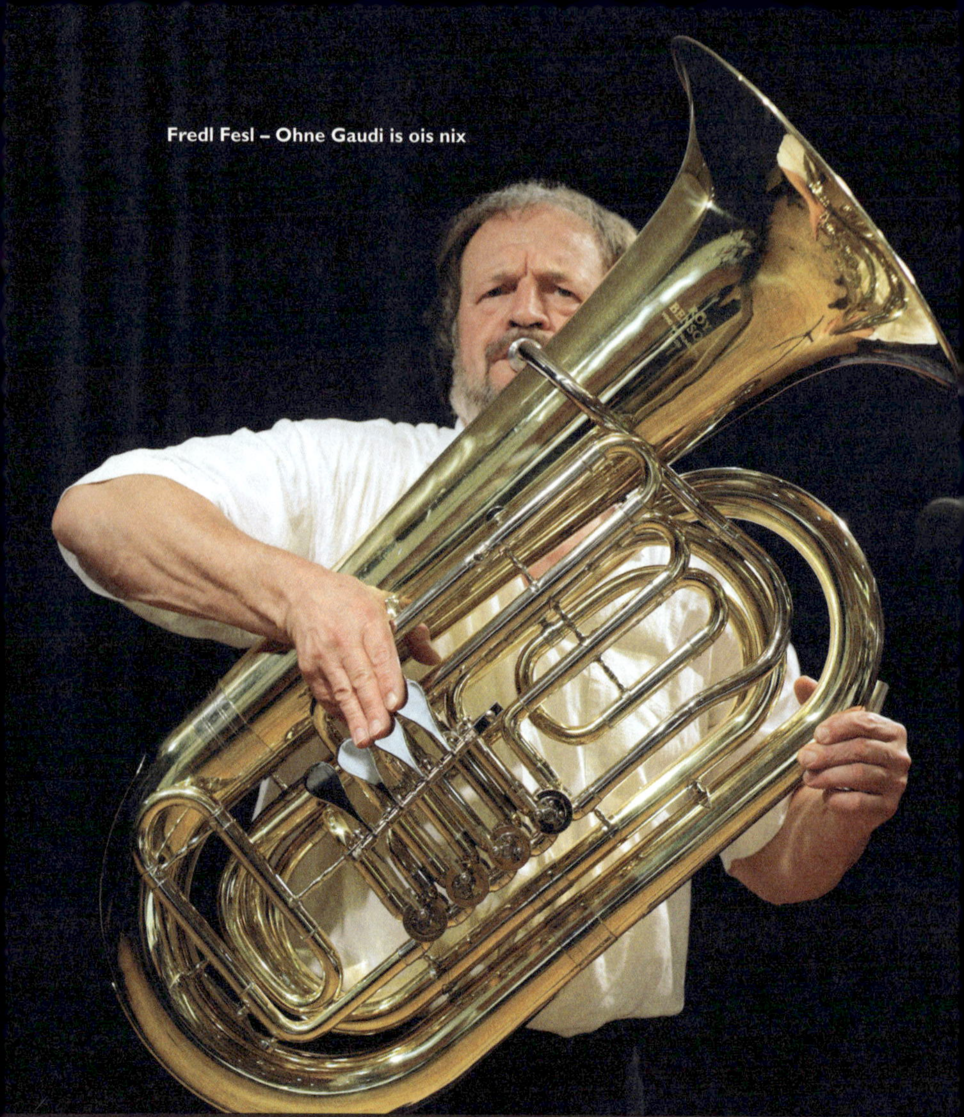

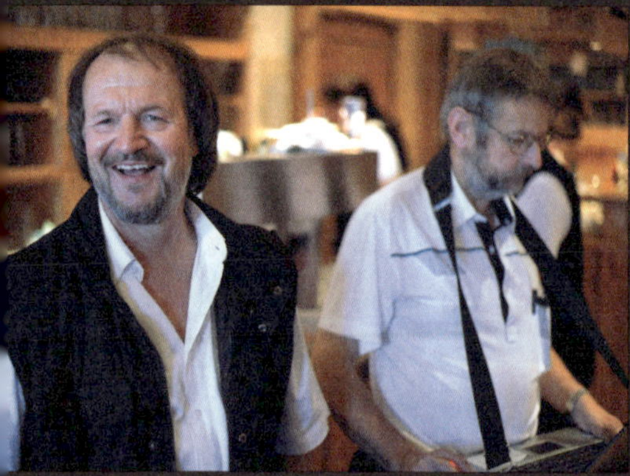

Ja, beim Huba blas ich die Tuba. Viele alte Weggefährten kamen zu meinem 60. Geburtstag nach Pleiskichen in den Saal beim Huberwirt: Neben mir an der Theke der Bauer Helmut, der mit seinem tragbaren Mischpult den Ton angab.

Bei seinem Zither-Rock flippte der Zither-Manä richtig aus und kletterte über seinen Zithertisch, während der Arthur Loibl mit Hut und Gitarre sein Couplet eher herkömmlich zum besten gab.

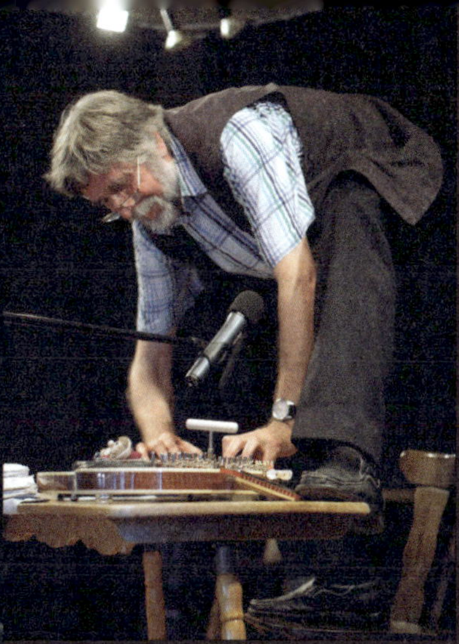

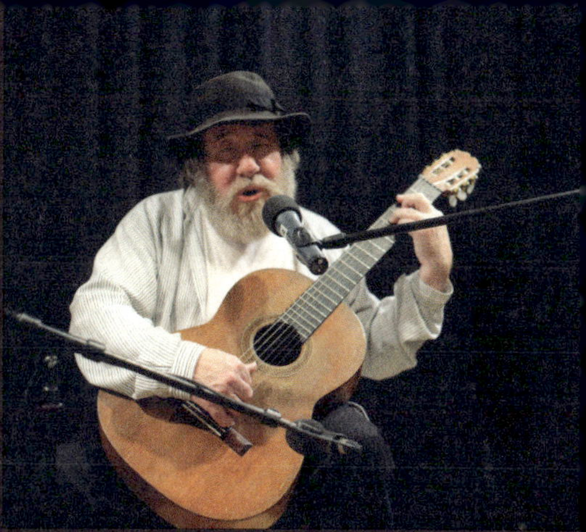

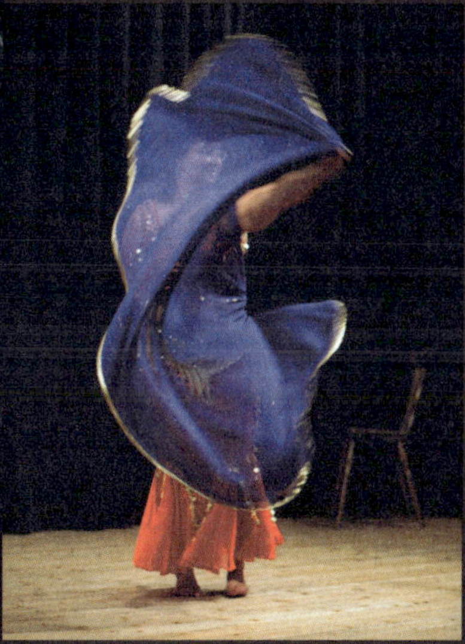

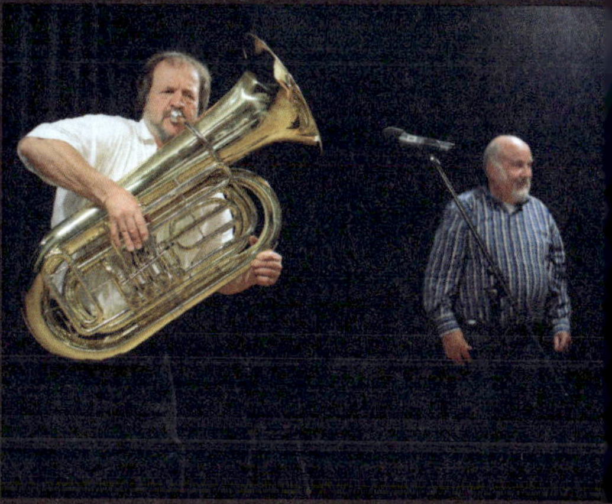

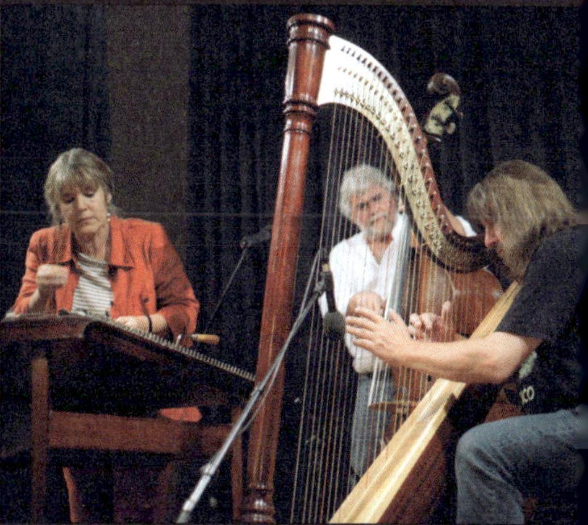

Meine Schwester Christa wickelte sich bei ihrem Super-Bauchtanz zu meinen Ehren in blaue Seide.

Mein Tournee-Organisator Bernt Seelos, der gerade meinem Tuba-Solo lauscht, organisierte zu meinem 60er dieses Instrument, das noch in meiner Instrumentensammlung fehlte.

Auch die Fraunhofer Saitenmusik mit Heidi und Gerhard Zink an Hackbrett und Kontrabass sowie Richard Kurländer an der Harfe gaben mir als alten Weggefährten die Ehre.

Kopf hoch, Herr Fesl!

Es geschah bei einer Veranstaltung während der Herbst-Abschiedstournee 1995. Ich saß bequem in der Künstlergarderobe und machte Fingerübungen auf meiner Gitarre, als ich merkte, dass meine Finger nicht mehr genau das machten, was ich von ihnen wollte. Es gab keinerlei Grund, nervös zu sein. Die Gesangsanlage war bereits aufgebaut, der Soundcheck gemacht, alles im grünen Bereich und entspannt – nur meine Finger wollten nicht so recht.

Ich gab meine bequeme Körperhaltung auf, setzte mich gerade hin und probierte es ein weiteres Mal, wieder mit dem gleichen Effekt. Vielleicht sollte ich ein wenig mehr üben, dachte ich mir, glaubte aber nicht so recht daran. Da fiel mir ein, dass sich an meinem rechten Unterarm ein Lipom gebildet hatte, genau an der Stelle, wo der Arm locker auf der Gitarre liegt. Ein Lipom ist eine gutartige Fettgeschwulst. Es könnte doch sein, dass dieser Fettbatzen irgendwie auf die Nerven drückt und so die Störung verursacht.

Auf alle Fälle beschloss ich, einen Arzt zu Rate zu ziehen. Ein paar Tage später saß ich schon bei meinem Hausarzt und damit begann ein über zwei Jahre dauernder Ärztemarathon. Ich bin fest davon überzeugt, dass sie mir alle helfen wollten, nur, es ließ sich einfach nichts messen oder nachweisen. Irgendwann war die Schulmedizin mit ihrer Weisheit am Ende und ich war so zermürbt, dass ich mich in die Hände von Heilern, Heilpraktikern, Gurus und anderen Indianern nebst ihren Medizinmännern begab.

Gott sei Dank habe ich irgendwann einmal einen Beitrag im Fernsehen gesehen, in dem sich Neurologen über Morbus Parkinson unterhalten haben. Sie zeigten die häufigsten Symptome dieser Krankheit am Beispiel des Boxweltmeisters Muhammad Ali. Ich stellte immer mehr gleiche oder ähnliche Symptome bei mir fest. Nach der Sendung hörte ich mich etwas um und erhielt von Freunden die Telefonnummer eines Parkinsonspezialisten. Ich machte einen Termin aus und besorgte mir einen halben Zentner Fachliteratur, um daraus zu entnehmen, dass Parkinson nach wie vor als nicht heilbar gilt. Aber gegen die Symptome der Krankheit gibt es gute, teure Tabletten, und ist man damit gut eingestellt, könnte man Parkinson fast vergessen.

Mit einer Menge Fragen ging ich zu dem mir empfohlenem Fachmann. Er untersuchte mich gründlich, machte viele Tests und beantwortete meine Fragen. Nach knapp einer Stunde war er fertig. Er rückte seinen Stuhl so hin, dass er direkt vor mir saß, sah mir in die Augen und sagte: „Herr Fesl, ich habe das Gefühl, Sie haben Parkinson. Alle Tests und Untersuchungen sprechen dafür. Ich möchte nur noch ein CT von ihrem Hirn haben, um einen Tumor im Kopf definitiv auszuschließen. Aber wir wollen doch hoffen, dass da alles in Ordnung ist. Nun wieder zurück zu Mr. Parkinson und ihnen, Herr Fesl. Morbus Parkinson, wie es richtig heißt, ist ja kein Todesurteil. Ihre Lebenserwartung ist ähnlich wie die bei allen anderen Menschen auch." Er drückte mir ganz fest die Hand. „Kopf hoch, Herr Fesl!" Na, das sagt sich leicht.

Beim Rausgehen musste ich durch den Warteraum, der ziemlich voll war. Wahrscheinlich alles Parkies. Bei einigen schienen die Medikamente nicht so recht zu wirken. Ich wollte schnell aus der Praxis hinaus, bekam aber noch mit, wie ein etwa sechzig Jahre alter Mann versuchte, einer Arzthelferin etwas zu sagen, doch seine Artikulation war dermaßen schlecht, dass man ihn kaum verstand. Er strengte sich noch mal ordentlich an und dieses Mal verstand sie ihn. Das ist jetzt meine Zukunft, dachte ich, und verließ die Praxis – den Kopf nicht mehr ganz so hoch.

Nachdem ich jetzt wusste, dass man ja eh nichts machen konnte, nahm ich mir vor, mein restliches Leben so zu leben wie bisher. Und so war auch weiterhin meine Devise: geht nicht, gibt's nicht.

Anfänglich haben die Parkinson-Medikamente hervorragend gewirkt. Die Geläufigkeit der Finger war wieder uneingeschränkt da, die Stimme hat wieder funktioniert. Nach einer kurzen Tourneepause gab es dann wie üblich wieder Fesl-Abschiedskonzerte. Ich wollte auf die Bühne gehen, so lange man von Parkinson nichts merkt. Ich hoffte, dass ich es vor dem Publikum merke, wenn das Ganze nichts mehr ist.

In der ersten Zeit haben wir die Diagnose nicht öffentlich gemacht, denn wir wollten nicht, dass die Konzerte unter dem Motto stattfinden: „Na, schau'n wir mal, wie einer mit Parkinson rumblödelt!" Mit richtig dosierten Medikamenten konnte ich mich noch einige Jahre für die Konzerte fit machen. Wenn keine öffentlichen Auftritte anstanden, habe ich die Medikamente deutlich verringert und plötzlich kamen Gerüchte auf, ich hätte ein Alkoholproblem. (Wenn der Dopaminspiegel nicht stimmt, kann es schon vorkommen, dass die Artikulation nicht so ganz deutlich ist.)

Jemand hat mich auch einmal gefragt, ob es stimmt, dass ich Krebs hätte. So langsam sickerte es durch, dass irgendetwas nicht stimmte. Um den Gerüchten Einhalt zu gebieten, fasste ich den Entschluss, mich zu „outen" – aber wie? Eine aus meiner Sicht ideale Gelegenheit bot sich, als eine Anfrage der Redaktion der ARD-Sendereihe „Fliege" kam, ob ich in der Folge mit dem Titel „Begabt, berühmt, bedauert" über meine Parkinsonerkrankung reden wollte. Es wurden drei Schicksale vorgestellt: Ulrich Roski, der Wortakrobat mit Zungenkarzinom (an dem er am 20. Februar 2003 leider auch gestorben ist), ein Neurochirurg, der seit einem Flugzeugabsturz querschnittsgelähmt war – und ich. Ich hatte nicht damit gerechnet, dass diese Nachmittagssendung solche Wogen schlagen würde. Ich hatte fast den Eindruck, der „kranke Fesl" war für die Leute noch interessanter als der „Bühnenmensch Fesl"!

Aber auch nach dem Bekanntwerden meiner Krankheit fanden noch einige Jahre lang die Fesl-Abschiedstourneen im Frühjahr und im Herbst statt. Dann kam die Tournee im Herbst 2006. Inzwischen hatte ich die Diagnose seit neun Jahren und es wurde immer schwieriger, auf den Punkt, d.h. zum Konzert, fit zu sein. Mittlerweile stellte sich auch bei mir das sogenannte L-Dopa-Spätsyndrom ein. (L-Dopa ist der Dopaminersatzstoff in der Parkinsontherapie und wenn man zu viel L-Dopa im Körper hat, und das ist bei langjähriger Einnahme oft der Fall, dann kommt es zu Überbeweglichkeiten.)

Bernt Seelos hatte bereits zehn Veranstaltungen für die Herbstabschiedstournee 2006 organisiert – alle in ausverkauften Häusern. Das erste Konzert lief ganz gut, und dann kam Moosinning. Nach den ersten Titeln setzten diese Überbeweglichkeiten ein, d. h. mein Kopf wackelte hin und her und die Texte waren nicht mehr zu verstehen. Auch das Gitarrespielen war sehr beeinträchtigt. Ich kannte zwar diesen Zustand, aber nicht auf der Bühne.

Ich war mir sicher, wenn ich noch ein oder zwei Lieder spiele, dann würde dieser Zustand nachlassen, und ich könnte dem Publikum wieder das bieten, was es von mir erwartete. Leider waren es dann doch einige Lieder mehr. Das Publikum wusste nicht, ob es lachen oder weinen sollte. Nach diesem Konzert stand für mich fest, dass jetzt der Zeitpunkt zum Aufhören gekommen war, am besten sofort. Bernt überredete mich jedoch, wenigstens noch ein Konzert zu spielen, da bis jetzt doch noch nie Überbeweglichkeiten auf der Bühne gegeben hatte, und das erste Konzert doch auch super gelaufen war. Das dritte Konzert war dann auch wieder ganz okay. Danach spielte ich noch die restlich sieben Termine, obwohl ich davon auch zwei Konzerte lieber so dem Publikum nicht präsentiert hätte.

Jedenfalls gibt es seit Ende 2006 keine Fredl-Fesl-Abschiedstourneen mehr. 2007 folgten noch einige Auftritte im Rahmen anderer Veranstaltungen, zum Beispiel beim zehnjährigen Bühnenjubiläum von Werner Schmidbauer und Martin Kälberer im Zirkus Krone. Oder der Auftritt am 6. Juli 2007 in Au in der Hallertau beim Volkmusikfest der Dellnhauser Musikanten. Es war einen Tag vor meinem sechzigsten Geburtstag. Nach über einer Stunde Auftritt kam zum Abschied der Bürgermeister auf die Bühne, bedankte sich und nahm auch Bezug auf den anstehenden Geburtstag. Er sagte „Ja, Fredl morgen wirst Du nun 60. Das ist die Zeit, wo viele an Rente denken. Wie sieht es denn da bei Dir aus? Könntest Du dir vorstellen, jetzt eventuell noch ein bisschen in die Politik zu gehen?“ Ich antwortete ganz spontan: „Also, das bestimmt nicht, da hab ich nicht genügend kriminelle Energie." Das Bierzelt hat getobt.

Das hat die Welt nun davon!

Irgendwann in den 1990er Jahren ging die Beziehung mit Karin, der Mutter meiner Kinder, endgültig auseinander. Auch das will ich in diesem Buch nicht vertiefen. Nur so viel: mittlerweile bin ich seit 2005 mit meiner Frau Monika verheiratet. Damals gab es noch Fredl-Fesl-Konzerte, und ich habe dieses „Opfer", dass ich geheiratet habe, für die Kunst gebracht, denn jetzt konnte ich endlich das Lied von Georg Kreisler singen: „Mein Weib will mich verlassen". Vorher kam das nicht glaubwürdig rüber, denn da hatte ich ja noch kein Weib.

Inzwischen sind nun schon einige Jahre vergangen, seit ich nicht mehr selbst auf der Bühne stehe, aber es macht mir Freude, die Weggefährten von früher, und auch den Nachwuchs der Kleinkunst-, Kabarett- und Volksmusikszene zu verfolgen. Ich freue mich immer, wenn ich Ihnen persönlich begegne. Immer wieder bekomme ich in Häuslaign Besuch aus der Szene. Und wenn es mir einigermaßen gut geht, nutze ich die Gelegenheit, mir Live-Programme anzusehen. Im Umkreis von zwanzig Kilometern um Häuslaign gibt es in Burghausen, Alt- und Neuötting, Mühldorf, aber auch in Unterdietfurt ein sehr reges Kulturprogramm.

Doch meistens halte ich mich mittels Fernsehen auf dem Laufenden. So sehe ich gern Sendungen wie Werner Schmidbauers „Aufgspuit", die „Wirtshausmusikanten" beim Hirzinger oder wenn der Stofferl Well mit seinem Motorrad-Gespann und seinen Instrumenten durch die Lande fährt, aber auch den „Schlachthof" oder „Grünwalds Freitagscomedy" oder „Puffpaffs Happy Hour". Damit will ich nur das Spektrum aufzeigen. Natürlich gibt es noch jede

Menge andere gute Sendungen. Egal, ob neue Bühnenprogramme gesendet werden oder Wiederholungen laufen, ich bin dabei.

Toll, dass so viele gute Künstler und Musiker unterwegs sind: Martina Schwarzmann, Andreas Giebel, Gerhard Polt und die Biermösl Blosn (bzw. heute die verschiedenen Formationen, in denen die Mitglieder der 15 Well-Geschwister und mittlerweile auch schon ihrer Kinder spielen), Herbert und Schnipsi, die Asenkerschbaumer Alphornbläser, der Eberl Horst, der Schleich Helmut, der Astor Willy und der Grünwald Günther, außerdem Karl Dall, die Luftmenschen, die heute Django 3000 heißen, oder die MonacoBagage, das Duo Zechfrei, der Altinger Michi, der Fonse, Otti Fischer, Schoierer Hanse, Georg Ringsgwandl, der „Zither-Manä“ Manfred Zick, die Ingrid Westermeier, die Göltnschmierer aus Hepberg, die Raith-Schwestern mit'm Blaimer, der Hannes Ringlstetter, der Binser ... und alle, die mir mit meinem schlecht durchbluteten Hirn momentan nicht einfallen, die werden doch am besten selber wissen, wie sie heißen. Die sollen sich bitte auf dem folgenden freien Platz im Buch einschreiben:

Die Kollegen zu beobachten, nimmt natürlich nur einen kleinen Teil meiner Zeit in Anspruch. Ich habe ja meinen Hof, den großen Abenteuerspielplatz für Volljährige. Das Arbeiten auf dem Hof ist für mich keine Plackerei, sondern es ist meist ein Ausprobieren und Tüfteln, bei dem fast nebenbei Sachen entstehen wie eine Halle für meinen Bagger, verschiedene Fischweiher, eine Werkstatt, in der defekte Maschinen repariert werden, und ein Krokodil, das das Maul gierig aufreißt, wenn man es durch das Fenster schiebt. Fast alle Arbeiten, die auf dem Hof anfallen, konzipiere ich so, dass ich sie alleine erledigen kann. Und wenn meine eigene Kraft einmal nicht ausreicht, weiß ich ebenso gut mit Hilfsmitteln wie Hebeleinsatz, Bagger, Kran oder Lader umzugehen. Wie bereits in jungen Jahren gilt für mich immer noch der Spruch: Ich wäre fast ein bisschen stolz auf mich und meine Leistungsfähigkeit, wenn ich nicht so bescheiden wäre.

Nützliches und Unnützes entstand in meiner Werkstatt, wie zum Beispiel ein Ding, das man ganz dringend überhaupt nicht braucht: „Fredl Fesls originale Schunkelhilfe."

Die Idee dazu hatte ich bei der TV-Sendung „Musikantenstadl" in Österreich. Das Stadlpublikum wird bei dieser Sendung ununterbrochen ganz massiv genötigt, mitzuarbeiten: Mitlachen, Mitsingen, Mitklatschen und Mitschunkeln. Wenn das nicht so klappt, weil die Leute müde sind oder nicht gerne aus sich herausgehen, können die Fernsehgewaltigen schon einmal ernsthaft ärgerlich werden.

Ich dachte mir, um das Problem des Nicht-Mitschunkelns zu beheben, bräuchte man eine Schunkelhilfe, die unwilligen oder kreuzlahmen Zuschauern unter das Hinterteil geschoben wird. Und schon schunkeln sie wie ein Profi und ohne eigene Anstrengung. Die Leute, denen ich von meiner Idee erzählte, haben alle gelacht und einige meinten: Du meinst das doch nicht ernst – oder?

Selbstverständlich meinte ich das ernst, und ich glaube mittlerweile auch, dass eine Schunkelhilfe gar nicht in die Rubrik

„Dinge, die ein Mensch ganz dringend überhaupt nicht braucht“ gehört. Eine Schunkelhilfe ist vielmehr so vielseitig einsetzbar, dass einem das allein schon die zwanzig Euro Unkostenbeitrag wert sein sollte. Inzwischen gibt es bei mir die weltweit einzigen Schunkelhilfen. Sie können übers Internet mitsamt Schunkelanleitung erworben werden.

So mischt sich bei mir das Ernste mit dem Heiteren, die Wissensvermittlung mit dem höheren Blödsinn, das Lachen mit dem Weinen. Eine klare Trennungslinie ist nicht festzustellen.

Leider verweist mich meine Krankheit immer mehr in meine körperlichen Schranken, so dass das mit dem großen Abenteuerspielplatz doch langsam beschwerlich wird. Deshalb such ich mir halt neue Aufgaben – und da ist mir nichts Besseres eingefallen, als ein Buch zu schreiben. Tja, das hat die Welt nun davon!

Was Wegbegleiter wissen …

Ein bayerischer Krishnamurti

von Konstantin Wecker

Der Fredl Fesl war der Star. Da gibt's nichts zu rütteln dran, ich muss es wissen. Ich kam ins „Song Parnass" mit meinen „sadopoetischen Liedern", die kaum einer wirklich hören wollte, und musste mich mit dezentem Beifall begnügen, während beim Fredl gejubelt wurde.

War ich neidisch? Gott sei Dank nicht, denn wir waren zu unterschiedlich, und so konnte ich mich auch immer freuen über den Erfolg des bescheidenen Kollegen. Und an seinen Liedern und Possen, seinem einzigartigen Gitarrenspiel und seinem hinterfotzigen Gesang. Er war ja eng verbandelt mit dem Arthur, und ich war nicht wirklich in diesen Kreisen, ein bisserl stets der Außenseiter, mit barocken Liedern und Gedichten und damals noch dummerweise an der Gitarre, obwohl ich dieses Instrument gar nicht richtig konnte. Aber Liedermacher durfte man nun mal damals nur mit diesem Instrument sein, und erst Georg Kreisler konnte mich überzeugen, mich meinem eigentlichen Instrument, dem Klavier zu widmen.

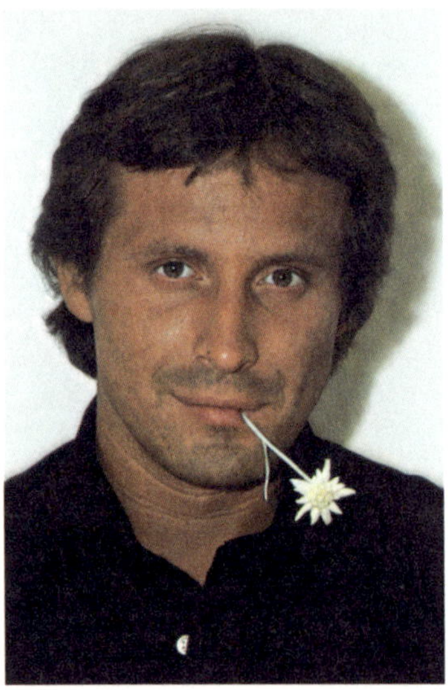

Autogrammkarte von Konstantin Wecker aus dem Jahr 1977

Auffallend am Fredl war, dass sein stiller Humor schon damals zeitlos war. Er war und ist kein Kabarettist – er ist im schönsten Sinne des Wortes ein Humorist, kein Comedian, keiner der auf Kosten der anderen sein Publikum belustigen will. Fredl Fesl ist ein Wortdrechsler, der in bester valentinesker Manier das Wort im Mund des Zuhörers so umdreht, dass der gar nicht versteht, warum er das vorher noch nie so gesehen hat.

Die Sicht auf die Welt verändert sich, wenn man den eigenen Vorurteilen entkommen kann, weil man in Worten Neues, Anderes entdeckt. Und ja, in diesem Sinn – vielleicht ist das gar nicht so weit hergeholt, wie es scheint – in diesem Sinne hat die feslsche Kunst fast was Spirituelles. Ein bayerischer, singender Krishnamurti sozusagen … Auch auffallend war für mich als unruhigen Jungspund das In-sich-Ruhen dieses Künstlers, die zelebrierte Langsamkeit des Seins, hinter der meist verschmitzt, manchmal auch ganz schön bösartig der Witz auftauchte, zeitlos zumeist und fast schon weise ab und an. Kein Macho, kein Angeber – ein manchmal grantelnder, großartiger und sympathischer Mensch.

Wir waren sehr jung, und auffallend war – im Vergleich zur heutigen Zeit – dass es uns allen nicht um den großen Ruhm ging, das große Geld, das große Publikum. Wir wollten singen und dafür ein paar Bier bekommen und vielleicht noch eine warme Mahlzeit am Tag. Wir hatten und wollten keinen Leistungsdruck. Wir wollten leben.

Wir haben uns schließlich aus den Augen verloren, jeder ging seinen eigenen künstlerischen Weg. Und wenn wir uns dann wieder trafen, haben wir uns immer wieder prächtig verstanden. In voller gegenseitiger Wertschätzung. Und das ist, Gott sei Dank, bis heute so geblieben.

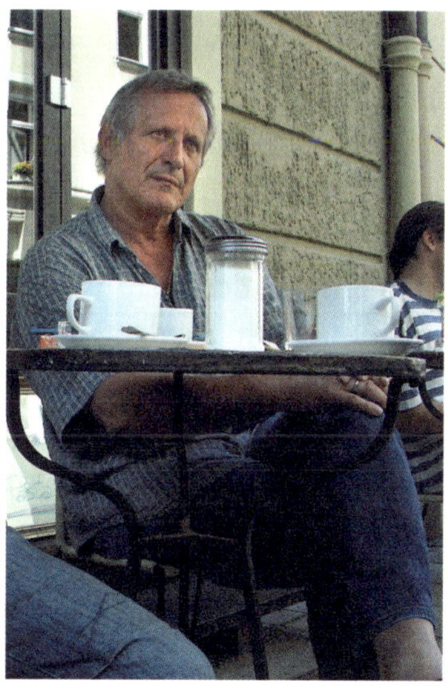

Konstantin Wecker in einem Münchner Straßencafé

Er hat die Volksmusik vom Kopf auf die Füße gestellt

von Hans Well

Viele Ereignisse meines Lebens, in erster Linie meiner Schulzeit, hab ich längst ratziputz vergessen. Nicht vergessen hab ich meine erste Begegnung mit dem Fredl Fesl. Ich kam damals, vor ungefähr vierzig Jahren, so gegen 22 Uhr ins „MUH", die damals wohl berühmteste Münchner Kleinkunstbühne, die in der Hackenstraße unweit vom Marienplatz lag.

Auf der Bühne eines alten Gewölbesaals saß ein stämmiger, junger Mann mit Pagenfrisur, in der Hand eine Gitarre. Neben seinem Stuhl stand auf den Brettern eine Maß Bier, aus der er ab und zu einen tiefen Schluck nahm. Er saß da und erzählte was über einen afrikanischen Pygmäenstamm, „Sowosama"-Neger genannt, weil sie immer über das hohe Steppengras hüpfen, um zu schauen, wo sie sind, und dabei „So wo sama?" rufen. Ganz Afrika spricht deshalb von den „Sowosama"-Negern, erklärte er mit vollem Ernst.

Der prallgefüllte Saal wartete nun darauf, dass der Kleinkünstler jetzt gleich mit dem Lied aus seiner niederbayerischen Heimat Niederbayern, welches er wiederholt angekündigt hatte, loslegen würde. Indes, der setzte nach ein paar Akkorden samt trocken kommentierten Gitarrenläufen statt zum Lied erneut zu einer Ankündigung über besagtes Couplet an, das er nun gleich anfangen werde, obwohl es gar keinen Anfang habe, weshalb er eigentlich nicht anfangen könne oder so ähnlich.

Das überwiegend studentische Publikum bog sich vor Lachen, während der sprechende Sänger die Begeisterung seiner Zuhörer mit jeder Bemerkung steigerte. Die Mimik reduziert auf das absolute Minimum, saß er relativ steif und unbeweglich, allein jede Bewegung, jedes Wort saß punktgenau. Trotz seiner eher gstumperten Gestalt erinnerte er mit seinem Humor und den verdrehten, umständlichen Moderationen sowie der Art seines Singens unwillkürlich an den großen Karl Valentin.

Damals schon war der Fredl der Star der Münchner Kleinkunstszene, hauptsächlich wegen ihm kamen die Leute in die Kleinkunstbühnen, nahmen dafür manch anderes in Kauf. Mein eigenes Verhältnis zur Volksmusik, die in unserer Großfamilie damals traditionell und museal gepflegt wurde, veränderte sich ab dieser ersten Begegnung mit Fredl Fesl schlagartig. Jemand, der mit Volksliedern und Couplets das Publikum so begeistern konnte, erschien mir in meiner biedermeierlichen Volksmusikwelt wie eine Offenbarung. Neu für mich war außer der textbetonten, pointierten Art seiner Lieder, dass jemand auch noch politische Bemerkungen machte, die damals zumindest für Landeier wie mich politisch absolut unkorrekt waren; so z. B. über Polizeipferde, die ihre Arschlöcher im Gegensatz zu anderen Heitern auf dem Rücken tragen. Alleine schon seine Selbstironie sowie seine Art, sich über damals uneingeschränkte Autoritäten wie Kirche oder Staat lustig zu machen, stellte alles mir seit meiner Kindheit in punkto Volksmusik Anerzogene vom Kopf auf die Füße. Dabei kamen politische Bemerkungen nie belehrend oder agitmäßig daher, sondern mit bestem hintersinnig abgedrehtem bayerischen Witz. Und im Gegensatz zu vielen Kollegen oder Vorläufern krachte dieser Witz nie gschert durch die Vordertüre, sondern kam knapp und eher beiläufig von hinten ums Eck.

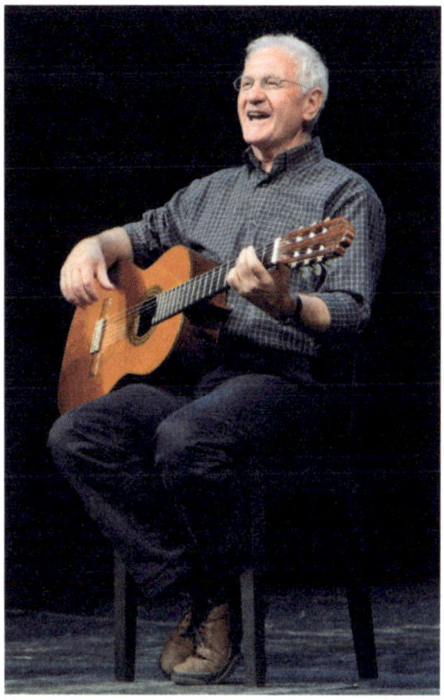

Hans Well ist überzeugt, ohne den Fredl Fesl hätte es die Biermösl Blosn gar nicht gegeben.

Ich beschloss, auch so was zu probieren und sang bei Familienauftritten ein paar der von ihm gesungenen Couplets nach. Mit beachtlichem Erfolg – auch bei meinen jüngeren Brüdern – von denen ich den Stofferl und Michael nun öfter in Kleinkunstbühnen mitnahm. Schließlich traten wir selber dort auf.

Bald lernte ich den Fredl, wie ihn alle nannten, besser kennen. Auch Seiten, die kaum jemand ahnte: Seine hohe Kunstfertigkeit als Schmied, sein Zeichentalent, das sogar etablierten Karikaturisten Respekt abnötigte. Zudem als einen richtig guten Musiker, speziell was Blasinstrumente von der Trompete bis zur Tuba anlangt. Vor allem aber als einen überhaupt nicht eingebildeten Menschen. Starallüren blieben ihm fremd, obwohl er bald im gesamten deutschsprachigen Raum berühmt und beliebt war. Ich bin mir sicher, ein Geheimnis seines Erfolgs liegt darin, dass er so geblieben ist, wie er ist: Bescheiden und glaubwürdig, authentisch, in keiner Weise arrogant oder abgehoben. So was teilt sich dem Publikum ohne Worte mit.

Als ich mit den Wellbappn vor nicht langer Zeit in einer Schreinerei in Neuhaus am Inn auftrat, beehrte uns auch der Fredl mit seinem Besuch. Nach einer speziellen Begrüßung durch den Veranstalter applaudierte ihm das Publikum minutenlang. Das Volk mag ihn und seine Musik nach wie vor, er hat auch unter jungen Leuten zahllose Fans. Seine Lieder oder absurden Geschichten sind auch bei meinen Kindern Kult. Solche Genies wie den Fredl gibt's nicht oft, die sind rar.

Trotz seiner Erkrankung denkt und redet er nach wie vor in seiner genial verqueren, logisch unlogischen Art und Weise. Ich weiß, dass er nicht gerne gelobt wird. Deshalb hab ich mit dem hier Geschriebenen eher untertrieben. Eine Liedansage von ihm war, erinnere ich mich, dass er jetzt ein Lied singt, das keinen Schluss hat. Also hör ich jetzt auf, weil das, was er schreibt, eh zehnmal interessanter ist.

Die Watschn

von Werner Schmidbauer

Es muss wohl irgendwann in den 1970er Jahren gewesen sein, als das „MUH“ (Musikalisches Unterholz), eine legendäre Münchner Kleinkunstbühne, in die Hackenstraße umzog. Der Saal war sehr schön, aber durch den Steinboden und das geschwungene Deckengewölbe sehr hallig und geräuschtransparent. Man konnte sowohl Gitarrenklänge als auch die Rufe der Wirtin („Schnitzel fertig!“) exzellent hören.

Zu dieser Zeit gab es im „MUH“ gemischte Kleinkunstprogramme, und ich trat zusammen mit meinem Freund Ecco Meineke als „Duo Jedermann“ regelmäßig dort auf. Meistens als erster oder

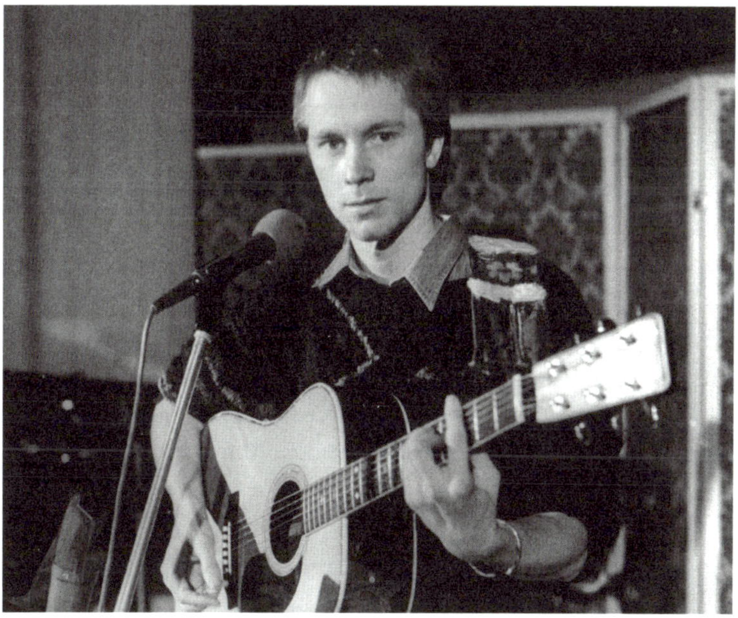

Werner Schmidbauer in Klaus Langers Studiobrettl Baden-Baden im Alter von etwa 18 Jahren. Zusammen mit Ecco Meineke trat er auch im MUH auf und traf dort hin und wieder den Fredl Fesl.

zweiter Programmpunkt. Wir waren damals 20-jährige Newcomer. Nach unserem halbstündigen Programm blieben wir manchmal noch da, um die Kollegen zu hören ... besonders, wenn Fredl Fesl nach uns auftrat. Fredl war damals schon ein großer Star in der Szene, und wir verehrten ihn als Künstler, aber auch als Menschen und Kritiker.

Fredl hatte nach tosendem Anfangsapplaus, mit der Gitarre auf den Knien, kaum mit der Geschichte zu seinem ersten Lied angefangen, als ein Mann durch besonders lautes Gemurmel auffiel. Der Mann war offensichtlich angetrunken und ratschte unverblümt auf einen schweigenden Mitgast ein.

Fredl, der sich offenbar gestört fühlte, unterbrach seine Geschichte und forderte den Mann auf, doch bitte ein bisserl leiser zu sein, schließlich wolle er etwas singen. Der Mann winkte ab und unterbrach sein Geratsche. Fredl setzte mit der Geschichte wieder an, und nach kurzer Zeit ratschte auch der Mann wieder ... lauter als zuvor.

Fredl unterbrach wieder, und bot dem Mann an, sich doch sein Eintrittsgeld an der Kasse auszahlen zu lassen und in ein anderes Lokal zu gehen, wenn er eh bloß ratschen wolle. Der Mann schwieg und blieb. Fredl setzte wieder mit der Geschichte an ... der Mann ratschte wieder.

Immer noch freundlich, aber doch sehr bestimmt forderte Fredl nun den Mann auf, endlich still zu sein, weil er ihm sonst nämlich bei der nächsten Störung eine Watschn verspreche. Schließlich hätten die Leute ja auch bezahlt und wollten in Ruhe seine Geschichten und Lieder hören. Applaus ... der Mann schwieg.

Fredl erzählte weiter, der Mann ratschte weiter ... Fredl legte die Gitarre weg, stand von seinem Stuhl auf und ging lächelnd hinunter ins Publikum zu dem Mann, der ihn gar nicht bemerkte und ... ratschte. Die Spannung im Publikum war greifbar.

Fredl legte dem Mann die Hand auf die Schulter, der drehte sich um und nahm erst jetzt wahr, dass der lästige Sänger jetzt plötzlich

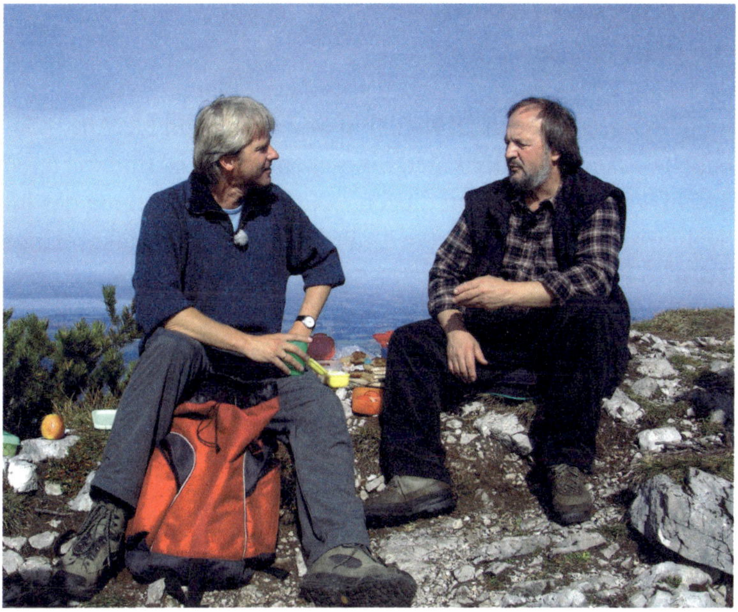

Fredl Fesl und Werner Schmidbauer beim „Gipfeltreffen" im Oktober 2007 auf dem Rauschberg bei Ruhpolding. Zur Brotzeit gabs die fast schon legendären, von Werner Schmidbauer selbstgemachten Fleischpflanzerl.

direkt vor ihm stand. Und da gab Fredl ihm eine nicht sehr harte, aber dennoch sauber klatschende Watschn. Jetzt war es fast ganz still im Raum, nur der Watschn-Sound hallte ein wenig nach.

Daraufhin drehte sich Fredl um, ging, immer noch lächelnd, zurück auf die Bühne, setzte sich in aller Ruhe auf seinen Stuhl, nahm seine Gitarre und erklärte dem Publikum: „Tut mir leid, so was mach ich wirklich ungern, aber was man verspricht, muss man auch halten."

Tosender Applaus. Ecco und ich schauten uns voller Respekt für den Kollegen an. Und der gewatschte Ratscher ... blieb und schwieg, lachte und klatschte den Rest des Abends begeistert mit.

Raimund Münch

von Mike Krüger

Im Jahre 1976 war ich mal wieder in München beim BR. Alle möglichen Gesangskünstler saßen im großen Sendesaal und warteten darauf, endlich proben zu dürfen. Bei einer Live-Sendung des BR (wohlgemerkt Radio) dauerten die Proben damals ungefähr solange wie man heute braucht, um eine Staffel GZSZ zu drehen.

Der Nachmittag zog sich entsetzlich. Zum Glück kam irgendwann ein gutgelaunter, junger Bursche mit einem Kasten Bier auf der Schulter in den Saal und verkaufte es flaschenweise an die auf ihn zustürmenden Promotion-Leute. Mein Promotion-Mann hatte auch zwei Flaschen für uns ergattert und sagte: „Cleverer Bursche – doppelt so teuer wie in der Kantine."

Irgendwann kam ein Aufnahmeleiter zu mir und kündigte meine Probe an. Ich ging in meine Garderobe, um meine Gitarre zu holen, und zu meinem großen Erstaunen saß da der Bierverkäufer von eben mit einer Gitarre in der Hand und sang, in für mich tiefstem Bairisch, ein Lied über Münchner Taxifahrer. Er stellte sich als Fredl vor und das war der Beginn einer wunderbaren Nord-Süd-Freundschaft. Wir waren sofort auf einer Wellenlänge und nach der BR-Mucke fuhren wir noch nachts in seinem alten VW-Kombi an den Ammersee, wo Fredl noch einen Auftritt hatte. Den Burschen wollte ich unbedingt mal live erleben.

In einem total dunklen Waldstück fuhr Fredl ein Reh an. Das Reh war sofort tot. Wir hielten, Fredl begutachtete das Reh und sagte: „Das nehm ich gleich mit, der Wirt, bei dem ich jetzt auftrete, hat auch eine Schlachterei, der wird sich freuen." Er lud das Reh hinten in seinen VW und übergab es bei unserer Ankunft dem freudig erregten Wirt. Ich sah dann im Saal der Gastwirtschaft seinem Auftritt zu, und als es in einem seiner Lieder um Reformen ging, sagte Fredl in seiner unnachahmlichen Art zu seinem Publikum: „Zu Reform kann ich eigentlich gar nichts singen, höchstens

Mike Krüger (links) lauscht einem Interview, das der Fernsehmoderator Karl Moik (Mitte) mit Fredl Fesl (rechts) in der Wohnung von Raimund Münch führt.

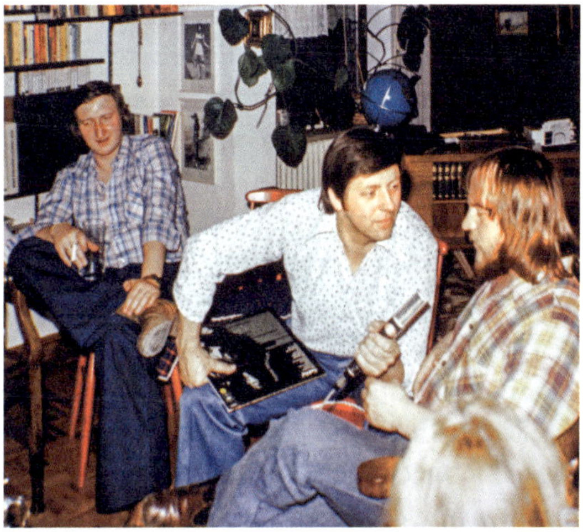

zu ‚Rehvorn', und zwar ‚Reh – vorn – rechts'." Diesen Gag verstand natürlich nur ich – darauf einen Fesl-Fusl!

Jahre später waren wir zusammen in Berlin. Einige ZDF-Redakteure waren bei ihrer täglichen als Mittagsschlaf getarnten Meditation auf die glorreiche Idee gekommen, für das ZDF eine Comedy-Version der „ZDF Hitparade" zu produzieren. Also hingen meine Kollegen und ich im Studio der Berliner Union Film ab und verkürzten uns die übliche Wartezeit bei Fernsehproduktionen mit Blödsinn. Ich war den ganzen Tag schon mit Fredl zusammen gewesen und wir hatten uns köstlich amüsiert.

Fredl wurde von einer Journalistin vom Stern begleitet, die eine große Geschichte über den neuen „Karl Valentin aus Bayern" machen sollte. Ihr Verhängnis war, dass sie Fredl ziemlich gut fand und er für einen guten Spaß sogar einen Artikel im „Stern" riskierte. Die gute Frau befragte Fredl natürlich auch zu seinen Vorbildern. Fredl sagte gelassen: „Mein – und ich glaube da auch im Namen von Mike sprechen zu können – mein absolutes Vorbild ist natürlich der legendäre Raimund Münch!" Ich zuckte zusammen, die Journalistin ebenfalls. Ich vor Lachen, sie vor Verwunderung.

Eins einte uns jedoch: Wir hatten beide noch nie von Raimund Münch gehört. Das spornte Fredl natürlich richtig an und er legte ab: „Raimund Münch! Unser Raimund, von dem schon Herman van Veen gesagt hat, dass er einer der größten deutschen Liedermacher ist." Ich klatschte mir die Handfläche vor die Stirn und stieg voll in die Nummer ein: „Ach, du meinst Raimund – der hat doch schon Inga Rumpf bei den City Preachers auf der Gitarre begleitet. Ja, Münchi ist natürlich der Beste." Die Reporterin nahm den Schwachsinn fasziniert für bare Münze. Der Running Gag des Tages war geboren.

Bei den Proben zur Sendung trafen wir dann Karl Dall, Schobert & Black, Ulrich Roski, den dicken Willem und viele mehr. Alle machten mit, es wurden immer mehr Raimund-Münch-Geschichten erfunden, jeder versuchte, den anderen noch mit Unsinn zu übertreffen. Am großen Tisch in der Kantine erzählte Karl der mittlerweile völlig sprachlosen Reporterin, dass Raimund Münch zusammen mit Insterburg & Co bei der Hochzeit von Reinhard Mey aufgetreten ist. Und Roski fügte an, dass der „liebe Raimund" sogar sein Trauzeuge sei. Über so viel neuen Input war Frau „Stern" derartig begeistert, dass sie sämtliches Misstrauen über Bord schmiss: „Den muss ich unbedingt kennenlernen!", jauchzte sie. „Weiß jemand, wo der wohnt?"

Das hätte sie besser nicht fragen sollen, denn jetzt waren natürlich Tür und Tor für die abstrusesten Mutmaßungen über Raimunds Wohnort geöffnet. „Er soll ja nach Honduras ausgewandert sein. Nee, der ist doch in Tibet Tempelterrier züchten! Quatsch, der ist in Poona und hat 'nen Backwagen bei Bhagwan! Der ist doch seit neulich wieder hier. Wohnt er nicht in der alten Wohnung von Hannes Wader hier in Berlin, wo er unten den alten Laden als Wohnzimmer ausgebaut hat? In der Wohnung drüber wohnt doch Horst Koch. Vielleicht weiß Horst ja was, der kommt ja nachher auch noch." Was für ein Wahnsinn! Lachen treibt, und wie der Zufall es wollte, traf ich auf dem Weg zum WC meine Frau Birgit auf dem Flur. Ich sagte zu ihr: „Wenn du jetzt da rein gehst, tu so, als ob du mich nicht gesehen hast. Geh' direkt zu Karl und sag' – wisst ihr, wer eben im Flugzeug neben mir gesessen hat?" Und wenn dich dann alle fragend ansehen, dann sagst du: „Raimund Münch!"

Als ich vom Klo zurück in den Aufenthaltsraum kam, hatte Karl einen schweren Lachkoller und auch die anderen japsten fix und fertig mit Lachtränen in den Augen. Ab da hatte auch die arme Journalistin geschnallt, dass sie seit Stunden komplett verarscht worden war.

Leider weiß ich nicht mehr, ob der Artikel über Fredl jemals im „Stern" erschienen ist. Ich weiß nur noch: Es wurde eine sehr lustige Sendung, und zwar so übertrieben, dass die Oberen des ZDF und der „echten Hitparade" dafür sorgten, dass diese unwürdige Klamaukkopie irgendwann an einem Sonntag im Nachmittagsprogramm versendet wurde. Der harte Kern unserer Truppe zog aber nachts noch in den „Hinkelstein", eine bekannte Künstlerkneipe. Horst Koch hatte natürlich seine Gitarre dabei und zu fortgeschrittener, alkoholgeschwängerter Stunde kam er auf die geniale Idee, dass Fredl, er und ich ab jetzt immer abwechselnd ein Lied singen würden. Und zwar so lange es die anwesenden Gäste in der Kneipe gerne hören wollten. Die Gäste und besonders die Wirtin waren von seiner Idee begeistert. Und die Chefin des Ladens heizte die Stimmung noch mit dem Ausruf an: „Jeder, der ab jetzt ein halbvolles Glas an den Tresen bringt, bekommt es umsonst wieder aufgefüllt!" Es kam, wie es kommen musste, und nach einem fünfstündigen Konzert beschlossen die noch ungefähr fünfzig anwesenden Gäste, ihre Arbeit Arbeit sein zu lassen und uns stattdessen ins „Café Möhring" zum Frühstück einzuladen.

So fuhr dann die geschlossene „Hinkelstein Truppe" morgens um halb sieben mit der Bahn in die City und feierte ausgelassen im „Café Möhring" weiter. Nur so am Rande – wer saß im Café im Sonntagsanzug an seinem Stammplatz am Fenster und nuckelte genüsslich am Orangensaft? Ihr werdet es nicht glauben: Raimund Münch.

Fredl Fesls kürzester Auftritt

von Josef Laus

Persönlich kennengelernt habe ich den Fredl am 26. Juli 2002. Ich weiß das deshalb noch so genau, weil damals „Haindling" auf dem Veldensteiner Festival spielte, und wir an diesem Tag besprochen haben, ob Fredl für unser Bier Werbung machen würde.

Im telefonischen Vorgespräch hatte Fredl das von einigen Dingen abhängig gemacht. Er müsse zuallererst das Bier probieren, dann möchte er sich die Brauerei anschauen und schließlich auch die Leute kennenlernen. Soweit hat anscheinend alles gepasst – die bekannten Rundfunkspots wurden über viele Jahre in den bayerischen Radiosendern ausgestrahlt.

Natürlich kenne ich den Fredl aber schon viel länger. Mitte der 70er Jahre war er für ein Konzert im Regensburger Donau-Einkaufszentrum angekündigt, und das besuchte ich mit einem Schulfreund. Ein Bierzelt war auf dem Parkplatz aufgestellt, und wir hatten dem Auftritt die ganze Woche entgegen gefiebert.

Wer immer auf den Gedanken gekommen war, Fredl im Vorprogramm von „Kenny", einer damals international bekannten Boy-Band aus England, auftreten zu lassen, der hatte bei der Planung nicht seinen besten Tag gehabt. Geschätzt 1.500 hysterische weibliche Teenager teilten sich mit 250 Fesl-Anhängern den Platz vor der Bühne und warteten auf den Beginn des Programms. Hier trafen Welten aufeinander. Die Mädchen konnten den Auftritt von „Kenny" kaum erwarten und steigerten sich in einen kollektiven Rausch. Die Fesl-Freunde warteten dagegen stoisch – allerdings wegen des Lärms mit einer Portion Skepsis – auf ihren Programmteil.

Fredl kam schließlich mit Gitarre und Maßkrug zu seinem Stuhl auf der Bühne und machte es sich dort gemütlich. Unser freundlicher Begrüßungsbeifall kam allerdings gegen das andauernde Kreischen nicht an. Die jungen Damen hatten nicht vor, wenigstens der Fairness halber eine Pause einzulegen, und so versuchte es Fredl mit seinem ersten Lied.

Es gab kein Durchkommen gegen den akustischen Overkill der Mädels. Fredl rief ihnen zu, er könne auch leiser spielen, damit sie nicht so einen Krawall machen müssten. Hatten die „Kenny"-Fans ihn verstanden? Den Eindruck machte es nicht. Fredl tat dann das einzig richtige. Er stand auf, nahm seinen halbvollen Maßkrug und seine Gitarre und sprach – durchaus freundlich – ins Mikrofon: „Leckt's mi am Arsch!" Und ging.

Wir muteten uns die Teenie-Band nicht zu und gingen auch – zum Kneitinger am Arnulfsplatz. Wenn wir allerdings gewusst hätten, was wir erst am nächsten Tag erfahren haben, wären wir stattdessen ins „Oma Plüsch" gegangen, eine Studentenkneipe, in der wir sonst auch oft einkehrten. Hier hat Fredl am selben Abend ein mehrstündiges Spontankonzert gegeben, ohne Mikro und Musikanlage – unplugged eben.

Wie gesagt: Wenn ich das nur gewusst hätte. Aber so gut kannte ich den Fredl damals halt noch nicht!

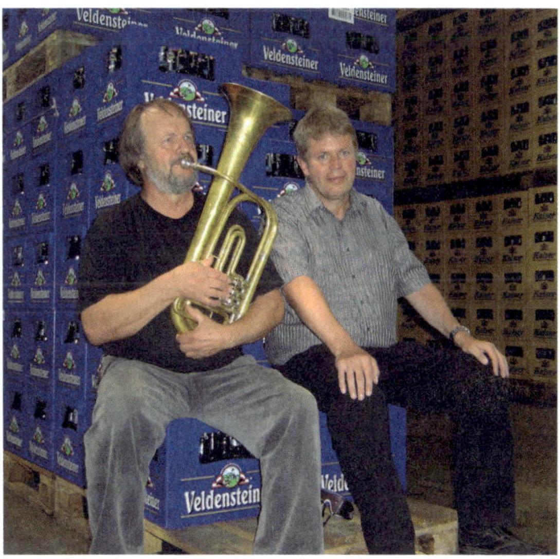

Fredl Fesl gibt im Bierdepot der Kaiser-Bräu für Josef Laus eine Sondereinlage.

Einmalig und immer echt Fredl

vom Zither-Manä

Fredl Fesl und ich gingen in den 1960er Jahren zur selben Zeit in dieselbe Schule, nämlich in die Fridtjof-Nansen-Mittelschule in der Ernst-Reuter-Straße in München. Wir kannten uns aber damals nicht, denn wir waren in verschiedenen Klassen.

Ich habe ihn live, glaube ich, zum ersten Mal in der legendären Gaststätte „Witwe Bolte" in der Amalienstraße gesehen und seitdem bin ich sein Fan. Damals, in den 1970er Jahren, wäre ich niemals auf die Idee gekommen, selbst eine solche Bühne zu besteigen. Ich wohnte in Oberhaching auf dem Land, sang im Freundeskreis zur Zither lustige Lieder, besonders von Kraudn Sepp, und spielte in einer Schülerpopband Gitarre.

Es sollte noch bis 1980 dauern, bis ich in Wörnsmühl von Uwe Kleinschmidt und Helmut Bauer entdeckt und bald in die „Liederbühne Robinson" in München geschickt wurde, wo ich mit meinem Zither-Rock sehr schnell große Erfolge feiern konnte. Fredl war dort schon lange Stammgast, und so lernten wir uns kennen. Meist stand er vor den Konzerten am Flipper und trank sein Weißbier. Dann hörte er auch mir zu, und offensichtlich gefiel ihm das, wie ich mit meiner Zither Rock, Blues und Balladen vortrug.

Schon bald bot er mir an, meine erste Schallplatte mit ihm zu produzieren und bei der Ariola zu veröffentlichen. Wir, Fredl Fesl, Tonmeister Helmut Bauer und ich nahmen im „Robinson" mit einer Teac 8-Spur Bandmaschine live auf und mischten in Oberornau auf seinem Bauernhof ab. Fredl ließ es sich nicht nehmen, während der Produktion für uns gut und deftig zu kochen.

Die Bänder wurden mit einer Schere geschnitten, und so sagte er einmal, als er ein abgeschnittenes drei Meter langes Band in der Hand hielt, mit dem ihm eigenen trockenen Humor: „Des is a Eischnauferer vom Manä und den brauch ma ned, den schmeiß ma weg!" Diesen trockenen Humor bewundere ich an ihm bis heute,

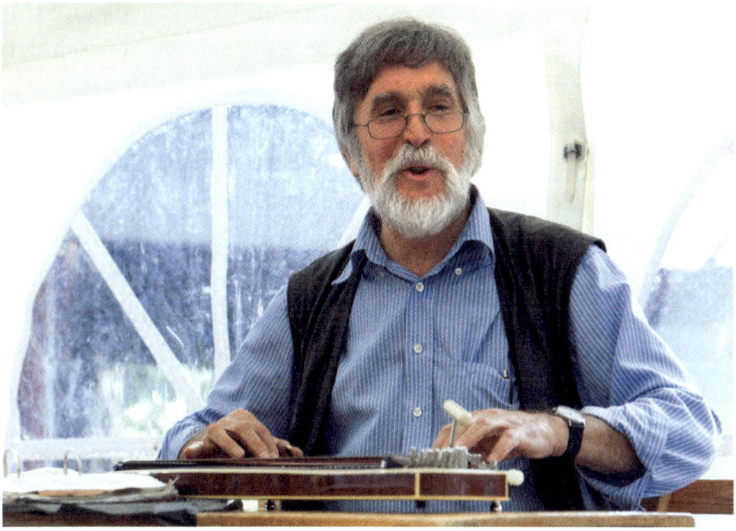

Bei der Feier zum 65. Geburtstag von Fredl Fesl in Häuslaign durfte sein langjähriger Wegbegleiter „Zither-Manä“ nicht fehlen.

denn er ist einmalig und immer echt Fredl. Die LP, die 1982 veröffentlicht wurde, war für mich ein erster Durchbruch auch im Deutschen Fernsehen und im Radio. Wir boten die CD auch dem Musikantenstadl an. Eigentlich bin ich froh, dass sie abgelehnt haben, denn zu dieser Musikrichtung hatte ich keine Beziehung.

Ich kenne den Fredl nun seit 35 Jahren persönlich. Er ist trotz seines deutschlandweiten Ruhms und seiner Krankheit der geblieben, der er immer war – unser humorvoller, hintergründiger Fredl. Wenn wir uns auf seinem Bauernhof mal wieder treffen und auch von den alten Zeiten erzählen, wird viel gelacht und die Zeit vergeht wie im Flug.

Und er erzählt dann voller Begeisterung von seinen vielen „valentinesken Erfindungen“, zum Beispiel von seiner Schunkelhilfe, die sich auch noch gut verkauft, wie man hört. Dies freut ihn dann diebisch. Und nun heißt sein Buch auch noch „Ohne Gaudi is ois nix". Das trifft es genau, wofür er steht. Viele sogenannte Humoristen oder Comedians, wie sie sich heute nennen, müssen sich an ihm messen lassen und manche sehen dabei sehr alt aus.

Der Ausnahmekabarettist Werner Fink sagte einmal: „Mit der Bezeichnung Humorist kann ich gut leben, denn Humor ist das schwerste in der Unterhaltung überhaupt!"

Zusammen aufgetreten sind wir einmal für den Schlossverein in Schwindegg zur Erhaltung des Schlosses. Und wir waren in der gleichen Sendung in Baden Baden beim Studiobrettl im SWF bei Klaus Langer. Ich hatte damals noch sehr großes Lampenfieber; bei Fredl war davon nie etwas zu spüren.

Heute spielen wir manchmal mit viel Freude bei ihm in seinem Musikzimmer, zum Beispiel den Wild Cat Blues, er mit dem Keyboard und ich mit meiner Zither. In Österreich bei Ö3 hatte Fredl in den Achtzigern zwei Wochen lang die Sendung „Teestunde" (ja, das war damals noch möglich!). Dort spielte er jeden Tag auch ein Lied von unserer gemeinsam produzierten ersten Schallplatte „Zither-Manä". Dies hatte zur Folge, dass ich jahrelang in Österreich ausverkaufte Konzerte geben konnte. Das waren noch Zeiten!

Zu meinem 60. Geburtstag im Jahr 2007 sang der Fredl im Feierwerk für mich noch einmal sein unvergessenes „Taxi-Lied". Es war grandios. Nochmals vielen Dank dafür, lieber Fredl.

Einmal sind wir uns zufällig am Ku'Damm in Berlin begegnet, jeder war bei irgendeiner Sendung eingeladen. Zwei Bayern in Berlin. Spontan sind wir in eine Kneipe, haben das eine oder andere Bier getrunken und es gab viel zu erzählen – abseits vom öffentlichen Trubel, ganz privat. Der Gesprächsstoff ging uns nicht aus.

Manchmal habe ich ihn in der Öffentlichkeit erlebt – er ist ja überall bekannt – wenn ihn Passanten ansprachen und er immer geduldig und freundlich reagiert hat, auch wenn manche fast ein bisschen distanzlos waren.

Sein Gitarrenspiel ist legendär, denn er gab sich nicht mit einfachem Schrubben auf der Gitarre zufrieden, sondern er perfektionierte die damals im Folkbereich entstandene Picking-Technik, die hervorragend zu seinen Liedern passt und ihn auch so unverwechselbar macht. Hans Well gestand mir unlängst, der Fredl hätte ihm vor vielen Jahren jede Menge Tricks auf der Gitarre beigebracht.

Wenn ihn jemand fragt „Fredl, gibst Du mir bitte ein Autogramm?“, dann antwortet er oft: „Ja, aber nur, wenn Du mir auch eins gibst!“

Wie er mit seinem Schicksal heute umgeht und immer wieder lustige Anekdoten von früher erzählt, dafür bewundere ich ihn sehr. Und er war und ist bis heute auch ein Vorbild als Mensch, Liedermacher und Entertainer – locker, freundlich, dabei nie verletzend und trotzdem hochprofessionell. Hier habe ich einiges von ihm gelernt. Er war und ist bodenständig geblieben und hat trotz seines deutschlandweiten Ruhms nie abgehoben.

Während meiner 35-jährigen „Karriere“ als „Zither-Manä“ gab es für mich so viele schöne Erlebnisse, und Fredl hat dabei oft einen sehr wichtigen Platz gehabt. Ich bin glücklich, ihn zu kennen, und vielleicht dürften wir uns sogar Freunde nennen, wenn der Begriff – Facebook lässt grüßen – heute leider nicht so inflationär verwendet würde.

Vor ein paar Jahren sagte er in einer Radiosendung, als er bei einer Auswahl von verschiedenen Kleinkünstlern gefragt wurde, welchen Kollegen er am liebsten hören würde, ganz spontan: den Zither-Manä. Welche Ehre für mich! Seine Lieder sind zeitlos, nie im sogenannten Mainstream angesiedelt und bis heute unvergessen.

Ich wünsche Dir, lieber Fredl, dass Du Dir Deinen Humor noch lange bewahrst, für den Dich bis heute so viele verehren.

Ist der wirklich so nett?

von Monika Fesl

Es war irgendwann Mitte der 1980er Jahre im Dezember, ich brauchte dringend ein paar Tage Erholung. Ich wollte unbedingt ein bisschen Sonne tanken. Eine Freundin, die wie ich schon viel mit dem Rucksack unterwegs gewesen war, empfahl mir die Insel La Gomera. Während zur damaligen Zeit „im Valle" – wie Insider sagen, eigentlich heißt der Ort Valle Gran Rey – eher die Berliner Sozialpädagogen-Szene beheimatet war, waren Bayern mehr in Playa Santiago an der Südküste La Gomeras anzutreffen. Also, auf nach Playa Santiago.

Der Ort war sehr klein, und man wusste schnell, wer sich dort auch als Tourist aufhielt. Man begegnete sich tagsüber am Strand, zu dem man eine halbe Stunde über Stock und Stein in den nächsten Barranco wanderte, oder abends in der überschaubaren Anzahl an Kneipen und Restaurants. So lernte ich bereits am zweiten Tag Uwe Kleinschmidt kennen, der ebenso wie ich aus München kam und alleine unterwegs war. Es war sehr unterhaltsam, wenn er von all seinen Ideen – einem Ökocampingplatz in einem der vielen Barrancos hier auf der Insel oder einem Kleinkunstschiff, das die Häfen der Kanarischen Inseln abfahren sollte und den deutschen Urlaubern deutsches Kleinkunstprogramm bieten sollte – erzählte.

Die Tage vergingen wie im Flug. Zwei Tage vor meiner Abreise sagte er, er müsse am nächsten Tag in Teneriffa den Fredl Fesl abholen. Und so ergab es sich, dass Uwe mit Fredl an meinem letzten Abend auf La Gomera in die „Fanta-Bar" kam. Nachdem Uwe uns vorgestellt hatte, unterhielten Fredl und ich uns noch stundenlang und kamen dabei auch darauf, dass ich in München in der Dreimühlenstrasse wohnte, in der auch die „Liederbühne Robinson", eine seiner Stammkneipen, war. Fredl fragte zum Abschied, ob wir uns denn auch mal in München treffen könnten. Er würde sich melden, wenn er von seinem Gomera-Urlaub wieder zurück sei.

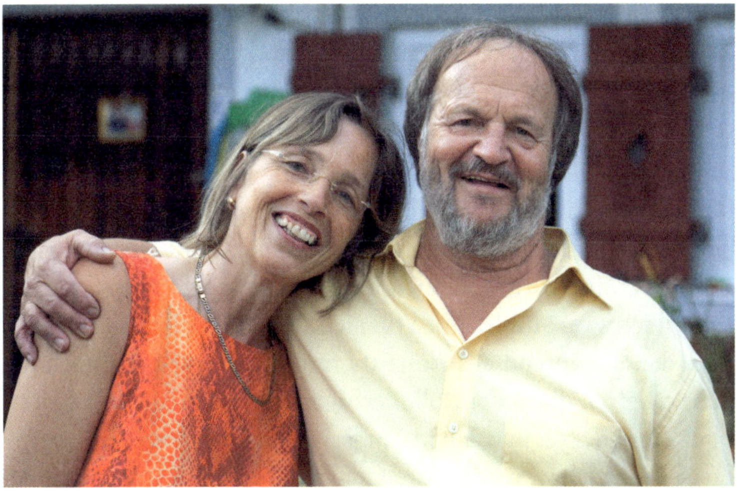

Sind seit 2005 verheiratet: Monika und Fredl Fesl

Und so kam es, dass wenig später zu Hause mein Telefon klingelte und Fredl fragte, ob wir zusammen essen gehen wollen. Ich war irgendwie schon sehr beeindruckt, dass der Fredl Fesl, den man von Funk und Fernsehen her kannte, sich mit mir treffen wollte. Es war ein herrlicher, sehr lustiger Abend, der nach dem Besuch verschiedener anderer Lokalitäten, natürlich im „Robinson" in der Dreimühlenstraße endete.

Ja, so hat's angefangen, und Fredl behauptet immer: „Am Anfang, da hast mi ja gar net meng." So stimmt das natürlich nicht, aber ich habe mich schon gefragt: Ist er jetzt wirklich so nett, oder bin ich nur davon geblendet, dass ich mit einem Promi unterwegs bin, den wildfremde Menschen ansprechen und um ein Autogramm bitten. Aber es hat nicht lang gedauert und ich wusste: Er ist wirklich so nett!

Wir trafen uns dann häufiger, und irgendwann war es soweit, dass Fredls Frühjahrstournee anfing. Er fragte mich, ob ich zu seinem Auftritt mitkommen wolle – und ich war begeistert. Nachmittag gegen 16 Uhr kamen wir am Veranstaltungsort, einer Mehrzweckhalle, an. Dort erwarteten ihn bereits örtliche Helfer und unter Fredls Anleitung wurde sehr schnell die Gesangsanlage, die wir im Auto mitgebracht hatten, aufgebaut und verkabelt.

Die Anlage, die Helmut Bauer extra auf Fredl Bedürfnisse zusammengestellt hatte, bestand aus sechs Boxen mit den dazugehörenden Stativen, einem Mischpult mit zwei Mikrofon-Eingängen, einen für die Stimme und einen für die Gitarre, einem Verstärker und natürlich noch jede Menge Kabel. Dann brauchte Fredl noch zwei Stühle, einen für sich selbst und einen für die Maß Bier, die er während des Auftritts trank. Dann wurden noch die Scheinwerfer, die in der Halle verfügbar waren, auf den Auftrittsplatz eingerichtet und schon war das Bühnenbild perfekt.

Gegen 17 Uhr war alles bereit, das Konzert sollte um 20 Uhr beginnen. Fredl war es immer wichtig, rechtszeitig vor Ort zu sein, damit keine Hektik aufkommen würde, falls irgendwelche technischen Probleme zu lösen gewesen wären. Bei dem ersten Konzert, bei dem ich dabei war, verlief alles völlig reibungslos und so konnte sich Fredl in der Künstlergarderobe, einer umfunktionierten Umkleidekabine, noch in aller Ruhe warmspielen.

In der Zwischenzeit waren auch Roswitha und Bernt Seelos angekommen, die die Fesl-Abende organisierten; heute würde man sie Tourmanager nennen. Fredl machte uns miteinander bekannt und ich fand die beiden von Anfang an sehr sympathisch. Wie ich erfuhr waren sie bereits bei den Vorverkaufsstellen in der Umgebung gewesen, um dort abzurechnen. Hätte es dort noch Restkarten gegeben, hätten Sie diese für den Verkauf an der Abendkasse mitgebracht. Die Veranstaltung war jedoch schon eine ganze Zeitlang vorher ausverkauft, und so gab es keine Abendkasse. Sie standen als Ansprechpartner zur Verfügung, falls es Fragen zum Abend und seinem Ablauf gab, und sorgten dafür, dass Fredl sich in der Garderobe ungestört auf seinen Auftritt vorbereiten konnte.

Die Halle füllte sich langsam, und ich wurde irgendwie immer nervöser. Eigentlich hatte ich ja keinen Grund, aber ich erinnere mich noch sehr gut daran, wie aufgeregt ich war. Ich hätte mich zwar unten mit in die Halle setzen könne, aber es gab eine Tribüne, auf die nur Mitarbeiter durften – und ich, da ich ja als Begleitung des Künstlers auch irgendwie zu den Mitarbeitern gezählt werden konnte. Von dort hatte ich einen tollen Blick auf Bühne und Publikum.

20 Uhr: Licht aus, Scheinwerfer an, und Fredl ging, in einer Hand die Gitarre und in der anderen sein Bier, durch die Halle. Erst unbemerkt, aber je näher er der Bühne kam, umso mehr hatten ihn entdeckt und umso lauter wurde der Applaus. Unter wirklich frenetischem Applaus ging Fredl über die Treppe auf das Bühnenelement hinauf, stellte sein Bier auf den einen Stuhl und setzte sich auf den anderen Stuhl. „Griaß Eich!"... Meine unterschiedlichsten Gefühle – natürlich alle positiv – will ich hier gar nicht beschreiben. Aber als er dann als Zugabe noch „das musikalische Kleinod aus dem Schatzkästlein Bayerischen Kulturguts, den Königsjodler" sang, habe ich wie so viele andere Tränen gelacht. Es war einfach toll! Es wurde geklatscht und geklatscht und weitere Zugaben gefordert. An die allerletzte Zugabe erinnere ich mich auch noch: Das war der Handstand auf dem Stuhl, auf dem er gesessen hatte. Eine Hand umfasste die Sitzfläche, die andere die Lehne und dann hat er sich ganz langsam in den Handstand gedrückt. Dann wusste das Publikum, jetzt ist endgültig Schluss.

Während Fredl nach dem Ende des Konzerts an der Bühne noch Autogramme schrieb und der eine oder andere die Gelegenheit nutzte, mit ihn ein paar Worte zu wechseln, fingen die örtlichen Helfer schon an, die Stühle wieder aufzuräumen. Bernt begann damit, die Kabel auszustecken und aufzuwickeln. Ich wollte mich auch ein bisschen nützlich machen. Bernt brachte mir sofort bei, wie so ein Kabel richtig gewickelt werden muss. Damals hätte ich nicht gedacht, dass ich in meinem Leben noch so oft nach einem Fesl-Konzert Kabel wickeln würde.

Der blumenstehlende Baggerfahrer

von Josef Brustmann

Wenn einer zum Geburtstag deiner Frau kommt und einen Riesenstrauß schönster Gladiolen mitbringt, die er angeblich auf einem offenen Blumenfeld gestohlen habe, weil er den Wahrheitsgehalt des dort angebrachten Schildes „Nur bezahlte Blumen machen Freude" prüfen wollte, und wir alle, auch seine Frau Monika mit eingeschlossen, bis zuletzt einfach nicht wissen, ob wir uns nun eigentlich der Blumen erfreuen könnten oder nicht, und wenn man beim Gegenbesuch auf dessen Bauerngehöft Häuslaign mit ihm zusammen eine Ausfahrt auf seinem riesigen Privatbagger machen darf, und dabei wissen will, wie gezielt er denn die Baggerschaufel führen könne, und er dann mit dem Baggerarm weit weit ausholt und mit der zahnbewährten Schaufel über die Ähren eines Gerstenfeldes streichelt, einer zärtlichen Liebkosung gleich, dann weißt du, dass dieser vielleicht blumenstehlende Baggerfahrer nur der Fredl Fesl sein kann.

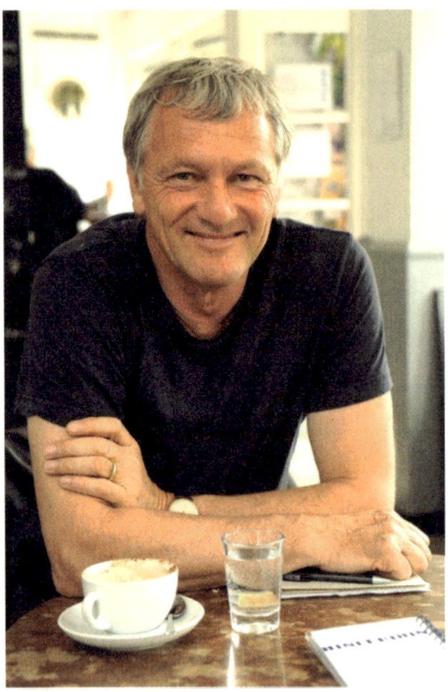

Josef Brustmann vom wiedererstandenen „Bairisch Diatonischen Jodelwahnsinn", zwischendurch war er Mitglied der MonacoBagage und freischaffender Kabarettist.

Alles, außer Gitarre!

von Miene Costa, Johann Bengen, Andy Arnold, Martin Deubel – Die MonacoBagage

Als wir eine Konzept-CD planten, haben wir uns einstimmig für Fredl Fesl entschieden – und das ist gut so! Die MonacoBagage tourt unter anderem mit dem Programm „MonacoBagage plays Fredl Fesl – alles, außer Gitarre".

Miene erzählt

Als meine Mutter Anfang der Achtziger nach Portugal auswanderte, nahm sie ihre wichtigsten Schallplatten mit: Play Bach, Al Jarreau, Earth Wind & Fire und – Fredl Fesl. Unvergessen sind die freundlichen, ratlosen Blicke der portugiesischen Fischer, als wir, im offenen Käfer laut den Königsjodler trällernd, an ihnen vorbei zum Strand fuhren. Ich hab mich so gefreut, den Fredl dreißig Jahre später im Schlachthof persönlich kennenzulernen!

Johann erzählt

Mit einer Musikwissenschaftlerin als Mutter gab es in meiner Jugend „so was" nicht. Ich kannte allerdings ein paar Songs aus dem Radio und versuchte, sie heimlich auf der Gitarre nachzuspielen. Die Jugendgruppe hat's gefreut! Deshalb ist mir Fredls Musik seit damals sehr vertraut. Und: Danke Fredl, dass du unsere Tochter mit deinem selbstgebauten Keller-Krokodil so erfolgreich erschreckt hast!

Andy erzählt

Ganz ehrlich: Ich habe bis vor kurzem kein einziges Lied vom Fredl gekannt. Mit einer Ausnahme: Während meiner Taxifahrerzeit in den Siebzigern war das Taxilied für mich und meine Kollegen natürlich Pflichtlektüre. Wie kann der so fein Gitarre spielen? – habe ich mir damals gedacht, als ich zufällig im Bayerischen Fernsehen

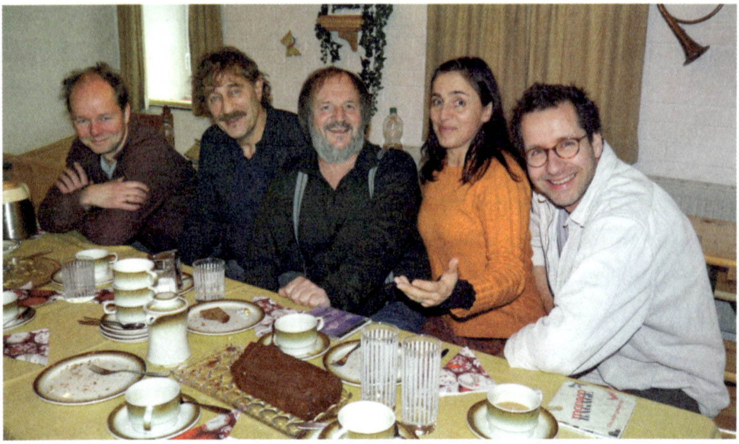

Die MonacoBagage zu Gast im Hause Fesl (v. l. n. r.): Martin Deubel, Andy Arnold, Fredl Fesl, Miene Costa und Johann Bengen

den Fredl Fesl als Schmied in seiner Werkstatt sah. Jetzt, nachdem wir uns persönlich kennengelernt haben, freue ich mich jedes Mal, wenn ich ihn treffe.

Martin erzählt

Wenn man wie ich in Dortmund geboren ist, kann einen das bayerische „Anderssein“ schon ein wenig erschrecken. Dass ich dieses leise Unbehagen bald ablegte, ist Fredls Verdienst. Sehr kernig, sehr urig und sehr bayerisch zog er derart liebevoll sich und seinesgleichen durch den Kakao, dass ich bald merkte: So schlimm können die Bayern gar nicht sein. Trotzdem habe ich mir nie eine Schallplatte von ihm gekauft, weil mich die Strickpullunder auf dem Cover immer so an meinen Vater erinnert haben.

Brief eines Bewunderers

von Willy Astor

Lieber Fredl,

eigentlich müsstest du „Freudl Fesl“ heißen. Weil du mich immer erfreut hast – ob das deine LP mit dem Taxilied war (da war ich zwölf oder so) oder später unsere persönlichen Begegnungen.

Sicher, du bist vielleicht drei Gitarrenbünde kleiner als ich, aber ein Mensch, zu dem ich immer aufschaue, wenn ich an dich denke, über dich rede, wenn mich in Berlin oder Hamburg mein Publikum nach der Show regelmäßig fragt, wie es dir geht, ob wir uns kennen, etc. – daran lässt sich ermessen, du bist weit mehr als ein bayerischer Musikkabarettist, sondern ein deutscher Global Player, denn jeder, der sich mit bayerischem Humor befasst, kommt an dir nicht vorbei.

Nein, du bist kein Karl-Valentin-Nachfolger, sondern der Fesl Fredl mit einem bewundernswerten Mutterwitz, du zauberst deine Sprüche und großartigen Wortverkleidungen aus dem Ärmel raus, spielst formidabel eine Gitarre, die nicht nachahmbar ist, weil das einfach speziell feselt.

Als ich meine ersten Mini-Auftritte im „Robinson“ in München hatte und 30 Mark pro Auftritt bekam, standst du öfter am Freitag oder Samstag hinterm Tresen mit einem Bier und hast dir vier, fünf Nachwüchsler angesehn.

Ich war immer besonders nervös, wenn du unauffällig da hinten warst, weil ich dich ja damals schon toll fand, da hätte auch Loriot stehn können und ich wär nicht aufgeregter gewesen.

Dann hatten wir einen Auftritt bei Otti miteinander, wo du dein Horn spieltest und ich dazu ein Gstanzl schrieb, wir zwei on stage, das war für mich ein Traum, ehrlich.

Du kamst mit Monika zu mir nach Hause, brachtest einen Lammschlegel mit, den ich dann kurz darauf in Rotweinsauce

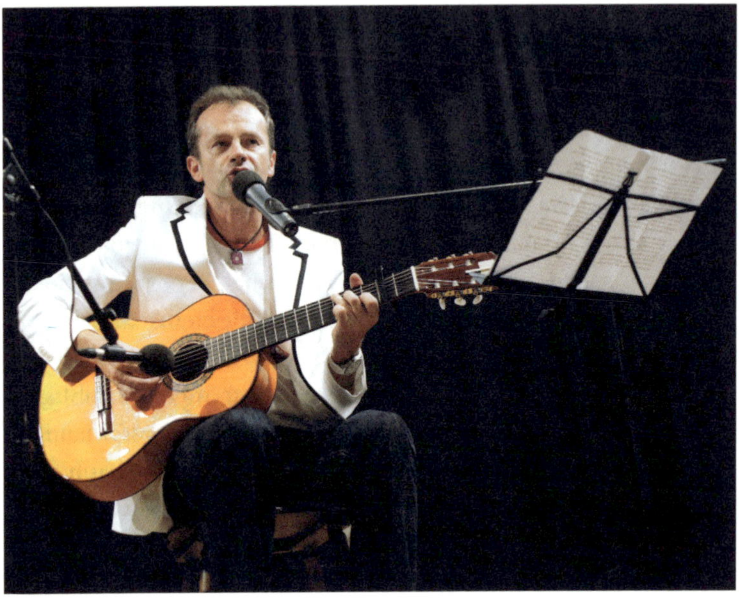

Willy Astors Auftritt bei Fredl Fesls 60. Geburtstag am 7. Juli 2007 beim Huberwirt in Pleiskirchen

veredelt, entschuldige: „fredlt“, habe. Ein Besuch bei dir mit meiner Sound of Island Band war ebenso grandios – sehr beeindruckt hat mich neben dem Kuchen von Monika dein Kapodaster, den du Sauhund dir auch noch selber gemacht hast, weil ein so begabter Handwerker wie du bist, sich den selber macht, freili.

Ich dachte mir als gelernter Werkzeugmacher, dass ich mir auch einen feilen sollte. Und weißt was, das mach ich jetzt!

Dein ewiger Freund und Bewunderer

Willy Astor

Wie mich der Fredl mal sauber enttäuscht hat

– aber nur weil ich mich vorher selbstverschuldet getäuscht hab, und warum ich jetzt grad deswegen manches so mach, wie ich es mach, was mir sehr viel Arbeit erspart und wofür ich dem Fredl sehr dankbar bin

von Martina Schwarzmann

Wann ich die Lieder vom Fredl das erste Mal gehört oder ihn im Fernsehen gesehen habe, kann ich nicht sagen. Fredl Fesl kenn ich, seit ich denken kann, und in dem eher mageren und einseitigem kulturellen Angebot, das meine Heimatgemeinde in meinen Kinder- und Jugendjahren zu bieten hatte, war der Auftritt von Fredl Fesl im Bürgersaal Gernlinden das absolute Highlight, das ich mir nicht entgehen lassen wollte.

Ich war vorher noch nicht auf vielen Konzerten, als kulturelle Mitläuferin meiner Eltern war ich bereits bei Marianne und Michael, Wolfgang Viereck und Patrick Lindner. Also, nicht dass ich noch nichts gesehen hätte, aber bis dahin halt noch nichts, was mir auch gefallen hätte. Und dann kommt da der Fredl, der echte einzige originale Fredl Fesl, und dann auch noch nach Gernlinden!

Diese Kombination konnte ich mir nicht erklären – heute weiß ich, dass überall Menschen leben, die nichts gegen Kultur haben, aber ihr auch nicht recht weit entgegenfahren würden, weil sie entweder nix zum Fahren haben, zu jung sind oder nicht gerne einen ganzen Abend lang neben einem Fremden sitzen wollen, von dem man vorher nicht weiß, ob er nicht recht blöd lacht die ganze Zeit und dann würd man sich vielleicht ärgern und das ist ja nicht der Sinn einer Kabarettveranstaltung

Wir konnten jedenfalls Karten ergattern und ich saß voller Freude relativ weit vorne mittig, um mein Idol zu bewundern, die Lieder kannte ich bereits durch das relativ häufige Hören von Fredls Tonträgern, ich war bestens vorbereitet.

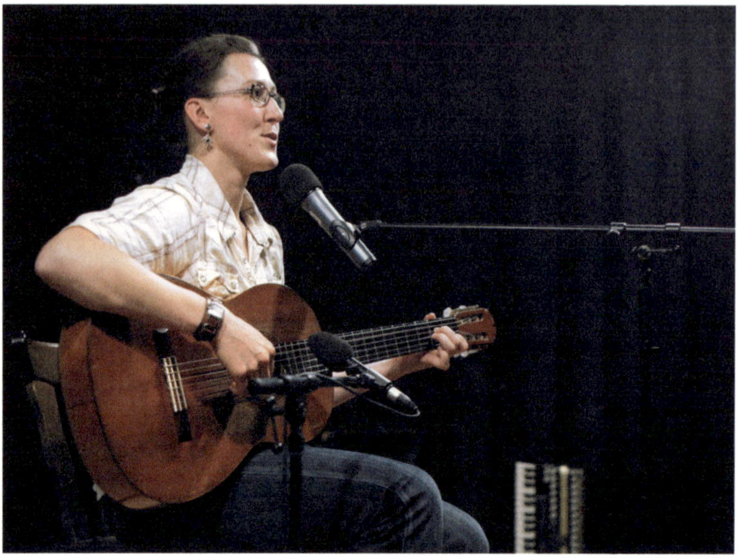

Martina Schwarzmann beim 60er von Fredl Fesl

Und dann fängt der Fredl zum Spielen an und erzählt teilweise das Gleiche wie auf der Kassette, ja das darf doch wohl nicht wahr sein! Ich war mir bis dahin sicher, dass das zwischen den Liedern alles spontan ist. Und da erzählt er jetzt das Gleiche wie auf der Kassette und tut nur so, als ob das spontan ist.

Das hat mich schwer mitgenommen – das wollte ich anders machen, wenn ich mal Kabarett mach.

Hab ich dann auch. Bei meinen ersten Auftritten hab ich die Anmoderationen für jeden Abend geändert, damit ich nicht das Gefühl hab, dass ich jemanden anlüge oder enttäusche, wenn ich so tu, als ob's spontan wäre. Heute weiß ich, dass das ein Riesenschmarrn und ein viel zu großer Aufwand ist, der so ein Programm auch nicht unbedingt besser macht, eher im Gegenteil, die Leute wollen ja gerade auch diese Vorreden hören.

Allerdings hab ich diesbezüglich schon einen kleinen Trick: Ich nehm' immer bei der Premiere die CD auf vom neuen Programm, und dadurch, dass ich relativ wenig übe und auch keinen Regisseur habe, verändert sich das neue Programm in den ersten Wochen noch so stark, dass jemand, der die CD auswendig kennt und dann live ins Konzert kommt, von den Moderationen nichts mitreden kann, da sie sich so stark geändert haben.

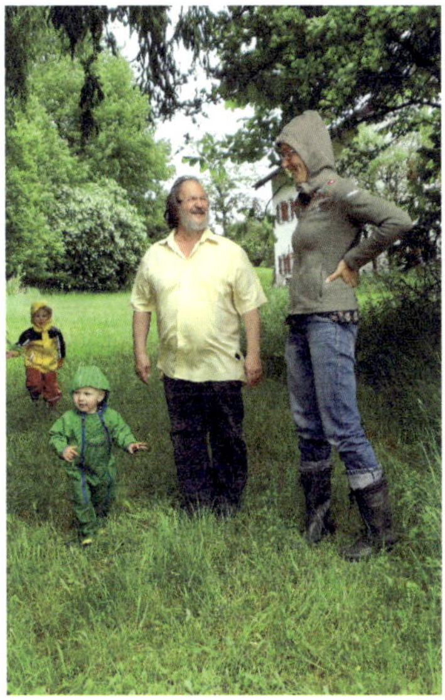

Martina Schwarzmann zu Besuch in Häuslaign

Dadurch hab ich viel weniger Probenaufwand und wenn ich bei der Premiere einen Verriss bekomme, ist das auch nicht so schlimm, ich weiß ja selber, dass es noch nicht so gut war, weiß aber, dass es schon noch gut werden wird, das neue Programm.

Das ist das, was ich dem Fredl zu verdanken hab. Aber nicht nur das, auch mein Grillfleisch leg ich so ein, wie der Fredl das macht. Auch meine Kinder sind von ihm inspiriert und wollen sämtliche gefährlichen Kunststücke nachmachen, die er ihnen auf Fotos aus seiner Zirkuszeit gezeigt hat. Und mein Bruder hat sich jetzt einen eigenen Bagger gekauft. A bissl a Fredl ist doch in jedem von uns, und ich bin dankbar für so manchen Ratschlag, den ich an dieser Stelle lieber für mich behalte.

Lieber Fredl, danke!
Lieben Gruß

Martina

Kundschelamant

von Hermann Giefer

„Kundschelamant“: Wer oder was ist das? Frei übersetzt benannte man damit einen schlitzohrigen Liebhaber, welcher Kunde bringt. Anfang des 15. Jahrhunderts war dieser Begriff sehr geläufig. Und eben dieser „Kundschelamant“ war Namensgeber für ein Freilichttheaterstück in Mittenwald. Es wurde zum ersten Mal 1994 mit großem Erfolg aufgeführt. Initiator und Motor des Spektakels war ich, Hermann Giefer.

Wie kam nun Fredl Fesl zu unserer Theaterfamilie? Im Herbst 1997, auf einem Flug nach La Palma, sind wir, das heißt, meine Frau Sofie und ich, dem Fredl mit seiner Monika zufällig begegnet. Sie hatten denselben Flieger gebucht. Zu unserem Glück war Fredl schon mehrmals auf der Kanareninsel gewesen. Er kannte einige Deutsche, die dorthin ausgewandert waren und konnte uns Land und Leute näherbringen. Klar, dass diese eine Woche nicht nur recht informativ, sondern dank Fredls Humor auch überaus lustig war.

In diesem Urlaub haben wir dann beschlossen, dass er 1998 beim nächsten „Kundschelamant“ unbedingt dabei sein müsste. Wir erfanden extra eine neue Figur für ihn. So wurde aus Fredl der „Alfred von Häuslaign“, ein Bänkelsänger und Freund des Hauptdarstellers. Da kamen zwei Schlitzohren zusammen. Zu unserem Glück hat Fredl zugesagt und hat mit seiner Musik, seinen Texten und seinem Spiel unser Theaterstück bereichert. Viele Zuschauer kamen sicher nur wegen „ihrem“ Fredl Fesl.

An der Spielstätte im Kurpark von Mittenwald – der Puit – bekam er einen Wohnwagen zu seiner Verfügung. Das war auch gut so, denn sämtliche Akteure, ob Profis oder Laien, waren auch nach der Aufführung eine eingeschworene Truppe. Fredl musste nicht nach jeder Vorstellung heimfahren und konnte daher bei so manchem spontanen Umtrunk dabei sein. Viele Becher Wein wurden geleert, Geschichten erzählt und auch viel gesungen.

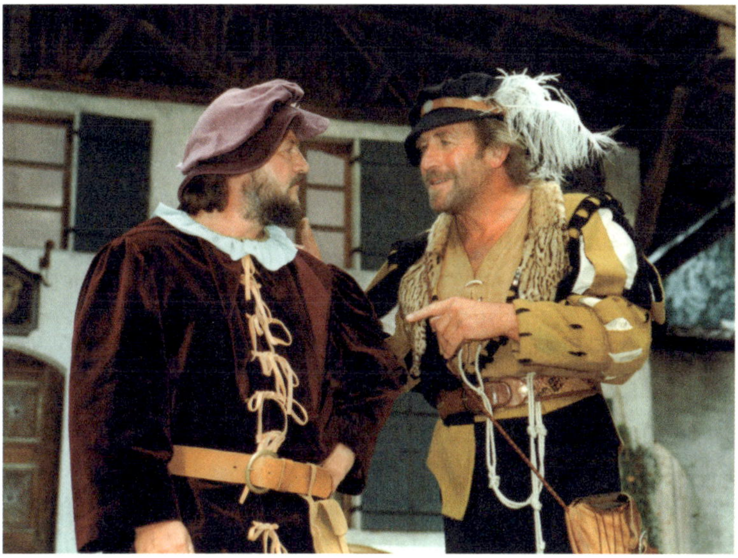

Fredl Fesl (li.) alias „Alfred von Häuslaign" mit dem Schöpfer des Theaterstücks „Kundschelamant" Hermann Giefer auf der Freilichtbühne in Mittenwald

Fredl wurde natürlich immer wieder bedrängt, seine Lieder zum Besten zu geben, hatte aber verständlicherweise nicht immer die nötige Lust dazu. Niemand nahm ihm das übel, und als beim Abschiedsfest nach unserer letzten Theateraufführung jemand die Anlage für ein Karaoke-Singen aufbaute, dachte jeder, das läuft ohne Fredl ab, der macht da bestimmt nicht mit. Doch er hat nicht gekniffen, sondern sang voller Inbrunst ein Lied, das wirklich jeder Mitwirkende des Theaterstücks kannte, da es meist das letzte Lied vor dem Nachhausegehen war: „Dich erkenn ich mit verbundenen Augen, ohne Licht und in der Dunkelheit ...". Doch er setzte noch eins drauf, er sang es nämlich zur Melodie von „Lili Marleen". Es war in jeder Hinsicht ein voller Erfolg.

Schön war die Zeit im Sommer 98.

feslesk

von Hermann Unterstöger

Auszug aus der Laudatio zur Verleihung des Großen Karl-Valentin-Preises an Fredl Fesl am 14. Februar 2010 im Münchner Volkstheater

... Wissen Sie eigentlich, wie viele Wörter es im Deutschen gibt, die auf -esk enden – und wie viele von diesen wiederum sich auf unseren Fredl Fesl anwenden lassen? Sie wissen es nicht. Ich hab's auch nicht gewusst, aber mich ein bisschen umgehört, und da bin ich zum Beispiel auf chevaleresk gestoßen. Das bedeutet nach Art eines Chevalier und trifft, soweit ich das sehe, weder auf Fredl Fesl noch auf irgendwen hier im Saal zu. Pikaresk, clownesk, burlesk, grotesk, pittoresk, balladesk, humoresk? All das ist, auf den Fredl bezogen, nicht ganz verkehrt, trifft es aber auch nicht haargenau. Unter den Dichtern haben es eigentlich nur drei zu einem dauerhaften -esk in der Endung geschafft, nämlich Dante, Kafka und

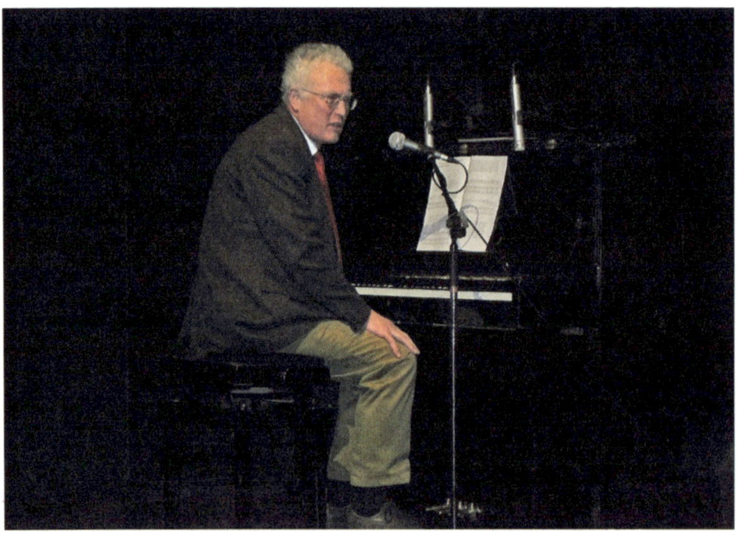

Hermann Unterstöger von der Süddeutschen Zeitung bei seiner Laudatio

Valentin. Kein Mensch sagt schilleresk, hölderlinesk oder gar ringelnatzesk. Dantesk hingegen kann man sehr wohl sagen, und ebenso locker gehen uns die Bezeichnungen kafkaesk und valentinesk von der Hand beziehungsweise über die Lippen. Man kann es nicht nachweisen, dass Karl Valentin über Franz Kafka vom großen Dante abstammt, aber dass da eine deutliche gefühlte Verwandtschaft besteht, wird wohl keiner bestreiten wollen.

... hätt' jetzt fast vergessen, auf was ich hinaus hab wollen – wollen hab – gewollt hab. Wenn nämlich von Dante über Kafka eine mehr oder weniger direkte Linie zu Karl Valentin führt, muss diese Linie doch hinter Karl Valentin weitergehen, nicht wahr? Ich für meine Person behaupte, dass sie – oder ein Teil von ihr – zu Fredl Fesl führt, und weil dies so ist, füge ich dem deutschen Wortschatz hiermit das von Fesl abgeleitete Adjektiv feslesk bei, das soviel bedeutet wie in der Art von Fesl. Nach Lage der Dinge wird es fürs erste auf Fredl Fesl beschränkt bleiben. ...

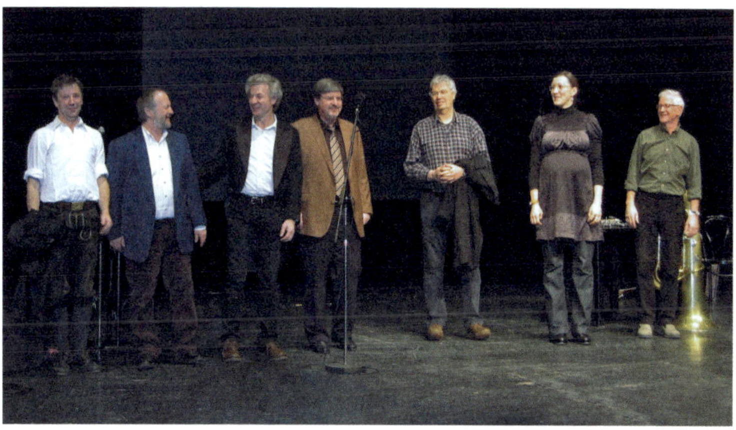

Gerhard Polt und die Biermösl Blosn waren 2007 die ersten Preisträger des Großen Karl-Valentin-Preises. Sie reichten den undotierten Preis, der eigentlich aus nichts besteht, weiter an Fredl Fesl. V. l. n. r.: Stofferl Well, Fredl Fesl, Michael Well, der Valentin-Biograph und Erfinder des Preises Alfons Schweiggert, Gerhard Polt, Martina Schwarzmann und Hans Well.

Ein herzliches Dankeschön

Weil es so üblich ist und weil es sich so gehört, möchte ich jetzt allen danken, die zum Entstehen dieses Buches beigetragen haben. Da ist als Erstes die Claudia Pichler, noch sehr jung, weiß aber schon sehr genau, wie der Hase läuft in der Branche. Ohne die Claudia hätte ich nie angefangen, ein Buch zu schreiben. Es wäre aber auch mir und den Lesern eine Menge erspart geblieben.

Zuerst hatte ich einige Geschichten aus meiner Kindheit aufgeschrieben und sie dem Dionys Asenkerschbaumer gezeigt. Er war ganz begeistert und meinte, ich sollte unbedingt weiterschreiben. Meiner Meinung nach besitzt er die richtige Urteilskraft, hat er doch selbst schon einige Bücher verfasst. Dionys bot mir auch spontan seine Hilfe an, auch wenn er sich damals wohl nicht klar darüber war, was er sich damit für Arbeit aufgehalst hat. Wenn ich hier alles auflisten wollte, was er für das Buch getan hat, könnte ich noch einmal ein Buch schreiben.

Danken möchte ich auch Dr. Winfried Helm und Hans Well fürs Korrekturlesen und ihre wertvollen Tipps.

Allen Co-Autoren, angefangen bei Willy Astor über Josef Brustmann, Hermann Giefer, Mike Krüger, Josef Laus (Chef der Kaiser Bräu und des guten Veldensteiner Biers „Probierts es – dann spürts es!“), die Monaco Bagage (sie setzt sich aus Miene Costa, Andy Arnold, Johann Bengen und Martin Deubel zusammen), Werner Schmidbauer, Martina Schwarzmann, Hermann Unterstöger, Konstantin Wecker, Hans Well bis zum Zither Manä ein herzliches Dankeschön für die Mitwirkung am Buch.

Dank gebührt Katja Sebald und Peter Berger für die inhaltliche und grafische Begleitung der Publikation. Beide seien stellvetretend für die freundliche Unterstützung des ganzen Teams vom Volk Verlag genannt.

Vielen Dank auch an Frau Helga Jaschke, die mir einige Bilder aus der Zeit Ende der 1970er und Anfang der 1980er Jahre aus dem

Fotonachlass von Dr. Alexander Früchte zur Verfügung gestellt hat.

Ein großes Lob und mein aufrichtiges Dankeschön an meine Frau Monika, die das Unternehmen „Buch“ mit einer Flut von Mails und unzähligen Telefonaten begleitet hat.

Danke!

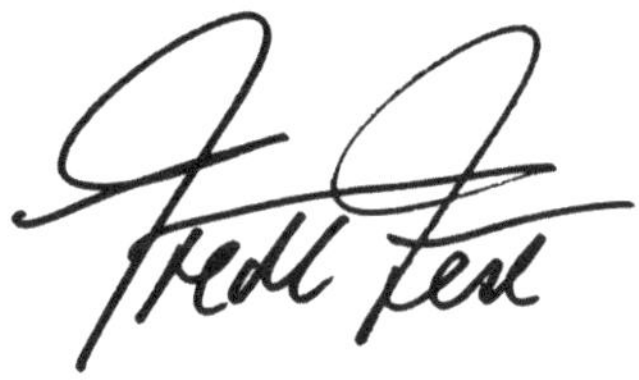

Archiv Fredl Fesl: 38, 39 u., 40, 41, 42 o., 44, 45, 88, 89, 90, 92, 93, 136, 137, 141 o., 143 – 149, 161, 168 o.,
Archiv Werner Schmidbauer: 191
Archiv Konstantin Wecker: 186
Dionys Asenkerschbaumer, Kellberg: 91 u., 166 o., 173 – 175, 189, 201, 205, 212, 214
Foto-Studio Becker, Mittenwald: 217
Diözesanarchiv Eichstätt, Foto: Heinrich Weiß: 43 u.
Gregor Feindt: 208
Monika Fesl: 91 o., 166 u., 168 u., 169 – 172, 187, 199, 210, 215
Dr. Alexander Früchte: 138 – 140, 141 u., 142, 143 o.
Josef Lang, Passau: Titelbild, 167
F. Lauterbach, Fürth: 43 o.
Morsak, Grafenau: 39 o.
Rainer Müller: 218, 219
OBH Musikverlag Otto B. Hartmann: 164, 195
Stadtarchiv Ingolstadt: 42 u.
Ursula Stolle: 193

Die Bildrechte wurden nach bestem Wissen recherchiert und eingeholt. Bei einigen Bildern konnte jedoch der Rechteinhaber nicht eindeutig ermittelt werden. Sollten daher Rechte geltend gemacht werden, bitten wir um eine Nachricht.

Wer einen Fehler findet, darf ihn gerne behalten!

Bitte hier nicht mehr weiterlesen!